北西ヨーロッパの空間構造

ヨーロッパ地誌を目指して

櫻井明久 著

古今書院

まえがき

　北西ヨーロッパ、ヨーロッパとはどんなとこだろう。どう説明したら納得してもらえるだろう。

　本書は、地誌の一つの試みである。無味乾燥に思えるらしい「地誌」のおおよそをみるために、北西ヨーロッパを例として示したい。しかも具体的に目に見えるもの、つまり風景の重要な要素である土地利用から考察を始めよう。

　地誌がどんなものかは、筆者にはなかなか手強い課題である。ここでは少々堅苦しく、「空間構造」という表現をしたが、いうならば、どんな土地がセットになって組み立てられ北西ヨーロッパができているのかを具体像を示してみたいと思う。

　地誌学、地誌を、世界、または世界の一部を研究すること、学ぶことと単純に割り切って考える人もいるし、それが地理学における統合的な存在、総合であり地理学が希求すべき最終ゴールであるかのように主張する人もいる。この後者の立場に立つと、地誌学は地理学の総合だから、地理学者一人だけでは書けないと謙虚に棚上げしがちだ。そのため、こうした立場から書かれる地誌の本は、分厚い講座本として出版されることも多く、地形、気候から農業、都市のような多くの項目を章・節に割り振りそれぞれを担当する多くの地理学者、様々な専門家がそれぞれに描くものであると考えられていることもある。一方では、前者のように、地理学も一つの学問として一般性を追求するのであるから「地誌学」の存在自体があり得ないとする人もいたりもする。そうまで言い切らずとも、自分にはまったく関心がないとする人も結構多い。また、地誌学の存在は学問としては少々あやふやな存在であるかも知れず、地誌は地理学の成果を教育用に示すものと考える人も少なくない。

　筆者も駒澤大学に赴任してから、ドイツ農村の調査事例をてこに、当初はヨーロッパ地誌、その後は地域概論という名の地誌学概説の授業に取り組んだ。しかし、学生たちは、櫻井流のヨーロッパ地誌を高校時代の地誌学習と対比し、ヨーロッパ地誌なのだから、自分が大好きな北欧も、ギリシャも取り扱って欲しいし、農業だけでなく、文化も、都市も教えて欲しかったと言われてしまうことが多かった（こちらとしてはそれなりに触れているつもりであったのだが）。一方では、授業の最後に「ドイツが農業国だとは思わなかった」という言い方で1年間の授業の感想を述べられると、筆者の説明のかなりが農業や農村についてであったことは確かだが、これはどう評価されたものであろうと戸惑ってしまう。地誌として農村から始めてドイツやヨーロッパの理解を進めたいと授業をしたつもりであり、ドイツが農業国であ

るなどとは一度も言ったことがないのである。そして、ドイツ農村は住宅地になりつつあるという話しをすると、「日本と同じで、ドイツの農業・農村は衰退してるんだ」と反応し、一体櫻井さんはドイツの農業を中心に話しをして、何を伝えたかったのかと言われてしまう。こうした反応を受けながら、「地誌」というのは伝えがたいものだなと、自らの非力を反省してきた。近年は、少しでもヨーロッパ地誌をそれなりに一般化した形で学ばせたいと「地域概論」という講義でチャレンジしている。しかし、今も、ヨーロッパ地誌の亜流だと受け取られ、卒論指導への足がかりにもならず、悩ましい。

　こうした体験が本書執筆のきっかけである。地誌というのは、随分受け取り方に幅があり、地誌は崇高な地理学の神髄という言い方がされる一方で、題名にそれと記して学術論文として投稿できるかというと、なかなか難しい。地誌学というのはしばしば避けられて、地誌とだけ言われ、科学的な学問としての主張は避けられていたりすることも多かった。一方で、教員養成上は、日本地誌と外国地誌が履修されるべき科目として指定されている。このあたりの悩みや戸惑いを踏まえて、地誌を検討してみたい。

　その下敷きとなった地域像は、自身のドイツでの農村研究である。しかし、申し訳なくも、自身は先学の貴重な研究成果に十分に目を配ることなく日を送ってしまった。今回は、自身の調査経験と調査旅行における印象を中心に据え、この間またま目にすることができた文献で補って、自分なりの地域像、地理的な北西ヨーロッパ像を空間構造という視点からまとめ直し、自分流の地誌を提案したいと思う。

目次

まえがき ... iii

I 研究の目的と方法 ... 11

II 二つの集落にみる農業の空間構造 ... 14

1. ツェーンハウゼン村の空間構造変化 ... 15
   1) 土地利用構成の変化 ... 15
   2) 草地の拡大と利用の変化 ... 16
   3) 土地利用の変化の空間構造上の意味 ... 21
2. ナウハイム集落の空間構造変化 ... 21
   1) 三圃制と土地利用パターン ... 22
   2) 畑地利用の変化 ... 25
   3) 集落周辺の変化 ... 26
   4) 三圃制の崩壊とその空間構造上の意味 ... 27

北西ヨーロッパの風景の基本とは何だろう。

混合農業という用語を聞いたことがあるだろう。この混合とは、農地利用と畜産が上手く統合化されたものだと習ったでしょう。それは、どんな種類の農地が基礎になっているでしょう。草地と畑が組み合わされてできている風景が北西ヨーロッパの基本なのです。この章では、それを二つの集落の事例でみてみましょう。

III 北西ヨーロッパにおける農業に関わる空間構造 ... 33

1. 北西ヨーロッパの農業の空間構造 ... 33
   1) 草地 対 畑地 ... 33
   2) ドイツ全体の農業的土地利用変化 ... 36
   3) 一般農業以外の農業と地域性 ... 39
   4) 農外収入の地域性 ... 41
   5) 農業の空間構造モデル修正案 ... 43
   農家レベル／集落レベル／地域レベル／大陸レベル
2. 農業を基礎にした生活文化の空間構造—食文化の例— ... 52
   食の地理学／ジャガイモはドイツか／鶏・豚対牛・羊／酒／豆のスープ／麦は主食か／肉食の国／金曜日は魚／生野菜／ジャム／スイーツ／留学時代の食生活

先の章で示してみた二つの村の風景は北西ヨーロッパでは一般的なのだろうか。

草地と畑が織りなす風景は、どのような地域性があるのだろう。どこにでも草地と畑があるのだろうか。それは昔からそうなのだろうか。

また、この北西ヨーロッパ農業景観の地域性は、北西ヨーロッパの生活文化にどのように影響を与えているだろうか。ここでは、食に注目して考えてみよう。

広々としたドイツ農村の風景からは、その地域では農業が重要な産業なのだと思う人がいるかもしれない。それは本当だろうか。北西ヨーロッパなどの先進国では、GDPでは農業の地位がきわめて低くなってしまっている。では、その草地、畑の広がる農村地域とは何なのであろう。
それは住宅地なのだ。

IV 住宅地域としての農村地域	*60*
1. 住宅地としての農村集落	*60*
2. ツェーンハウゼン村の集落景観変化	*61*
3. ヒューンフェルデン村ナウハイムの集落景観変化	*72*
4. ドイツ農村における集落景観変化	*79*
1） 大都市圏との関連	*79*
2） ボン市周辺地域との対比	*84*
3） 都市化・郊外化と農村景観変化	*86*
4） まとめ	*91*
5. 農村地域の地方町・リンブルク町	*95*

大都市圏の地方町はどのようにできているのだろう。それはどのような形をもち、どんな商店がどんなところにあり、最近はどう変化しているのだろう。日本のようなコンビニやスーパーの進出はどうなのだろうか。

V ケルン・ボン大都市圏郊外部の空間構造	*104*
1. ドイツにおけるケルン・ボン大都市圏	*104*
2. ケルン・ボン地域	*106*
3. 大都市圏の地方町	*108*
1） バード・ミュンスターアイフェル	*109*
2） オイスキルヒェン	*111*
3） ラインバッハ	*115*
4） メッケンハイム	*118*
5） メッケンハイム・メール地区	*121*

ベートーベンが生まれた町ボンは、一時期首都であった。今の若者は、ドイツはベルリンが首都であるから、そんな小さな町は知らないし、関心もないというが、そんな何気ない町から、ヨーロッパの中心部や地方都市が見えてくる気がする。

VI 地方都市・ボンの空間構造　　123

1. ボン市の概要と歴史　　123
    1) 概要　　123
    2) 歴史　　123
2. ボンの都市構造　　125
3. 旧市街の中心・City　　129
    1) ミュンスター広場周辺　　130
    2) マルクト広場周辺　　133
    3) フリードリッヒ通りとボン小路　　136
    4) シュテルン通り　　137
    5) フローレンティグスグラーベンとミュンスター通りの間　　139
    6) ボン駅周辺　　139
4. 副中心・ボイエル　　139
5. 近隣中心としてのメーレムとエンデニッヒ　　143
    1) メーレム　　144
    2) エンデニッヒ　　146
6. 郊外ショッピングセンター　　149

もう40年以上前になるが、はじめてヨーロッパの土を踏んだケルン・ボン空港。ケルンに向かうバスの車窓から、まだ遙か遠くのケルンのドームが見えてきたとき、あぁ、ヨーロッパの都会はこのように見えたんだ、と感激した。ドームは高くないと。そのケルンというドイツ有数の大都市はどのように発展し、どんな都市域があり、どんな商店街が、ショッピングモールがあるのだろう。

Ⅶ 大都市・ケルンの空間構造　　151

- 1. 都市化の歴史　　151
  - 1) ケルン市の概要　　151
  - 2) ケルンの歴史　　152
  - 3) 都市の拡大・生活圏の変化　　153
  - 4) 産業革命以降の計画的住宅建設と路面電車　　153
  - 5) 自家用車時代の都市爆発と戸建て住宅　　155
  - 6) 自動車交通都市における大規模団地　　156
  - 7) 大量輸送交通機関の整った都市の高密度化　　157
  - 8) 工業地域　　157
  - 9) オフィス地域　　157
- 2. 中心地の階層構造　　159
- 3. 旧市街における中心商店街・中心業務地区　　162
- 4. 副中心の例　　167
  - 1) セヴェリン通り　　167
  - 2) 郊外部、市外におけるショッピングセンター　　168
- 5. ツェントロ：より広域の商圏をもつショッピングモール　　169

VIII 世界都市・パリ大都市圏　　171

ヨーロッパの中心、パリはどんな部分地域から成り立っているのだろう。そこはケルン・ボン大都市圏や東京大都市圏とはどんな違いがあるのだろう。パリはヨーロッパの中心なのだろうか。

1. パリ大都市圏　　171
2. 最外縁部エタンプ市周辺地域の構造　　172
   1) モリニー・シャンピニー村とその周辺　　173
   2) エタンプ　　176
3. ニュータウン・エヴリー　　178
4. パリ市とその空間構造　　179
   1) 中心業務地区　　180
   2) 小売業を伴うCBD　　183
   3) 行政、政治などの中心施設など　　183
   4) ダゲール　　184
   5) ムフタール　　185
5. ケルン・ボン大都市圏との比較　　187

IX 都市からみた北西ヨーロッパの空間構造　　190

農村地域の風景に対し、北西ヨーロッパの都市はどんな形と構造をもっているのだろう。それはなぜだろう。その形や発展の仕方は一般的なのだろうか。都市、都市群と農村の風景はどんな組み合わせになっているのだろう。

1. 北西ヨーロッパ都市の成立と分布　　190
2. 中世都市がもたらした都市構造　　191
3. 工業の発展と都市構造　　195
4. 都市内部の構造とその変化　　196
5. 都市の諸類型　　199
6. 都市内のサービスセンターモデル　　200
7. 農村地域と都市システムとの関連　　202

| X　ヨーロッパと北西ヨーロッパ―残された課題― | 206 |

　1.　ミクロな空間から大陸まで　　206
　　　1）　農業地域　　206
　　　2）　都市を含むさまざまな地域　　207
　2.　ヨーロッパと北西ヨーロッパ　　210
　3.　EUの時代の国　　212
　4.　ヨーロッパの地域性　　215
　　　1）　南北性　　217
　　　2）　東西性　　217
　　　3）　中心周辺性　　218
　5.　ヨーロッパを一つとしてみる　　222

あとがき　　226

索　引　　229

北西ヨーロッパを形作る小さな風景単位、つまり集落、地方町、都市、地方、国、EUといったヨーロッパ全体はどのようにできていて、日本のそれらとはどう違うのだろう。ヨーロッパは一つになっていくのだろうか、分裂していくのだろうか。

I
研究の目的と方法

　「はじめに」において述べたように、本書の具体的目標は「北西ヨーロッパ」の地域像を描くことにある。さらに丁寧に説明するなら、地域像はさまざまに想定されようが、空間構造（中村1988）としてそれを示せないかと考えている。そのために、筆者はこれまでのドイツ滞在やヨーロッパ旅行の中で感じたことを土台に、自分なりそれを整理し直し、ここでヨーロッパの地域像を説明したい。

　この地理的な地域像を説明するとは、言い慣らされた用語でいうならば、その地域の地誌を語ることであろう。しかし、地誌の受け止め方はさまざまであり、地理学者の中にすら学問たり得ないという論もある。筆者は、その多義的な「地誌」（櫻井2013、矢ヶ崎他2007、菊地2011）を使わずに、より具体的なとらえやすい用語として「空間構造」を使ってみた。地域はさまざまな要素でできているだけでなく（川喜田1967、1973、千葉1972）、加えて、地域には大小さまざまな空間があり、それらは人々によって使い分けられ、それらは人、ないし人々（社会）によって組織立てられ、機能していると考えられる（手塚1991、西川1966、山本1966）。その様相をとらえてみたいのである。

　筆者は、ドイツのリンブルク地域を例に、農業や農村の調査を行ってきた。この山地と平地を含む地域は、ドイツのなかでは、大都市でもないし、大都市圏の中で都市化が深刻な地域でもない。大都市からは少々離れており、直接的な大都市圏の都市化地域でもないし、人口減少が著しいような問題地域でもない。そんなありふれたドイツの農村地域を取り上げることで地域理解を始めてみたい。

　本書では、まず、この筆者の一連の研究の中で取り上げたリンブルク地域を例に、すなわち山地の村、ツェーンハウゼン・Zehnhausen 村と平地の村、ナウハイム・Nauheim 集落を丁寧に観察することから、とりわけその農業に直接関わる側面から、北西ヨーロッパの農村地域の空間構造、農地利用の空間構造をもう一度整理してみたい。地域理解をするときに、風景、景観は重要な手がかりになる。筆者は、そのため、農地利用の空間的な構造から始めたい。

　つぎに、こうしたいわば直接的な都市化には見舞われなかった農村集落が、現在は住宅地として機能している様子を確認し、こうした農村地域におけるサービス中心としての田舎町・地方町リンブルク町を見てみることにした。農村地域は、小さな住宅地が密度薄く分布しているような都市の一部、住宅地と考えてはどうだろう。かつても、

農村集落はサービスを提供してくれる都市との関係が重要であったが、現代では、大都市の直接的な影響を受けていないようにみえる農村地域でも、大都市圏同様、ある意味郊外として生きているわけで、その地方都市のありさま、すなわちサービスセンターないしは商業的な中心地がどうなっているかを知ることが、地域理解につながるのではなかろうかと考えている。こうした都市を含む地域というネットワークの中で農村集落がどう変化しているのかを検討しておきたい。

第3には、直接的な都市化に見舞われなかったリンブルク地域を離れ、都市化の影響が大きかった大都市圏内に目を移し、ケルン・ボン地域の大小さまざまな都市のサービス中心、商店などの様相を、バード・ミュンスターアイフェル、オイスキルヒェン、ラインバッハ、メッケンハイムという地方町の中心部で検討したい。次いで地方都市としてのボン市内の中心の階層構造を見てみることにする。さらに、大都市・ケルンの中心の階層構造を検討することにしたい。

その後、世界都市ともいうべき大都市の一つ、ヨーロッパの中心・パリ大都市圏の経験から、先のケルン・ボン大都市圏やリンブルク地域を見直してみることにしたい。

そして最後に、農村と都市を含めて、北西ヨーロッパ全体の空間構造を考察し、ヨーロッパ全体の空間構造の見通しを得てみたい。

こうした考察に際し、自ら調べることができた事例から考え始めた。農業については、まずは農業的な土地利用という具体的な空間の種類と、その構成、空間的なパターンに注目して空間構造を考えることにした。こうした観察可能な、観察から地図化が可能な集落レベルから研究をはじめて積み上げる方式は、山本（1966）などによって紹介され、さまざまな試みが蓄積されてきた。そうした目に見える小さな地域を複合性をもつものとして考え、空間規模の階層性（ホール1970、浮田1970、水津1964）を配慮しながら研究を進めることする。

つぎに、都市関係のサービス施設の立地・配置については、筆者自身が生活し、体験することができた諸都市を事例に、観察をもとに、関係する文献資料で補いながら、また地形図や各自治体などのホームページ、Googlemap、Opentopomapなども利用して、整理することとしたい。こうした簡便法を用いるのは、北西ヨーロッパという地域を描くのに必要であろう都市関係の情報を得ようと思ったのが、筆者の先の滞在（2003/04年）の後半で、具体的な調査が間に合わなかったことと、その後も調査チャンスが持てなかったためである。また、筆者自身はもともとこの分野の素人でもあり、都市調査をした経験も乏しく、蓄積した知識も少ない。さらに、経験を広めて考えようとすると、その経験が古すぎることも多かったからである。その結果、不十分ではあるが、経験し、観察し、感じてきたことを現在のインターネット情報までも含めて整理し直す形でまとめてみる。

参考文献

エドワード・ホール著,日高・佐藤訳 1970.『かくれた次元』みすず書房.
浮田典良 1970. 地理学における地域のスケール－特に農業地理学における－. 人文地理 22 (4)：405-419.
川喜田二郎 1967.『発想法』中公新書.
川喜田二郎 1973.『野外科学の方法』中公新書.
菊地俊夫 2011. 総論：日本の地域像. 菊地俊夫編『世界地誌シリーズ 1 日本』朝倉書店.
櫻井明久 2013. 地誌. 人文地理学会編『人文地理学事典』丸善出版. 118-119.
水津一朗 1964.『社会地理学の基本問題』大明堂.
千葉徳爾 1972. 地域構造図について(1). 地理 17(10)：64-69.
手塚 章 1991. 地域的観点と地域構造. 中村和郎・手塚章・石井英也著『地域と景観 地理学講座 4』古今書院.
中村和郎 1988. 地理学にとって地図はなぜ必要か. 中村和郎・高橋伸夫編『地理学への招待 地理学講座 1』古今書院. 1-21.
西川 治 1967. 地域概念と地域学的考察. 木内信蔵・西川 治編『地理学総論』朝倉書店.
山本正三 1966. 野外観察. 尾留川正平編『地理学研究法』朝倉書店.
矢ヶ崎典隆・加賀美雅弘・古田悦造 2007. 地誌学の視点と方法.『地誌学概論 朝倉地理学基礎シリーズ 3』朝倉書店.

II
二つの集落にみる農業の空間構造

　筆者は先にリンブルク地域の山地の村ツェーンハウゼン村と平地の村・ナウハイム集落を例に1977年までの農地利用とその変化を検討し（1989）、その後の変化についても2013年に検討結果を公表した。あらためてそこで明らかになったことをここで空間構造という視点からまとめ直すに当たって、どのように説明すべきであろうか。説明の仕方はなかなか難しい。

　ここでは二つの村のこの70年ほどの時代的な変化に注目しながら対比し、考察することによって、農業的土地利用の空間構造を考えてみたい。そして次章IIIで、北西ヨーロッパにおける農業的土地利用の空間構造を一般化する試みを行うという形をとることとした。

　土地利用の空間構造を考えるにあたって、まず、ドイツの土地利用の構成をみてみよう（図2-1）。近代工業国ドイツでは今でも国土面積の約54％が農地として利用されており、森林が約30％、その他の利用が17％という構成になっている。この構成自体、西岸海洋性気候下の山地、丘陵、平地というある一定の自然条件下にある国土全体を、ドイツ人達が、その用途として決断して割り振った結果である。本書ではまず農地の利用から始めるが、こうした利用種が、地域的にどう配置されているかが、当面の課題になる。

　国土の約54％が農地であるが、これはGDP、就業人口に比べて大き過ぎると言えよう。森林は30％で、山地が森林として利用される確率は当然高い。しかし、日本人の我々から見るならば、森林の中には、十分に農地として利用が可能であろうような比較的平坦な土地もある。逆に、かなりの傾斜地も草地、放牧地として利用する伝統もあった。この利用構成の日本との差異はドイツや北西ヨーロッパの景観上の大きな違いを印象づける。農地のうち、畑が69％を占め、相対的には増加傾向にあり、永久草地は29％に減少してき

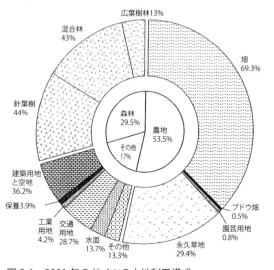

図2-1　2001年のドイツの土地利用構成
出典：Henkel 2004, S.108

た。土地生産力は高いが、ブドウ畑・園地はそれぞれ0.5%に過ぎなくなった。

　これら農地や森林が、地域的に、どんな土地条件の土地にどう割り振られ、各地域の農家がそれをどう経営しているか、その空間的な差異や一般的傾向を見ようとするのが本章の目的になる。

　二つの村のあるリンブルク地域は、ドイツ中位山地の山地と平地の村、集落である。大平野の真ん中にあるのでもなく、アルプスのよう険しい山岳でもなく、よく見られるような狭い平野部と丘陵とも言えそうな山地を選んだつもりである。そこにどんな土地利用種がどんな土地に割り当てられているのかという課題である。

1. ツェーンハウゼン村の空間構造変化

　ここでは、とても単純な変化を示した山地の村の例から農地利用変化とその空間構造変化を検討しよう。

　山地地域、ホアー・ヴェスターヴァルト Hoher Westerwald は、中位山地にあり、ドイツにあっては高冷湿潤な気候下のため、麦作農業には恵まれない環境にあった。このため、農業で生きて行くには比較的広い面積が必要で、近代化の早い段階で多くの農家が最小自立経営規模以下となり、兼業が不可避となり、行商地域として有名になった。すなわち、この地域には自給的農業と兼業が組み合わせた経営の伝統ができ、一方ではアメリカなどへの移民供給地域にもなった。工業の興隆とともに、行商に代わってルール工業地域やフランクフルト大都市圏への出稼ぎへ、さらには前世紀初頭には週間型通勤兼業地域になった。

　事例村落として選択されたツェーンハウゼン村 Zehnhausen bei Rennerod はまさにこうした伝統が認められる村であった。この村は、後述のナウハイム集落同様の不規則な集塊村であり、ナウハイムとは異なり、現在も独立した行政村 Gemeinde である。しかし、実質的には広域行政が行われ、レネロード広域自治体 Verbandgemeinde Rennerod に属している。

1) 土地利用構成の変化

　最初の筆者の調査時点、1977年には、農地の73%がすでに草地で、それは第二次世界大戦後、じわじわと増加する傾向にあった。畑地は反対に減少傾向にあった。この草地と畑地の構成は、図2-2に示されるような変化を示してきた。このグラフでは、2001年の統計がツェーンハウゼンと

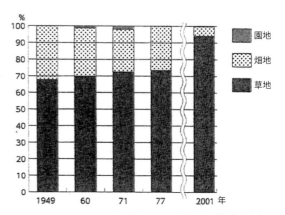

図2-2　ツェーンハウゼン村における農地利用構成の変化
資料）各年次の Gemeindestatistik による。
注）2001年については Verbandgemeinde-Rennerod の構成割合で代替。

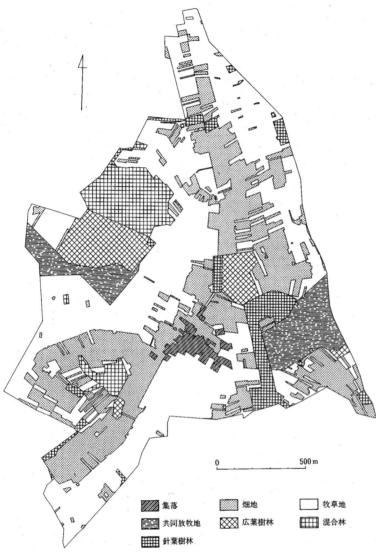

図 2-3　ツェーンハウゼン村における 1934 年の土地利用

には、この山地の村では、畑がなくなってしまっていた。つまり、麦作に適さないこの地の畑作はほぼ0になった。

2) 草地の拡大と利用の変化

草地利用についても随分著しい変化を示してきた。すなわち、図2-3 の時代、1934 年には共同放牧地・Allmendeweide があり、それは粗放的放牧地・Hutungen として牧童の管理の下で利用されていた。当時、この共同放牧地以外には放牧地はなく、私有の草地はすべて牧草採草地として利用された。この古い土地利用図を利用すると、1977 年には不規則で読みにくかった土地利用の伝統的な空間的なパターンがはっきりと見えた。玄武岩の噴出部とその噴出部を結ぶ尾根部分は植林されていた（図 2-4）。尾根部分の植林は 19 世紀の防風垣作りの成果であったらしい。

最小自立経営規模を下回るような兼業経営は、自給的で集約的な食料生産へ傾斜し、牧童による共同放牧地は、最低限の役畜兼自給牛乳確保のため、兼役乳牛・Arbeitskühe の飼養に利用された。つまり、この共同放牧地は、もともと経営規模が小

いう単位では公表されてないので、周辺町村を含んだ形であるが、この村だけに限った実際の土地利用図で確認すれば（図 2-6 参照）、すぐ2年後

さい兼業農家にとっては、不足がちな農地・放牧地の補助役を担った。また、この自給システムの温存は、農業の商業化の進行を遅らせた。内畑・外畑制の伝統のもと、自給用の畑地は、気候条件の恵まれなさと相まって、自給用食料生産のための畑が必要となり、内畑に加え、補足役として切替畑・外畑が生き残ったと考えられる（Dommermuth 1940；Wagner 1958；Sperling 1967；Frischen 1968）。また玄武岩噴出部とともに土壌条件が悪かったであろう谷底平野の一部分も共同放牧地に充てられていた。一方、玄武岩噴出部や尾根のすぐ下の位置を占める斜面部には畑地が集まっており、それより斜面を下ると切り替え畑・外畑・Triesch が出現するというパターンになっていた。

1977 年までにはこの共同放牧地は植林されて消滅し（図 2-5）、代わって牛を飼養し続けた農家は自宅周辺にある草地の一部を放牧地として利用することになり、牧柵が設けられた。この牧柵の存在によって放牧地と牧草採草地の区別がついた。しかし、この時点でも、すでに飼養される牛の頭数は激減し、観察中にも放牧地が放牧地として機能している牧場はほとんど見られず、周辺集落の大規模専業農

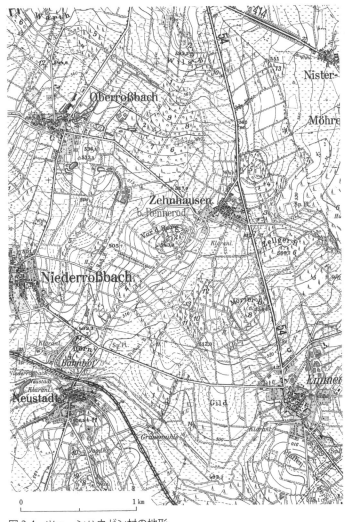

図 2-4　ツェーンハウゼン村の地形

家の周囲に、若牛を放牧する放牧地が見られるだけになってしまっていた（桜井 1989、第 3 章参照）。

2003 年になると、放牧地はこの集落では集落

写真 2-1　ツェーンハウゼン村の牧草地と乗馬風景

写真 2-2　ツェーンハウゼン村の放牧地

図 2-5　ツェーンハウゼン村における 1977 年の土地利用

周囲にある趣味用の馬の放牧地があるだけになり（写真 2-1、2-2）、すべての草地が牧草採草地になってしまった（図 2-6）。そのため、牧柵も見られず、かつての牧柵がうち捨てられている状態であり、この結果、広々とした牧草地が村一面に広がっているという開放的で単純な景観となっている（写真 2-3）。草地の利用内容が変化しただけでなく、畑地も消滅したので、まさに広々とした草地だけの村になった。すなわち、土地利用図上でも普通畑は 1 地片のみであり、飼料用豆類（Hutterbohnen）

Ⅱ 二つの集落にみる農業の空間構造

写真2-3 ツェーンハウゼン村の牧草地
（かつての畑地区）

が栽培されていた。また、地図では示せない程度の面積で自給用のジャガイモが栽培された畑と、6月時点で作付けされていなかった畑も認められたが、いずれも図示できるほどの面積ではなかった。

畑が消滅するという形で牧草地は拡大してきたが、その利用は集約化しているわけではない。それは、この村には家畜飼養農家がまったくないので、草地があるとは言え、近隣集落の大規模専業酪農家

図2-6 ツェーンハウゼン村における2003年の土地利用

写真2-4 ツェーンハウゼン村の質の悪い牧草地

写真2-5 メンゲルスキルヒェンのかつての利用放棄農地

が牧草地を利用しているか、この集落の兼業農家が直接乾草として販売するか、販売すらせずに収穫したことを証明することで補助金を得るか、という形で利用が続いているにすぎなかったからである。実際に牧草を利用している近隣集落の専業大規模農家は、この集落の牧草地を利用しているが、借地する牧草地も分散し、一般道路もその間にあって機械利用の効率もよくないため、交換分合が必要であるとしている。この大規模農家は一般の酪農ではなく、牧草地をそれほど広げなくても済み、より収益性の高い仔牛育成に力を入れていた（櫻井 2013、p.18 ff）。この 60 年間に随分草地利用の在り方が変化してしまった。質がよくない牧草採草地でも採草されるということで補助金が出るわけであり、しかも、無施肥であったり、農薬を使わなければ補助金が加算されるので、景観として広々とした牧草地があるが、質のあまりよくない牧草地が随分広い面積を占めている（写真 2-4）。しかし、この補助制度のおかげで、利用放棄された牧草地も畑も見られなくなった。

なお、1970 年代にこの地域で出現した大規模な農地の利用放棄は、こうした粗放的な利用の出現によって見られなくなった。同時に、問題視して利用放棄農地を無理に農地として復活するという姿勢も見られない。1970 年頃、大量の利用放棄農地が出現し、村の農地の約 8 割が放棄された山地の斜面地帯にあるメンゲルスキルヒェンなどでは、2004 年には藪地に戻っている箇所も少なくなく、同時に利用できる草地は利用が続いている（写真 2-5）。

ツェーンハウゼン村では植林地は広がってはいるが、1977 年以降の拡大は少ない。

土地利用のパターンとしては、1934 年、1977 年同様、玄武岩噴出部である山頂部近くの土壌の薄い地区に森林が多い傾向はそのままであり、その面積は先の森林地区周辺に拡大している。また、その拡大した森林中には、所々に樹林密度が低い藪地ないしは草地を交えた藪地が認められるが、地片一区画に達しないので森林という分類とした。また、森林のうち近年植林されたものには白樺など落葉広葉樹林がある。1970 年代までのかつての植林地が全てドイツトウヒであったのと対照的である。最近森林になった地区には人工的な植林地ではなく、藪を経て言わば天然更新の形で森林になったと推定される箇所もあり、そうしたところが先に述べた藪地、草地を交えた土地区画になっている。

広域行政自治体・Verbandsgemeinde である Rennerod の農業センサス結果を見ると（櫻井 2013、p.17 図 3、4 参照）、2001 年当時、農地の 5.7％しか占めない畑のうち、70.8％を占めるのが穀物であり、その大半がカラス麦で、小麦の割合は小さかった。また、青刈りトウモロコシを中心とする飼料作物が 15.7％となっており、耨耕作物はすべてジャガイモで、4.7％に過ぎなかった。なお、2003 年の調査では、本集落内では青刈りトウモロコシは認められなかった。

集落内の宅地などの変化は、Ⅳで取り扱うことにする。

3）土地利用の変化の空間構造上の意味

　穀物栽培に適さず、草地利用に重きを置いたこの村では、自給用の農業が意味を持たなくなって、兼役乳牛の飼養を保証したであろう共同放牧地は必要なくなり、共同放牧地は植林されて消滅した。自給を続けたい農家がまだあった1970年代には、一時期は、私有の放牧地が出現した。しかし、自給農業への依存はさらに低下し、専業農家も成立せず、近くの集落で生き残った専業農家は、自宅近くにわずかな面積の育成牛用の放牧地がを持つだけになった。この村には放牧地そのものが実質的にはなくなった。ただし、住民で馬の飼養に趣味を持つ者や、近隣の都市住民で依頼をする者があるときだけ、馬用の放牧地がわずかに残っている（写真2-1、2-2参照）。自給農業の意味がほとんどなくなってしまったので、畑も消滅しつつある。生き残った専業農家は、利用しやすい牧草地として利用するか、恵まれた条件の畑では飼料の足しとする穀物や青刈りトウモロコシが、機械収穫にも適しているため残る可能性があった。この結果、外畑を必要とすることも、ついには内畑も必要せず、農地すべてが牧草採草地となり、牧草を必要とする専業農家も少ないので、農地は有り余っているような状態である。こうした理由で、伝統的な共同放牧地、外畑、内畑が空間的な意味を持って分布するなどということはなくなってしまった。まさに単調な牧草地が広がる村になってきている。

2. ナウハイム集落の空間構造変化

　ナウハイム集落（現 Hühnfelden-Nauheim）を含むリンブルク盆地の土地利用の伝統と特色は、三圃制の残存にあり、1960年まで耕圃・Zelge が残っていた。それは、歴史地理学者クレンツェリン Krenzlin が地図化したナウハイム村の例に見事に表されており（Krenzlin 1968）、筆者が1977年にこの集落の土地利用図作成を試みた最大の理由であり、ここで土地利用の空間構造とその変化の様相とその変化をもたらした諸要因を明らかにすることにした。

　リンブルク盆地の農村では、もともと農業の自然環境にも恵まれ、地力指数は高く、穀物栽培の適地であった（写真2-6）。こうした条件の下、ヨーロッパの伝統的土地利用方式である三圃制が生き残り、調査したナウハイム村では、1960年の耕地整理時期まではその利用方式の証である共同体的な土地利用区画、（耕圃・）Zelge が認められた。また、ナウハイム村の周辺の集落でも、耕圃・Zelge が伝統として1960年頃まで残存してきた様子が報告されている（Fricke 1959）。

　この盆地地域は決して経営規模の大きな地域ではない。山地の村同様、南西ドイツらしい兼業農家の多い、言わば労働者の多く住む村落としての特色を備えながら発展してきた。しかし、山地地帯の村々と比べると、第二次世界大戦前後でも最低限の自立経営規模周辺の農家もそれなりの数があり、すべてが零細な兼業農家の手によっていた

写真 2-6　ナウハイム村遠景

山地の農業とは異なっていた。

1)　三圃制と土地利用パターン

　ここでは、平地の村ナウハイム集落の例から農地利用変化とその空間構造変化を検討しよう。1977年には、農地の10%程度しか草地はなく、草地率の低さは第二次世界大戦後、それほど大きな変化はなかった（図2-7）。したがって、畑地の割合もそう大きな変化はなかった。このグラフでは、2001年の統計は周辺5集落が含まれてはいるが、すぐ2年後、2003年の土地利用図で確認しても、この平地の村では、そう大きな農地構成上の変化がなかった。

　この集落を筆者が研究対象とした理由は、少なくとも1960年まで耕圃・ツェルゲが存在していたことがクレンツリンによって地図で示されていたからであり、そうした伝統的なシステムがなぜ変わったか、いかに変わったかを調べるためであった。その1959年の土地利用図が、図2-8

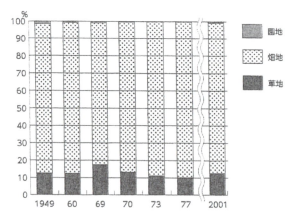

図 2-7　ナウハイムにおける農地利用構成の変化
資料）各年次の Gemeindestatistik による。
注）2001年については Verbandgemeinde-Rennerod の構成割合で代替。

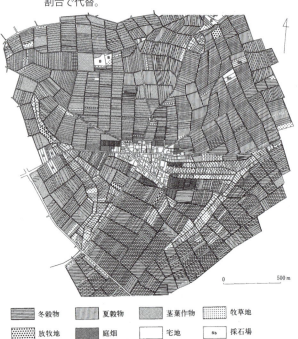

図 2-8　ナウハイムにおける1959年の土地利用
　　　　　　　　　　　　　出典：Krenzlin, A. 1968

写真2-7　ナウハイムの谷底部の牧草地

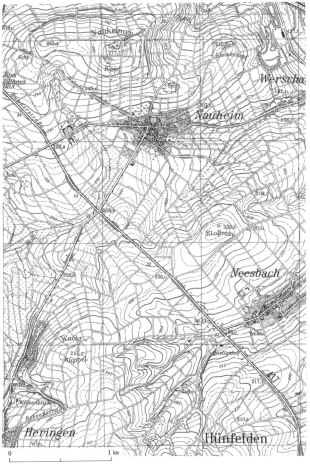

図2-9　ナウハイムの地形

である（1934年の航空写真でもこの耕圃の存在が確認できる。桜井（1989）の著書カバーおよび内扉写真参照）。この1960年の土地利用図に見る草地分布のパターンは、基本的にはほぼ1977年にも引き継がれたが（図2-10）、60年の方が例外なく、谷底部が草地に利用されていたことがわかる（図2-9。桜井1989、p.107地質図も参照）。その意味でも、伝統的な三圃制を示すだけでなく、近年まで続いてきた平地の村の伝統的な土地利用パターンがよく表れていた。また、何よりも農地の区画が全体として小さかったこと、とりわけ草地の区画の小ささもわかる（図2-15参照）。

2003年における土地利用調査結果を示したものが図2-11である。

まず、大きな意味での土地利用パターンについてみると、草地が谷底平野に多く立地している傾向は続いている（写真2-7）。しかし、その草地に注目してみると、1977年の土地利用と比べても、さらには1960年の土地利用と比べてみても、全体として、草地がほとんど全て牧草地・乾草採草地となっており、放牧地は集落外移転農家に隣接する乳牛用運動場と趣味の乗馬用の放牧地のみとなってしまった。また、草地は全体とすれば増

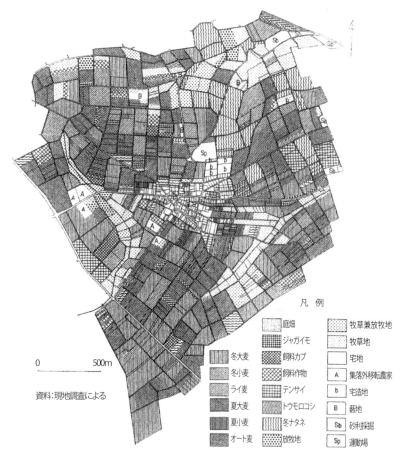

図2-10　ナウハイムにおける1977年の土地利用

含む旧Gemeide7村・7集落からなる）の農業センサス結果を合わせて確認してみると、図2-7に見たように、盆地地域の本村周辺を含め、もともと草地は少なく（桜井1989、p.175参照）、周辺集落でも20％以下であった。1949年でもNauheim村では12.5％に過ぎなかった。その後、1969年には一時17.6％に増加したものの、さらにその後も畑作経営の拡張などによって10％前後を推移し、2001年現在の新Gemeindeであるヒューンフェルデン村の農業センサス結果では、12.6％となっていた。

次に三圃制下では算数的には3分の2を占めていたであろう麦作を見てみよう。この土地利用図・図2-10、2-11に示される冬穀物はすべて小

えているが、そのほとんどはNauheimer Kopfの東の傾斜地にあり、かつて谷底平野部にあった狭小な地片が連続した農地にあった草地は減少し、そこには普通畑として利用されるものが増えているといえよう。

こうした草地の変化動向を新Gemeindeであるヒューンフェルデン村Hünfelden（Nauheimを

麦であった。夏穀物は大麦とカラス麦であるが、カラス麦は非常に希である。冬穀物・夏穀物はそれぞれ6対4程度であり、両者の合計は目分量では農地の7割を少々下回る程度、多分65％程度であり、永久草地を除いた普通畑の75％程度であろうと思われる。すなわち普通畑は、三圃的利用よりも若干穀作化が進んでいる状態といえよ

う。また、休閑地がここでも再出現している。

2) 畑地利用の変化

また、畑地内の畑作物の構成を統計（図2-12）を見ると、1949年から1973年までの間、穀物割合が急増し、1949年の53.5％は1973年に87.2％までに穀作化が進行した。しかし、1977年には穀作は減少に転じ、2001年の新Gemeindeであるヒューンフェルデン村の農業センサス結果では63.8％となり、この数値は1960年段階程度、つまりかつての三圃制時代（Zelgeが認められた時代）程度にまでもどった。

穀物栽培によって損なわれるとされる地力を回復させるに役立つ非穀物についてみてみよう。まず、耨耕作物は1949年の26.0％を最高に漸減し、1970年には9.5％となり、その後1973年に一時的に12.4％となったものの、1977年には5.8％となり、2001年の新村でも5.0％を占めるに過ぎなくなった。その耨耕作物の内容は統計上は把握できないが、ナウハイムの土地利用調査結果からはほとんどがテンサイであろうと推察される。

すなわち、ナウハイムの土地利用図からは、耨耕作物であるテンサイは飼料作物の青刈りトウモ

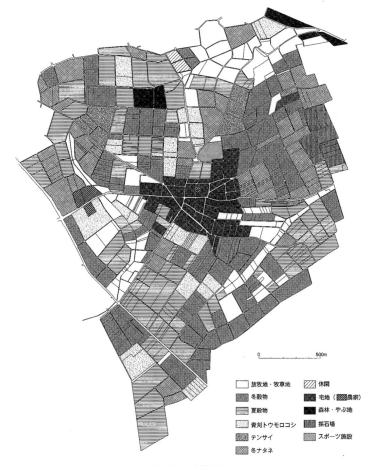

図2-11 ナウハイムにおける2003年の土地利用

ロコシよりは少々少ないようにみえるが、それなりの面積を占めていた。その他、耨耕作物には地図化できない程度の小面積で自給用のジャガイモ栽培が見られたが、実質的にはここでは耨耕作としてはテンサイだけが栽培されているに過ぎない。

また、飼料作物も減少傾向にあり、1973年には0となったが、1977年には青刈りトウモロコ

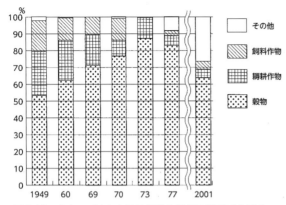

図 2-12　ナウハイムにおける畑作物栽培面積構成の変化
資料）各年次の Gemeindestatistik による。
注）2001 年については Verbandgemeinde-Rennerod の構成割合で代替。

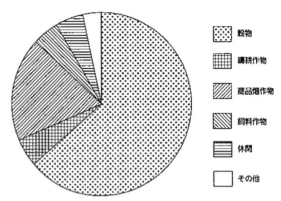

図 2-13　ヒューンフェルデン村における畑の利用構成（大分類：2001 年）
資料）Gemeindestatistik 2001

シが出現し、2001 年の統計ではヒューンフェルデン村全体では 4.2％となり、2003 年のナウハイムでの観察によれば飼料作物のすべてが青刈りトウモロコシであった。

　穀物栽培面積の割合は 1973 年にピークを迎え、その後減少した。代わりに増加したのは、その他の作物であり、具体的には冬ナタネを中心とする商品畑作物である。これは 1973 年まではナウハイムでは見られなかったものであり、EU 全体の大規模畑作経営によって栽培される特色ある作物であった。それが、現在もここでは増加しつつある。

　また、1977 年にはまったく見られなかった休閑地が 2001 年の統計にも現れ、ヒューンフェルデン村全体では畑の 4.8％、農地の 4.1％になっていた。ナウハイムでも、その程度の割合に見られる。これは、EU で補助対象となったためであろう。

　結局、非穀物のなかでは、商品畑作物であり油糧作物である冬ナタネが一番広く栽培され、次いで飼料作物の青刈りトウモロコシがそれに近いものとなっているといえよう。

　こうした栽培作物、土地利用の特色は、ヒューンフェルデン村全体の統計値ともおおよそ一致している（図 2-13、2-14）。この 2001 年の統計と比べると、2003 年のナウハイムの土地利用調査結果では、ヒューンフェルデン村全体でも少ないが、混播麦などのその他の穀物は見られなかったし、冬ナタネ以外の商品畑作物、その他の畑作物は見られなかった。

3）　集落周辺の変化

　1977 年にも集落周囲にあった庭畑は、農家の自家用菜園としての役を色濃く果たしていた。しかし、2003 年にはかつて以上に庭園としての

色彩が強くなり、芝を植え込み草花を植えて楽しむ形に変化している（写真 4-27 〜 4-29 参照）。それに伴って、園地に小さな小屋を配したりする例もみられ、都市周辺のシュレーバーガルテンのような雰囲気に変わっている。また、1960 年代には集落周囲に多くみられたリンゴ樹が植えられた放牧地・Obstweide は、1977 年には消滅しつつあったし、代わってそこが一般畑作農地に転換されつつあった。それは、リンゴ樹が畑作物の機械作業の障害になるし、家畜を飼養する必要もないため放牧地は必要がなくなったからであり、リンゴ樹は次第に切り倒され、集落周辺の農地はかつて以上にオープンな景観になっている。

また、宅地は集村部北東に大きなブロックとして開発がなされ、1977 年までに開発されていた集村部東の団地とともに近郊住宅地のような景観を呈している。一方、東南、西側の住宅地開発はそれほど大規模ではなく、かつての庭畑の小区画が宅地化されているにすぎない。いずれも、新規の住宅地開発は計画的な土地利用のなかでなされているようで、不規則なスプロール状の開発は認められない。

また、1977 年以降、砂利採取が集落東方から侵食するように入り込んできた。2003 年現在も採取中であるが、切り取り部は崖をなしており、修復が待たれよう。また、かつての薮地は森林に成長し、その森林周辺の小さな旧草地は薮地に

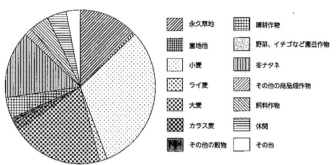

図 2-14　ヒューンフェルデン村における畑の利用構成（細分類：2001 年）
資料）Gemeindestatistik 2001

なって利用放棄された箇所も見られる。

4） 三圃制の崩壊とその空間構造上の意味

ナウハイム集落で三圃制の基礎、三つの耕圃・ツエルゲが 1960 年まで存在し続けていたことは、とても興味深い。これが失われたのは、むしろ当然だったともいえるが、その耕圃消滅の理由を地図を使って確認しておこう。

この集落では、戦後、生き残る農家の経営規模は次第に大きくなり、規模拡大した農家が養豚に傾斜し、その飼料としての穀物栽培の割合を高めることになり、それが耕圃制下の穀物栽培割合の期待値 66.7％ を大きく上回った。これが理由の一つとして考えられる。しかし、戦後すぐの食糧難時代に、穀物 53％、耨耕作物 26％ であった時期もあったのであるから、穀物栽培の拡大が、それほど耕圃消滅の重要な理由であったのではないと考えるのが妥当である。何よりも、耕地区画整理によって、より大きな区画の農地を作ったことと、併せて行われた 3 軒の集落移転農家が農場

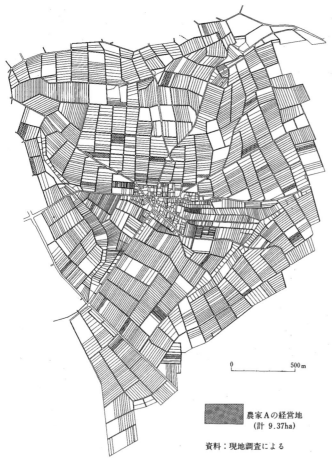

図2-15　ナウハイムの農家Aの経営地分布（1959年）

制を目指し、農家周囲に経営農地を集めたことが重要であったと考えるのが適切である。

すなわち、一般的な農家Aは、1959年には図2-15のように経営地を持っていたが、耕地整理後の1967年には図2-16のように経営地を統合化した。同じように、集落外移転農家、農家Bは、1960年には宅地周囲に農地のほとんど、12haを集中させ、その後この地図で示した1969年までには規模拡大で宅地周辺12haに加えて、12ha分の分散する経営地を獲得していた。農家Bの立地した周囲には同じ規模で移転した農家2軒もあったから、この村のかつての西の耕圃（図2-8参照）は、かなりの面積がこれら3軒の集落外移転農家に占められてしまった。したがって、従来通りの耕圃が生き続けることはできなくなったことが明快になる。そして2003年には、農家Bの経営地は図2-17のようになったのである。（なお、この図幅外を含め、農家Bは、実際には460haを経営しているから、その経営地全体を周囲に集めることができれば、この集落の農地全体を占めてしまうことになる。）

この村では、1959年以前に古いゲヴァン耕地はなくなってはいたが、この時代まで伝統的な小さく分散した圃場を三つの耕圃に広く、多数持ち、耕圃の共同体のリズムに従って農地利用を続けてきた。それが農地の持ち方、農地区画の拡大によって一挙に崩れさった。同時に、各農家は、各経営事情に合わせて農地利用をすることになった。牛を飼養して搾乳し、豚も飼養し、畑作物を作り、混合的に経営する農家は少なくなっていった。牛

II 二つの集落にみる農業の空間構造

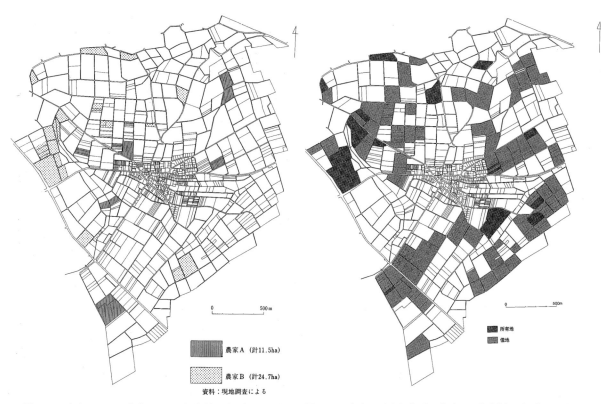

図 2-16 ナウハイムの農家 A、B の経営地分布（1967 年）　　図 2-17 ナウハイムにおける農家 B の経営地分布（2003 年）

の飼養は休暇も取りにくく、労働力がコンスタントに必要であったため嫌われ、ある程度の、中規模の経営では続けられたが、多くの農家はまず、牛の飼養をやめた。その結果、飼料作物や飼料カブは大幅に減ったし、牧草も必要なくなった。牧草が必要なくなったのは、零細な経営が、犂耕にも使い、自給用の牛乳確保のために飼養してきた兼役乳牛・Arbaitskühe の飼養をやめたことにある。この結果、どの農家も必要であり、小さな地片に分けられて所有され、牧草地・放牧地とし

て利用されてきた谷底平野を必ずしも草地として利用しないという農家が出現してきた。

　沖積低地が草地として利用され、畑を、村中のほとんどの農家が同じリズムで冬小麦、夏大麦・カラスムギなど夏穀物、その他の耨耕作物や飼料作物という休閑代用作物として各耕圃で栽培するという伝統的な農業経営は失われたのである。この村で最大の経営は畑作専業農家として、家畜を飼養せずに、穀物、テンサイ、油糧作物（冬ナタネ）を栽培して直接出荷することになったし、養豚を

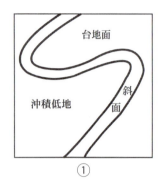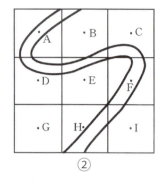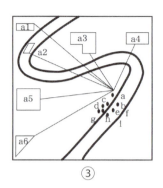

図 2-18　資源から考える集村と散村のモデル

出典：桜井 2007

写真 2-8　Nauheimer Kopf から北方を望む

しながら穀作の割合を高める農家もあった。各自の経営方針と労働力の状況と今後の見通しなどで土地利用はさまざまになったのである。これこそが三圃制、耕圃消滅の最も重要な原因であり、これは、耕圃・ツエルゲが戦前になくなっていた多くのドイツの農村も、北西ヨーロッパ中のかつての三圃制があった村も同じであったのだと考えられる。この過程が遅く表れたナウハイムの村を調査したことで、その過程を追い、原因を再確認することができた。

　筆者は、沖積低地が草地として使われること、三圃制、耕圃が存在してきたことが、同じような農業経営形態を目指し、土地資源を同じ目で評価する村落共同体の存在に支えられてきたことの証であり、自給部分の喪失という刺激と相まって古い土地利用方式が一挙に崩壊したと考えている（桜井 1989、第 6 章参照）。逆にいうなら、こうした伝統的な土地利用システムがあったことは、村落共同体の多くの農家層の資源保持、経営地の確保が、種類のうえでも、距離の上でも、ある範囲に収まることが保証されてきたことを意味するように思われる（桜井 1989、p.218 ff）。それは農地と農舎の距離を最小化することを第一原理と考える農場制のシステムとは異なるものであり、集村、集塊村では不可避の混在耕地制・分散交錯圃制がもともとのシステムであり、旧西ドイツの南西部の農村集落の伝統の崩壊を表している重要な現象であったように思える（写真 2-8：新しい時代の集塊村地域の風景・集落外移転農家）。

図 2-18 は、資源のあり方と集落形態とを考えるためのモデルである。図 2-18 の①は資源分布を示しているが、ここで②のような農場制のシステムをとると、農家 G は沖積低地だけを、B はほとんど台地面だけの経営地をもつことになってしまう。しかし、③のような集村で分散的に経営地が持てれば（a1 〜 a6）、さまざまな種類の資源が利用可能になる。

　集村が牧草地に適した谷底平野と一般農地との境に近いところに立地するという伝統的集落立地パターンは、牛を飼い、豚を飼い、それらへの飼料を確保するという伝統的混合経営タイプが背景にあったわけで、それはごく最近まであったのである。このことの表れが、図 2-19 に示されており、1960 年代に近代的、合理的農業経営を目指したはずの集落外移転農家は、谷沿いに立地したり、幾分土壌水分が多いであろう地区に立地し、移転しているのは、非常に興味深かった。また、先の 1959 年の農地区画を見れば（図 2-15）、谷底の牧草地は非常に小さな区画に分けられており、そこに 1977 年には畑が出現しているのも非常に興味深いのである

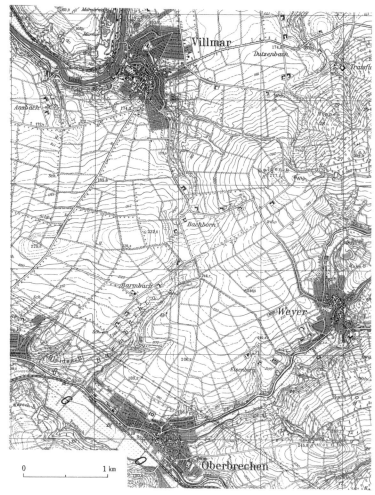

図 2-19　リンブルク盆地東部における集落外移転農家の立地

る。

　なお、集落外転農家の出現は、集落部を中心とした同心円的構造にも表れている。それは、移転農家の農家 B の向かいに立地する農家の例によく見られるが、この農家は混合的経営、つまり牛も飼養する経営であるため、1977 年にも 2003

年にも屋敷にすぐ接する部分に放牧地を置いていた。これは牛の移動に時間をかけずに、畜舎から軽い運動をさせるための運動スペースを確保しているためであり、農家近くにあって意味をなすのであり、かつての庭畑、果樹の植えてある放牧地Obstweide、果樹が植えてある牧草地Obstwieseが集落周囲にあったのと同じような原理の現代風の表れであろう。

参考文献

アーベル，W. 著，三橋時雄・中村勝訳1976.『ドイツ農業発達の三段階』未来社.
石井英也・桜井明久 1984．ヨーロッパにおけるブナ帯農耕文化の諸特徴．市川健夫・山本正三・斎藤功編『日本のブナ帯文化』朝倉書店．57-71.
オトレンバ，E. 著，藪内芳彦訳1967.『一般農業地理学』朝倉書店.
グリッグ，D.B. 著，飯沼二郎・山内・宇佐美訳1977.『世界農業の形成過程』大明堂.
桜井明久 1989.『西ドイツの農業と農村』古今書院.
桜井明久・石井英也 1981．ヨーロッパブナ帯における農耕文化の発達．地理26（4）；71-80.
桜井明久 1983．南西ドイツ Limburg 盆地の一村落 Nauheim における農業的土地利用の変化．地学雑誌92（5）：19-41.
桜井明久 1985b．西ドイツ Hoher Westerwald の一村落 Zehnhausen における農業的土地利用の変化．人文地理37（2）：26-51.
桜井明久 2007．北西ヨーロッパの伝統的集落立地と集落外移転農家の立地．澁澤文隆編『心を揺さぶる地理授業2』古今書院.
櫻井明久 2013．ドイツ，リンブルク地域における1970年代以降の農地利用変化．駒澤地理49：11-34.
櫻井明久 2014．ドイツ，リンブルク地域における第二次世界大戦後の農村集落景観変化．駒澤地理50：1-26.
水津一朗 1976.『ヨーロッパ村落研究』地人書房.
Andreae, B. 1964. *Betriebsformen in der Landwirtschaft*. Eugen Ulmer.
Andreae, B. 1973. Strukturen deutschen Agrarlandschaft. Forsch. zur deutsch. *Landeskunde*, Bd. 199.
Born, M. 1974. *Die Entwicklung der deutschen Agrarlandhaft*. Wissenshaft. Buchgesellsch.
Dommermuth, A. 1940. Die landwirtschaftlichen Betriebsformen im Westerwald und im Limburgerbecken. *Rhein-Mainisch. Forsh.* 23.
Eckart, K. 1998. *Agrargeographie Deutschland*. Klett.
Ehlgen, A. 1950. *Wirtschaftsgeschite des Oberwesterwaldes unter besonderer Berücksichtigung wirtschaftsgeographischer Gesichtspunkte*. Dissertation zur Universität Köln.
Fricke, W. 1959. Sozialfaktoren in der Agrarlandschaft des Limburger Beckens. *Rhein-Mainisch. Forschung.* 48.
Frischen, A. 1968. Die Wanderungen in der Wirtschafts- und Sozialstruktur des Hohen Westerwaldes im Mitte des 20. Jahrhundert. *Arbeiten zur Rheinischen Landeskunde*, H. 2.
Krenzlin, A. 1968. Dreifelderwirtschaft in der Gemarkung Nauheim, Kreis Limburg/Lahn. Otremba, E. (Hrsg.) 1962-71. *Atlas der deutschen Agrarlandhaft*. Franz Steiner.
Meyer, K. 1964. *Ordnung im ländlichen Raum*. Eugen Ulmer.
Minshull, G. N. 1996. *The New Europe*. Hodder & Stoughton.
Otremba, E.(Hrsg.)1962-71. *Atlas der deutschen Agrarlandhaft*. Franz Steiner.
Röhm, H. 1964. *Die westdeutsche Landwirtschaft*. Bayer. Landwirtschaftsverlag.
Sakurai, A. 1985a. Land Use Transformation in the Village of Nauheim,Limburg Basin. *West Germany. Sci. Rep. of Geoscience, Univ. of Tsukuba, Sec. A.* 6: 47-81.
Sakurai, A. 1987. The Changes of Agricultural Land Use in the Limburg Region, West Germany (I). 宇都宮大学教育学部研究紀要第一部 37：63-88.
Sakurai, A. 1988. The Changes of Agricultural Land Use in the Limburg Region, West Germany (II). 宇都宮大学教育学部研究紀要第一部 38：65-84.
Smith, C.T. 1967. *An Histrical Geography of Western Europe before 1800*. Longman.
Sperling, W. 1967. Der Westerwald. Festschrift z. 36. Dt. Geographen Tag, Bad Godesberg.
Wagner, E. 1958. Wirtschaftsgeschite und heutige Wirtschaftslandschaft des hohen Westerwaldes. Berich. zur deutsch. *Landeskunde*.20(1).

III
北西ヨーロッパにおける農業に関わる空間構造

1. 北西ヨーロッパの農業の空間構造

　北西ヨーロッパの混合農業地域では、過去に遡っても、常畑における畑作と畜産のための草地利用がさまざまな比率で組み合わされ、農業が営まれてきた（グリッグ 1977 など）。そのため、放牧地と乾草採草地からなる草地と畑の構成比率、畑作物の構成、畑の利用頻度、休閑の長さや頻度などについても考察されてきた（オトレンバ 1967；アーベル 1976）。

　北西ヨーロッパの農業は、必ずしも混合農業というカテゴリーだけには収まらない。近年、急激に混合経営からさまざまな地域条件や経営の個別条件などに従って経営形態が分化しているからだけでなく、歴史的にも、地域的にも、そう単純ではなかった。

　北ヨーロッパや大西洋沿岸地域・山岳地域では、その気候の冷涼さや湿潤さ故、穀物栽培は不安定で、自給時代においても穀物、とくにパン用穀物を補い、寒冷さに耐えるカラス麦なども食用にされたばかりでなく、時には麦類以外にソバなどの作物で補ったし、畜産物（とくに乳製品）から栄養をより多く摂るような工夫がされてきた（石井・桜井 1984）。そのため、穀作不適地を中心に、こうした地域では草地に強く依存し、畑の割合が小さな内畑・外畑制が採用され続け、中世に始まった三圃制は近代に至るまでとうとう普及せず、そうした環境の差異が他の景観要素にも大きな影響を与えてきた。水津はこうした地域を主牧地域と呼んでいた（水津 1976）。

　この大きな二つの農業的土地利用を対比的に考えるという観点から、先の諸節でドイツのリンブルク地域を選択し、その山地地域であるホアー・ヴェスターヴァルトと平地地域・リンブルク盆地を自然環境の差違に注目して、その土地利用変化を対比しようとした（桜井 1989、2013）。この対比をさらに広い地域に、ドイツに、さらには北西ヨーロッパに広げて検討し、一般性を考えたい。

1）草地 対 畑地

　穀物生産の適性における地域的差異は、ドイツ農業の基本的な農業条件の対比として多くの地理学者に認められているところであり、こうした視点からドイツ農業の地域的差異が論じられてきた。Henkel（2004、S.139ff.）もこの視点は重要であるとして、ゾーストの平野部と中位山地ザウワーランドの土地利用構成の差異を示し（図 3-1）、Röhm（1964）も、Otremba 編の『ドイツ景観アトラス』でもそのことを地図で具体的に

示している。

　先の章の二つの村の土地利用の対比は、ドイツの土地利用における南北の差異、平地・山地の差異ともいうべき基本的な農業的土地利用の地域性を表すものであろう。この差異は、旧西ドイツでは、地形地域や降水量分布、気温分布の差異に対応し、それらの結果である地力指数の差異（図3-2）によく表れており、その結果が、ドイツの農地利用における差異（図3-3）とその結果としての農業経営タイプの差異に表れていた。

　なお、旧東ドイツ地域を含めると、地力分布図（図3-4）はあったが、土地利用や経営タイプの地域性について、山地・平地の差異や、南北の差異がうまく表現された資料が見いだせなかった。ドイツの農業の東西差は大きく、うまく統計地図で示せないことが多い。Eckart（1998）も主に州別レベルでしか示しておらず、先の山地と平地という地域性は上手く表現できているかは少々不安である。それでも、例えばチューリンゲン州の中核部であるチューリンゲン盆地などは非常に地力の高い地帯であり、この州の畑作の割合は高いことがわかる。それ以上の詳細なことは読み取れないが、それで十分だともいえよう。麦作適地は、畑作適地であり、近年では油糧作物や畑作商品作物栽培を中心に置いた大規模経営を目指している傾向がここにも現れている。

　なお、この草地対畑地の対比は、平地と山地、大陸の内陸と沿岸、大陸の北と南などで対比されるだけでない。実は、集落内でも農地の利用区別の原理にも関わっているし、一方では、その両者

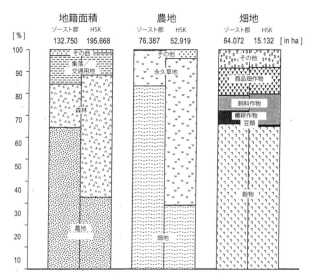

図3-1　条件のよいゾースト郡と条件のよくないホッホザウワーランド郡（HSK）の土地利用（1999年）
出典：Henkel 2004, S.142

がそろってこそ、つまり草地と畑が統合されて北西ヨーロッパの風景ができていたのである。ただ、近年はそれが変化しつつあり、それは先のII章で示した通りである。

　筆者は、リンブルク地域を研究地域として選択した際には、自然環境の差違以外に、資本主義的な近代的経営の発展上は問題を抱えていた南西ドイツであることを強く意識した。それは、南西ドイツは経営規模の拡大のための前提、農地の分散・細分化といった資本主義的経営の成立・発展の上で大きな課題を抱えていたからであり、同時に、それらの問題から兼業経営の多さや大規模な利用放棄農地の発生、条件のよくない農地の減少などの現象を際だたせていたからでもあった

Ⅲ　北西ヨーロッパにおける農業に関わる空間構造

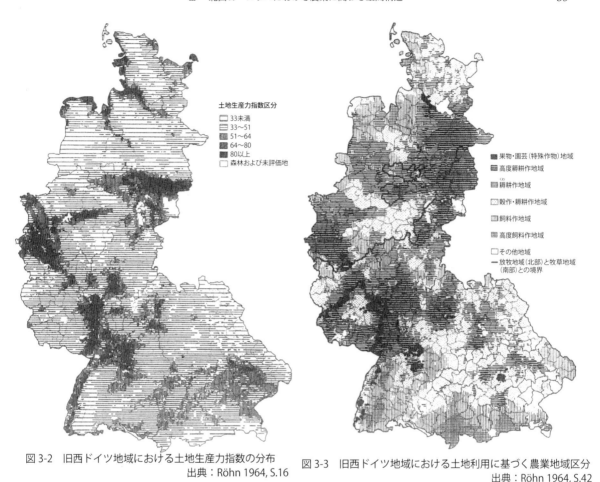

図 3-2　旧西ドイツ地域における土地生産力指数の分布
　　　　　出典：Röhm 1964, S.16

図 3-3　旧西ドイツ地域における土地利用に基づく農業地域区分
　　　　　出典：Röhm 1964, S.42

(Otremba(Hrsg.)1962-71；Röhm 1964；Andrea 1973)。それらの問題や現象は当時の、いや今でも日本の農業が抱える課題に似ているように思えたからである。
　すなわち、主眼は自然条件上の穀物栽培適地と不適地の対照を検討したが、それ以外の社会的、歴史的条件はこの二つの村の事例からだけでは対比しにくい。しかし、先の村の例からでも、土地利用の空間構造を見る上では、その基本である土地利用そのものに差異をもたらす農家の経営規模、家畜飼養の種類や目的を含む経営形態も重要である。筆者は自然条件の対比を中心に据えたから、この二つの村の土地利用とその空間構造を一般化して考えるためには、また、北西ヨーロッパ

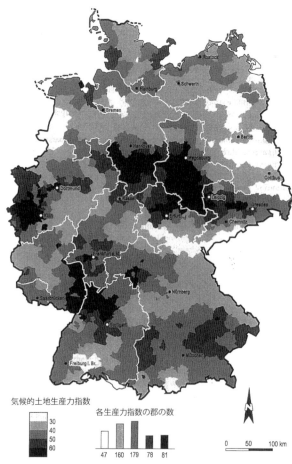

図3-4 ドイツの土地生産力指数（郡別）
出典：Henkel 2004, S.107

全体を考える上では、欠けている視点、配慮すべき事柄も多い。たとえば、かつての西ドイツ内で考えてみてさえ、北ドイツの大規模経営農家や資本主義的経営が多くを占める場合、バイエルンなどの中規模家族経営が多くを占める場合、また都市に近接した地帯や、園芸農業やブドウ栽培の伝統を持った地帯への配慮は欠けていよう（桜井1989、p.22 ff. 参照）。また、統合された旧東ドイツ地域は、もともとグーツ経営の伝統を引く地帯であり、加えて社会主義体制下で集団化の経験を経たから、その農業経営の伝統も周辺の社会的状況も大きく異なり、土地利用は当然異なっている。さらに北西ヨーロッパに拡張すれば、資本主義的な農業の発展過程が早かったイギリスや北欧の経営、フランスの経営地帯とも異なっていよう。それらについては、できる範囲で、一般化の際に検討してみることにすればよかろう。

こうした視点をもって、近年におけるドイツ農業の変化がどんな農業の空間構造の変化をもたらしているかを考えて見よう。

2) ドイツ全体の農業的土地利用変化

図3-5によれば、まずは旧西ドイツでは、1935年以降、農地面積自体が漸減していることがわかる。統合後は、図3-6のように推移しており、1996年までは幾分農地面積が増加したが、その後は全体としても減少している。ドイツでは、都市化環境の下で、農地から建築用地や交通用地などに利用転換される傾向にあり、それは先の山地地域全体ですらその傾向にあったし（桜井1989、p.164 参照）、大都市圏に顕著であることは確実である。また一方では、ここでも山地の村の例で見たように、農業不適地は利用放棄され、植林されてもいる。つまり、ドイツでは、戦後の食糧難時代を経て、農業生産性は向上し（Henkel、2004、S.132、p.137、p.150）、生産性の高い優

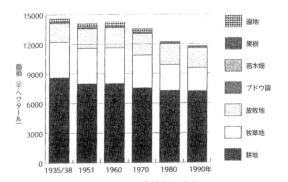

図3-5 旧西ドイツにおける農地利用変化
資料：Bundesministerium für Verbrauchschutz, Ernährung und Landwirtschaf; Statistische Jahrbuch üb. Ern. Landwirtsch. und Forsten 2002

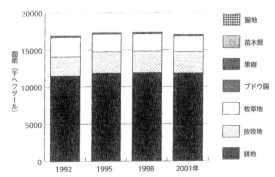

図3-6 ドイツにおける近年の農地利用変化
資料：Bundesministerium für Verbrauchschutz, Ernährung und Landwirtschaf; Statistische Jahrbuch üb. Ern. Landwirtsch. und Forsten 2002

良農地への集中化が起きている。言い換えると、農業の生産性が上がり、コストをかけて農地を開発したり、維持したりする必要はなくなったのである。しかも、経営を拡大しようとする農家は、経営を止めよう、縮小しようとする農家から容易に農地を借り入れることができる状態になっていた。Andreae（1973）が指摘したように、北西ヨーロッパでは、長い歴史的な目で見るならコンスタントに続いてきた「土地利用の集約化」が終わり、労働生産性こそが問題になる時代に突入したのである。

耕地と草地の増減を対比すると、草地の減少がより大きく、畑地はそれほど減少していない。家畜飼養の生産性向上は作物生産と比べれば低かったことも原因かもしれない。牧草生産は、畑作物生産よりは低かったが、かなり生産性が向上した（Henkel 2004, p.150）。こうした相対的な有利性が畑の割合を高めたのであろう。近年の畑の割

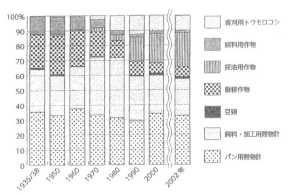

図3-7 ドイツにおける畑作物栽培面積構成の変化
資料：Bundesministerium für Verbrauchschutz, Ernährung und Landwirtschaf; Statistische Jahrbuch üb. Ern. Landwirtsch. und Forsten 2002
注：2000、2001年については統合後のドイツ全体

合の増加は着実である。

畑地内の利用については、図3-7に示されるように、1970年、80年の穀物栽培のピーク時よりは穀物栽培面積の割合は低下している。穀物の中では、1960年頃までパン用穀物が多くなった

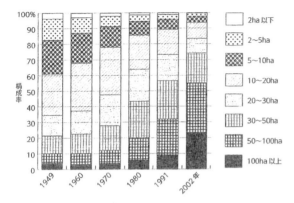

図 3-8 ドイツにおける経営規模別の経営面積構成の変化
資料：Bundesministerium für Verbrauchschutz, Ernährung und Landwirtschaf; Statistische Jahrbuch üb. Ern. Landwirtsch. und Forsten 2010

が、その後飼料用穀物が増大していった。1970年、80年には飼料用穀物が最も重要な畑作物になったが、その後は減少している。

また、耨耕作物や飼料作物は1950年以降着実に割合を低下させている。自給用のジャガイモ生産も、十分な飼料が確保できるようになった70年代には飼料カブも、重要な作物にはならなくなり、一部の商業的な自動収穫機を使った大規模ジャガイモ生産地域を除き、大規模経営が生産するテンサイのみが重要な耨耕作物として残っているものと考えられる。畑を集約的に利用しなければならない時代は終わったのである。飼料作物としては、機械化が容易な代替作物として青刈りトウモロコシが重要になり、これら両者の合計は1990年に割合のピークを迎えた。

こうした耨耕作物・飼料作物の減少、次いで起きた穀物の減少に代わって出現したのが採油用の作物・油糧作物である。その代表的な動きが、平地の村・ナウハイムで見られた大規模畑作経営による冬ナタネ栽培である。穀物の連作を防ぎつつ、収入に見合う価格の油糧作物が増加し（地域によっては、ヒマワリも導入されている）、その他、商品畑作物も大規模経営で採用された。

この間、西ドイツ地域では、零細な経営農家は著しく減少し、大規模経営が急速に育っていった。東ドイツ地域では、もともとグーツ経営の伝統があり、経営規模は大きかったが、社会主義体制下で集団農場となり、すべて大農場となってしまった。統合後、農家、農場再建者が出現して構造は幾分変化したが、それでも、結局は大規模経営の割合は高く、旧西ドイツ地域とは経営主体の違いがきわめて大きい。いうならば、東西ドイツの農業は比較しにくいままである。規模別の経営数でも経営拡大傾向はつかめるが、経営規模別の経営農地の構成割合を見ると（図 3-8）、この経営規模拡大傾向の土地利用への影響の大きさが予想できる。すなわち、旧西ドイツでは1949年には50ha以上の経営は全農地の10%を占めたに過ぎなかったが、2002年現在、東西ドイツをあわせてのことにはなるが、農地の50%を超える割合を50ha以上の経営で占めていることになる。こうした経営規模の拡大が農地利用のあり方を変えたことは疑いない。一方、経営規模の構成の地域的差異も、農地利用の地域差に大きな影響を与え、与え続けてきたことも予想できる。

図 3-9は、作物別の経営規模構成の違いを表したものである。このグラフでは、先のグラフより

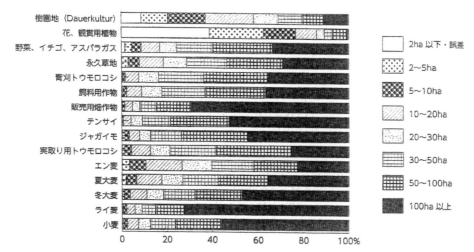

図 3-9　ドイツにおける作物別、経営規模別の栽培面積構成（2010 年）
資　料：Bundesministerium für Verbrauchschutz, Ernährung und Landwirtschaf; Statistische Jahrbuch üb. Ern. Landwirtsch. und Forsten 2010

もより詳細に農作物の経営規模の違いによる差異が理解できる。これによれば、ライ麦がもっとも経営規模が大きな層に好まれている作物であり、これに続き、販売用畑作物、小麦、テンサイ、冬大麦、ジャガイモが大規模経営によって作られていることがわかる。逆に、経営規模が小さい農家には、花・観賞用植物がとくに目立った作物であり、樹園地が続く。

飼料にまわされるであろう作物には、永久草地、青刈りトウモロコシ、飼料作物、エン麦などがあるが、これらは中規模の経営層の栽培割合が高い。同様の傾向を示すのが、野菜・イチゴ・アスパラガスであり、これら栽培が行われるのは日本では経営規模が小さい集約的園芸農業だろうと想像されるが、ドイツでは、中規模農家が、大規模経営まで含めて、雇用労働力なども使ってかなり大規模に園芸農業を行っているからであろう。

こうした経営規模の違いは、農地利用の地域的差異にも大きな影響を与えることは古くから指摘されてきたことであり（Andreae 1964、S.334、337、Röhm 1964、S.28、桜井 1989、p.24, 25、174、Henkel 2004、S.122ff）、この経営規模と経営形態の関連そのものが、土地利用の変化に影響を与えている。先の二つの村の土地利用変化はその現れのある側面であろう。

3）一般農業以外の農業と地域性

筆者は、一般農業（混合農業と酪農）に注目し、その草地と畑地の構成と組み合わせ、とくにその空間構造を検討してきた。しかし、農業の地域性

を一般的に検討するには、一般農業以外の地域性にもそれなりに配慮する必要があろう。

　北西ヨーロッパでは、園芸農業でいうなら、ブドウ栽培・ワイン醸造は重要な部門であり、生鮮野菜生産、果樹農業、ホップ栽培なども重要であろう。これらは面積の点では割合が小さいが、収入の上では非常に重要である。そのため、先の図3-3では、Röhm も Otremba も農地利用の 10% 以上というレベルで、園芸農業地域を定義していた。また、畜産も重要であるが、土地利用と無関係の畜産は北西ヨーロッパではかなり特殊であり、ほとんどが飼料作生産を伴っているから、混合農業の中で考えてよいであろう。酪農はもともと混合農業の発展形態の一つである。

　ブドウ栽培は、北西ヨーロッパは栽培限界地帯であり、ワインがキリストの血として宗教的に意味が大きかった時代には、また、輸送が難しかった時代には、イングランドでさえも栽培されたというが、市場経済の浸透後は、大きな有名な生産地にますます生産は集中している。それは、北西ヨーロッパでも温暖な地帯に限られるし、その温暖な地域でも、南向き斜面などに集中している。フランスでは、平坦部でも生産されているのがボルドー、ローヌ河谷であり、ブルゴーニュ、シャンパーニュでは斜面の適地が選択されて生産されている。ドイツでは、平坦地ではもはやほとんど生産されてはおらず、比較的平坦なのはラインガウや、ライン上流地溝帯地域であり、それでも斜面が利用されることが多い。また、中小の産地が近年消滅してきた様子をリンブルク町近くのラーン川沿いなどで、階段化されたブドウ畑跡地で見ることができた。

　佐々木（1966）は、カイザーストゥールの斜面に階段状にされ、鍬耕による方形の耕地型のブドウ畑と、谷底平野の犂耕による長地状耕地の普通畑を対比し、日本の甲府盆地東部のブドウ栽培景観の比較しながら、ドイツでは方形のブドウ畑が近代化の中で区画整理されていくことも報告している。このブドウ園の斜面利用と谷底部や段丘上の一般耕地との対比も後述の Otremba の『ドイツ農業景観地図帳』所載の多数のブドウ産地の土地利用図から見ることもできるし（Tail V Blatt 8、9 など）、ライン、モーゼル川沿いの地形図で確認することができる。

　また、大都市近郊に多い園芸農業、野菜栽培地帯の例については、自然環境以外の農地利用への重大な影響要因である都市が表れているわけであり、小林 浩二（1978）がハンブルク北西郊で、佐々木（1976）も、ケルン・ボン近郊の野菜栽培を丁寧な調査で報告している。なお、これらの近郊農業は、必ずしも都市近郊であるから出現するというわけではなく、園芸農業の技術的、地域的伝統が強く影響を与えている。そのため、それら地域以外では、大都市周辺に大規模な資本主義的農業が行われていることも多い。そこには、摘み取り農園も多いし、農産物を直販する農家も随分見かける。

　また、アルプス周辺の山岳地域で、冷涼なために一般農業がしにくく、酪農も特殊なものになる農村地域については、上野（1988、1997）、

Ⅲ　北西ヨーロッパにおける農業に関わる空間構造

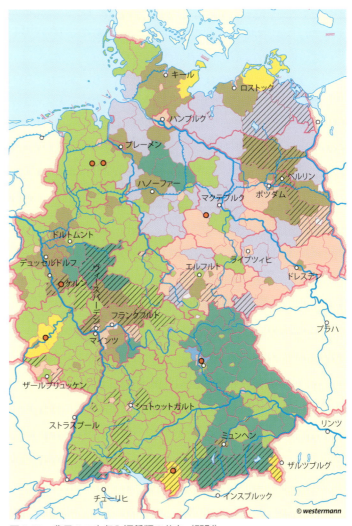

図3-10　農民の二次収入源種類の分布（郡別）
出典：Westermann 2015, Dirke Weltatlas, S.57

山本（1997）、池永（2002）、横山（1997、2006）、呉羽（2001）が高山牧場・アルムと観光業の関連などを含め、幅広く取り扱っている。

筆者は、景観の、風景の基礎として畑と草地を考えたため、これら農業を十分配慮してはいないが、園芸農業やアルム農業の景観は面積は少なくとも目立つた存在であることは間違いない。

4)　農外収入の地域性

農業に影響を与える諸要因の中には、自然環境や経営体の属性、規模など農業自身の諸特性などが挙げられるが、先の諸節項で検討してきた。ここでは、都市との関係や時代的な背景との関係を見てみたい。これを示すのによい資料がある。それは、Dirke Weltatlas に掲載されたもので（2015、Westermann S.57）、「郡別の農民の二次収入源種類」の分布図（図3-10）である。この図では、農業以外の農家の副収入限を主な種類別に分布として示されている。まず、「再生可能エネルギー」

が挙げられているが、これは旧西ドイツ地域の大半であり、風力利用などから得た副収入が重要になっている。一方、「他の農場での労働収入」は、東ドイツ地域の北3分の2の郡がそうであり、統合後独立した小規模の農家の多くが、大規模農企業の雇用に依存している様子が見て取れる。また、「直売」が重要なのも、同じ東ドイツ地域の残り、南側の地域であり、東ドイツの統合後独立した農家が、地力が高く、もともとの農民的経営の伝統を蘇らせているのであろう。「林業収入」が重要なのは、ザウワーランド、バイエルン州東側とアルプス側の諸郡である。興味深いのは、「馬の飼養」が、ライン・ルール地域周辺、フランクフルト周辺、ハノーバー周辺、ハンブルク・キール周辺、ミュンヘン、ロストック周辺、ベルリン周辺、ドレスデンに出現することで、大都市圏とその近辺では都市住民の趣味の一つとしての乗馬関係の副業が重要になっていることを表している。また、「農家民宿など」の観光関係は、モーゼル川流域、アルゴイ、ザルツブルク周辺のオーストリア国境地域とキール西、ロストック北東のバルト海沿岸に分布している。

これらの農家の副収入は、主要なものの種類だけでもこのように地域的な特色を持つが、いずれもどこの農家も可能性を有するような部門である。大都市圏から少々離れたツェーンハウゼン村でも馬飼養用の放牧地は見られたし、馬で散歩する家族を見かけたが、ケルン・ボン大都市圏内では、またパリ大都市圏のエヴリー周辺でも、馬用の放牧地をしばしば見かけた。

ボン周辺の集落でも、かなりの数の農家が直販を試みていたし、摘み取り農園なども各所で見かけた。こうした農家の副収入は、農家自身だけでなく、農村地域の地域経済上も非常に重要であり、とくに観光では、民宿だけでなく、冬のリゾート地として発展を遂げた地域はアルプス周辺を中心に数多いし、農業も含めたグリーンツーリズム、ソフトツーリズム、ルーラルツーリズムなどと呼ばれるものも重要な目玉になっている。

たとえば、1970年代には、ツェーンハウゼン村の周辺では、大規模観光地としての発展は望めないにしても、ルールやフランクフルト圏からの客を当て込む週末型保養地としての魅力をいかに発揮するかが重要な課題にされていた（桜井、1989、p.163）。この農業の自然条件に恵まれない地帯の多くは、EUでも「条件不利地域」としててこ入れが図られている。こうした「条件不利地域」や国土計画上の「問題地域」では、農業を補うための観光開発の可能性がさまざまに検討されてきた。

農村地域の観光関連の発展状況については、淡野（2016）、山本（1997）、呉羽（2017）、横山（2006）、池永（2002）、富川（2007）、鈴江（2008）らが、東欧圏までも含め、詳細な報告を多数行っている。

また、近年、農業の中でより付加価値の高い農業として注目されている「生態学的によい農業」が盛んな地域（農地の10％以上）は、アルプス周辺、中位山地、東ドイツの東側・ベルリン周辺に多い。なお、Henkelによれば、このタイプの

「生態学的によい農業」として認定された経営は、ドイツ全体では、農家の 1.3% で、農地の 4.1% を占めているという。また、経営数の点では、バイエルン州とバーデン・ヴュルテンベルク州が 4000 経営以上になっている。

Henkel（2004、S.152ff）は、この「生態学的によい農業」をもう一つの農業・エコロジーな農業として紹介し、この新しい「農業構造」を求めて、たとえば、農薬をできるだけ使わない、化学肥料をできるだけ使わない、土壌浸食を起こさせるような耕起を少なくする、エネルギーをできるだけ使わないといった目標の下で努力しているという。しかし、こうした方式では、生産性の低い農業になってしまう。それでも、長期的に、健康的な農業を目指す努力もなされ、Henkel は「環境によい農業へのある方法：モノカルチャーから多様な土地利用へ」と題して、トウモロコシのモノカルチャーからパッチワーク状に栽培作物を替えて作付けし土壌浸食を防いだり、斜面沿いや小河川沿いの植栽を活かしても同様の効果が期待できる様子を事例として示している。こうした農業の新しい方向性への補助は、ツェーンハウゼン村でも無施肥での草地管理に補助金が付けられている様子が見えたし、ナウハイムでも無耕起栽培を試みていた。また、自然食品店 Bioladen などを覗いてみれば、高価であるが、自然に優しく、それゆえ不均一で、虫に食われていたりする農産物がよく売れている様子を見ることができる。消費者は安全と自然にお金をかけてくれる時代なのである。

5） **農業の空間構造モデル修正案**

前著の中で、筆者は農業の空間構造のモデルを農家、集落、地域のレベルで提出してみた。ここでは、土地利用が変化する時間的な経過の中で、この空間構造モデルをどう修正すべきだろうかを考えたい。事実の確認というよりも、狭い村の事例から考えた北西ヨーロッパ予想図のようなものである。

農家レベル

農家レベルのモデル図 3-11 は、前著の図 6-1（p.211）に示したもののうちから煩雑な所有界を省略し、③を加筆したものである。盆地のモデルは、いわば一般農村のモデルである。1977 年のモデルは現在、全体的には 2004 年でも妥当するように思われた。ただし、2004 年のモデル図の中で、注意しなければいけないのは、リンブルク地域の例でいうなら、混合的経営（農家 a）、すなわち牛・豚を飼養し、草地も畑地も飼料生産に利用するという伝統的なタイプの経営は、規模拡大の流れの中でその限界的な経営規模であり、農産物の直接販売をしたり、有機農業に重きを置くなどの工夫が必要になってきている。豚を飼養し、穀作に傾斜する兼業農家（農家 c）は著しく数を減らしている。これらの二つのタイプの経営は、安定性は乏しく、世代交代時に、撤退しかねない。これらタイプは、生き方としての農村地域の生活と職業としての農業の組み合わせのバランスの狭間にいるようである。それに対し、数は少ないが、無家畜で畑作のみで経営し、穀物やナタ

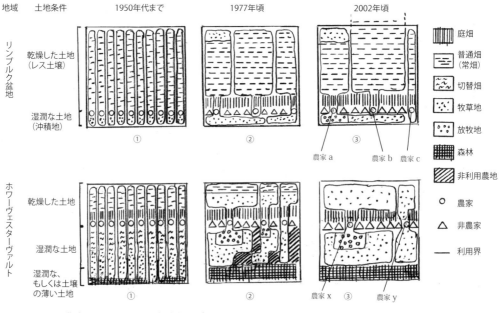

図 3-11 農家レベルから見た土地利用パターンの模式図

ネなどの油糧作物を含む商品畑作物生産を指向する経営（農家 b）は数こそ少ないが、農地の大きな部分を占めるようになり、ナウハイムの場合などは集落の農地面積を超えるほどに成長した。いわば、生き残る大規模農家の畑作タイプの農家は、その一軒が、いわば集落を越える大きさになってしまう可能性が出てきている。

リンブルク盆地を離れ、ドイツ全体、北西ヨーロッパ全体を考えると、穀作適地、畑作適地地域では、第三のタイプの農業経営が多くを占めつつあるようである。パリ盆地でも同様であった。ただ、農家 a の牛・豚の肥育中心の経営はヨーロッパ農業の核ともいうべき部分であり、需要があり必要な農産物であるから、効率のよい畑作と畜産、購入飼料をも含めたこのタイプの農業は粘り強く生き続けるであろう。少なくとも、経営数としてはこれが多いはずである。

これら三つの農業経営タイプは、それぞれの経営の目標に照らして、村内の土地条件をある程度勘案の上、所有地や借地を必要な面積、必要な土地利用種に割り当てて経営し続けている。

山地タイプのモデルでは、まずはほとんどが牧草地になってしまった。使われなくなっていた農地、非利用農地は実質的には消滅し、粗放的に利用が継続されるように変化した。ただ、放棄されていた農地を、無理に農地に復帰させなくてもよいとされていることもあるし、植林されたものもあった。全体としては優良な農地に限定される動

きがあったとみるべきであろう。また、放牧地は、ほとんど必要がなくなった。当然、大規模農家 x の農場近くには育成中の乳牛用の放牧地が設けられてもいたし、都市住民の乗馬用の馬を飼養したり、そうした人に放牧地を貸すような農家もあるから、集落周囲、ないしは農場周囲に放牧地があることもある。山地タイプの農家も規模を拡大している。兼業経営の農家 y は、家畜は飼養せず、採草のみを行っている。

なお、ケルン・ボン地域でもこうした都市住民向けの放牧地はどこでもよく見たし、パリ大都市圏でも、谷斜面を含めて谷底部の集落周囲で随分見ることができた。このような都市すぐ近くにない山地地域、麦作不適地では、一般には家畜の移動コストがかからない乾草採草地としての利用が一般的であろう。また、北ドイツ平野の伝統的な放牧地域では、集落が集村ではなく、散居であることも多いので、移動コストは比較的低くなり、それなりに放牧地が生き残っているように見えた。

山地では、生き残る農家の経営面積規模は、主な経営型である酪農が機械化畑作よりは労働生産性が上がらないため、その結果、畑作タイプの農家よりは小さめであり、集落を越える面積規模になるかどうかは微妙であろう。

イングランド西部やウェールズ、スコットランド、アイルランドの牧場風景は、とくに農舎から遠い場合などは、管理の容易な羊の放牧などで維持されているのであろうが、これについては、今後調べてみたい。

集落レベル

集落レベルの空間モデルは図 3-12 に示す通りで、これは前著（桜井 1989, p. 212 図 6-2）への④の追加である。盆地部では、生き残った農家のほとんどが集落外転農家であり、いわば③の新しい同心円がいくつも集落の周囲にできてしまうことになった、またそうなりつつあるということになる。ただ、ここでは移転農家を中心とする楕円内は、すべて畑地になっていたが、条件のよい農舎近くの谷底部などを放牧地や牧草採草地として利用する混合経営農家もあった。

山地部でも、こうした集落外の農家が楕円の核になるという形になろう。しかも、ごく一部の農家周囲の放牧地以外はほとんど牧草採草地になり、恵まれた条件の極狭い畑作適地が選ばれて、飼養用の穀物畑として利用されるように思われる。

なお、山地から平地への移行地帯では、畑地の割合が増し、牧草地に割合は低くなるようなパターンが予想される。

現在は、平地でも山地でも、少しは集落核内に生き残っている農家があるが、農地を土地条件を考えながら使い分けることは少なくなりそうである。つまり、盆地部ならすべて穀物畑に、山地部ならすべて牧草採草地に利用するだけになりそうである。

農業を続ける農家は、とくに山地の農家は、交換分合による農地の集団化を求めており、それは平地の大規模農家でも同様であろう。

集落レベルにおける空間構造は、経営規模拡大

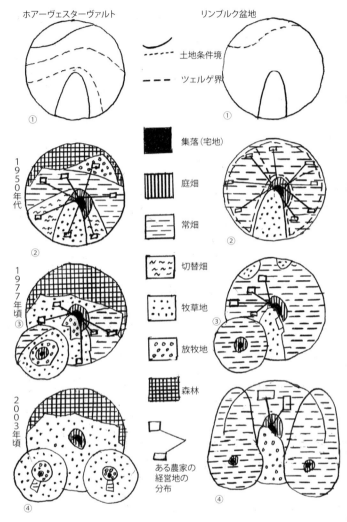

図 3-12 集落レベルから見た土地利用パターンとその変化の模式

るようにみえる。

(沖積低地の草地利用)

集落の中で、沖積低地、谷底部を草地に、それ以外を畑に利用するというある意味ごく普通の風景は、どの程度一般的であったのだろうか。このパターンは、農家がそうした土地資源を上手に所有・利用できるような保証があってはじめてできるのであろうことを先の章節で検討した。このパターンの一般性については、ナウハイムでも崩れだしたことも先に示したが、このパターンの1960年頃の一般性については、Otremba編の『ドイツの農業景観地図帳』に納められた多数の地図類で確認ができた。

たとえば、その Teil Ⅱ Blatt 1 では、エムス川流域 Emsland のラーテン Lathen 周辺の1958年の土地利用が 1/50000 で示されているが、ここではエムス川 Ems 沿いの沖積低地部に広い牧草地、放牧地が見られるし、ニーダーラーゲン Niederlangen、オーバーラーゲン Oberlangen の中小河川沿いには、多分旧河道であろう湾曲した牧草地帯がみられる。同じく Blatt 3 では、リューネブルガーハイデ Lüneburgerheide の1776年、19世紀中盤、1899年、1960年の土地利用図

の進展の度合いと、交換分合・耕地区画整理や集落外移転の進捗に大きく依存することになるように思われる。言い換えれば、南西ドイツの現状は、遅れてきた囲い込み時代、散村化過程の再現であ

が示されているが、リューネブルクの西約 20km のヘルペル Hörpel、アイエンドルフ Eyendorf、エッゲスドルフ Egesdorf でも、中小河川沿いに帯状の草地があり、古い時代の方が自然環境に近い土地利用パターンになっている。同じく、Blatt 4 のデュマ湖 Dümmer-See 付近でも、集落と畑が高地にあり、牧草地が低地を占めるというパターンになっている。一方で、レムブルフ Lembruch 西の高地は散村的で、すでに草地と畑が混在するようなパターンになっている。おなじく、Blatt 5 では、ハルツ山地 Harz からリューネブルガーハイデ Lüneburger Heide までの 1/200000 の土地利用図が示されているが、ここでも河川沿いの草地とそれ以外の畑地が対照的であり、この対照性は 1800、1930、1960 で比べると古いほどその対応は鮮明で、ハイデ Heide はその後かなりが森林になっているような様子も見られる。おなじ Blatt 7 では、ウォルムス Worms の東、ベンシャイン Bensheim 付近のベルクシュトラーセ Bergstrasse の土地利用図が示されておりライン川の周辺は牧草地であり、ラインの旧蛇行部であろう筋状の草地がはっきりとしているし、ヴェシェニッツ川 Weschenitz 周辺の低地も牧草地であり、ベンスハイム Bensheim の周辺の旧中小河川跡の低地も草地で、対比される山地西斜面低部にはワイン畑が広がっている。Blatt 8 のバーゼルに近いイシュタイン Istein のブドウ栽培地域では、山地斜面にブドウ畑があり、谷底平野部は畑、果樹を伴う畑、牧草地、粗放的放牧地が分布している。Blatt 9 では、ケルン・ボン地域の 10 万分の 1 土地利用図が示されているが、ジーク川 Sieg 沿い、ロート川 Roht、エルフト川 Erft、スウィフト川 Swift 沿いには草地が見られる。ここでは、Tail Ⅱ の土地利用図からだけを検討してみたが、この意味では、河川沿い低地、沖積低地、谷底平野部などが草地として利用されるというパターンはきわめて一般的であったといえよう。こうしたパターンが見にくかったのは、Tail Ⅴ Blatt 8 の「野菜・果樹地域の土地利用」のうち、c に示されたマインツの西 8km、ビンゲン Bingen との間のインゲルハイム Ingelheim の 1957 年の土地利用で、調査地域はライン川沿いの平坦部で、小河川 Seiz 沿いには林地があったりするが、草地の集中はなく、全体に野菜、果樹、ブドウ畑が分布するようになっている。また、Tail Ⅳ Blatt 7 に示されたボーデン湖リンダウの東約 20km の放牧地兼牧草地 Mähweide、古いタイプの粗放的草地 Streuwiese の利用地域、エグロフス Eglofs では、ヴァイヒャー湖 Weicher 周辺は孤立荘宅地域であり、全体がほとんど草地で、一部に古いタイプの粗放的草地 Streuwiese と畑がある地域となっており、こうした明快なパタンが見られない例もある。しかし、草地がほとんどの地域や園芸農業地域を除けば、草地はその村内の適地に割り振られていたと考えてよいであろう。

　しかし、この Otremba が農地利用図を作成し、編集した時代以降、急激に農業経営の分化と専門化が起きており、ナウハイムでみたように、村内における草地適地はその意味が非常に弱化してきている。そのため、ボン周辺農村を観察していて

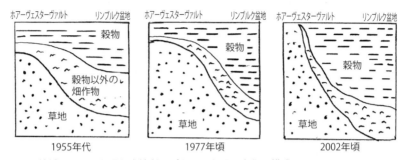

図 3-13　地域レベルから見た土地利用パターンとその変化の模式

も、すでに 1970 年代でも、こうしたパターンはそうはっきり認識できなかったし、地図にしてみてはじめてその傾向が認められた状態であった。1990 年代、2003/4 年になると、ボン近郊の平野部では、この草地適地における畑地化はさらに進行し、オイスキルヒェン、ラインバッハ、メッケンハイム周辺の平地農村では、小河川に沿って草地が分布するというパターンは、1/25000 地形図上でも確認しにくく、ある大きなブロックが草地になっていて、確かにそこは河川沿いであるが、すぐとなりには河川沿いでも大きな畑のブロックが広がっているという景観になってしまっている。Tail Ⅱ の Blatt 9、ケルン・ボン地域の 10 万分の 1 土地利用図（1957、59）ではジーク川 Sieg 沿い、ロート川 Roht、エルフト川 Erft、スウィフト川 Swift 沿いに草地が明快に見られたが、近年では、確かにあるところもあるが、そうでないところの方が多くなってしまった。Opentopomap や Googlemap の航空写真でこれらの河川沿いの地区を確認してみると、農地利用の単位区画の面積そのものも大きくなり、多分、土壌地域、小地形地域区分の大きさ、それらの枠を超えてしまう農地利用区画が多くなっているので、自然条件と農地利用の対応は図りにくくなったのであろう。

ツェーンハウゼン村周辺の草地化が著しく進行した山地ではなおさらこうした対応関係は見にくくなっている。

地域レベル

この地域レベルの空間構造モデル図 3-13 は、前著の図 6-3 に追加したものである。すなわち、山地部では 1977 年のモデルより草地の拡大が進み、実質草地が 100％になってしまったのである。したがって、耕地・草地の境界線は、かつてよりも急傾斜になって、地域差がますます増大した。リンブルク地域よりもより穀作・畑作条件がよいような地域では、理念的には草地がほとんどなくなってしまう。一方、山地部のような麦作不適地では、すでに草地 100％となっていた地域も随分あった。ただ、かつては麦作不適地とされていても、平坦部が多く、機械化畑作が容易であれば、

草地に依拠する酪農などよりも穀作を行った方がコストに見合った経営ができそうであり、実際、スウェーデン、ノルウェー南部などで車窓観察すると、麦畑が随分広い面積を占めていることに驚かされる。

草地の生産性向上は麦作の生産性向上よりも少々低く、加えて酪農の労働生産性の向上のペースはかなり遅いためではなかろうか（資料：Henkel 2004、S.149、Tab.8　参照。これによれば、穀物は大規模経営の場合、2000年までに1950年の必要労働量の3.6％、牧草は7.8％、多頭飼育の場合、乳牛飼養は27.5％、肥育豚飼養は12.5％になったという）。

また、畑地内に注目すると、穀物の割合は、1970年代半ばに最高割合に達したが、その後は減少し、生態学的には安定しそうな3分の2が穀物に充てられるようになって、商品畑作物と油糧作物がその穴を埋めている。また、畑地利用も粗放化され、休閑地も出現してきた。

大陸レベル

ここまで、草地対畑地を、畑作適地と不適地として地域的に対比しながら、一方ではその草地と畑地がそろって混合農業地域全体にあったことも併せて考えてきた。ナウハイム村のように、畑作適地といえども、草地は必要であったのである。それは、畜力を必要とし、乳を利用し、肉も利用するからであった。また、畑作適地のうち、さらに地力が高い恵まれた条件の地域は、耨耕作適地でもあるように考えた。こうした畑地と草地の利用統合・対照から北西ヨーロッパ全体を考えるとどうであろうか、というのが筆者の見方であった。先の節で考えたような山地対平地の対比などを考えると、国別統計などではうまく見ることができなさそうである。オーソドックスに、ヨーロッパの農業地域区分図を対照して、検討してみよう。

一番理解しやすかったのは、Minshull（1996）の「ヨーロッパの農業地域」図3-14で、彼は、気候条件と地形条件によってこの区分をした。そこでは、農業が盛んな地域・集約的な農業地域を三分し、「畜産が主要な地域」「穀物が重要な畑作地域」「地中海地域の園芸農業と畑作地域」とした。北西ヨーロッパの農業地域には全二者がある。加えて、限界的な農業地域を「粗放的な放牧地の割合の高い丘陵地域の農業」「森林の割合の高い山地農業」「山地地域の畑作と牧畜農業の混合地域」「限られた農業しかない山岳地域」の4つに分け、地中海地域の粗放農業地域として「畑地、休閑地、牧羊を伴う亜乾燥高原地域」を挙げている。北西ヨーロッパの集約的な農業地域の二つのうち、「穀物が重要な畑作地域」は、

①イーストアングリアとイングランド東部低地地域
②パリ盆地とケスタ地域
③フランドル・ベルギー高原地域
④ウェストファーレンとニーダー・ザクセンの沃野
⑤ライン川・マイン川流域
⑥アキテーヌ盆地
⑦ローヌ川・ソーヌ川流域

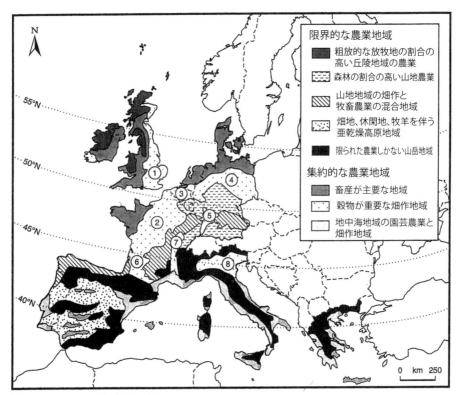

図 3-14　ヨーロッパの農業地域

出典：Minshull 1996, p.180

⑧ロンバルディア平野の名をとくに挙げている。これらのうち、⑥、⑦、⑧は、南欧的である。これら①〜⑤の地域が北西ヨーロッパの地力に恵まれた農業地域で、穀物生産適地であり、耨耕作物生産にも適している地域であろう。

これに対し、「畜産が主要な地域」は、大陸の大西洋沿岸地域とイングランド西部、ウェールズ、スコットランド、アイルランドで、湿潤で夏冷涼な地域を示している。これら地域は、牧草に依拠した酪農が典型的な農業になっている。コストロヴィッキーなどを参照したジョーダンの農業地域（ジョーダン他 2005, p.409 参照）では、この「畜産が重要な地域」を「酪農地域」としており、スコットランドやアイルランドにある「牧羊地域」は、ちょうど Minshull の区分では「粗放的な放牧地の割合の高い丘陵地域の農業」となっている。Minshull の区分の「森林の割合の高い山地農業」は、ドイツの中位山地とアルプス前山地域を中心にあり、「山地地域の畑作と牧畜農業の混合地域」

もドイツ中位山地南部からフランスのアルプス周辺山地を抜けてフランス中央高地へ、スペイン大西洋岸へと続く。これら地域も、ジョーダンの区分では「酪農地域」になっている。「限られた農業しかない山岳地域」はアルプスやピレネーなど、まさに急峻な山地地域である。

Dirke のヨーロッパの農業に関する地図（Dirke Weltatlas 2015、S.57）では、畑と草地の分布として対比されているが、これでみると、山地と沿岸部の一部を除き、畑が北西ヨーロッパのほとんどを占めてしまう。この大陸スケールでは客観的には説明が難しいが、北、沿岸（とくに北西）、山地に草地が多くなりがちであり、畑は平地、内陸に多くなる傾向は読めるであろう。

筆者は、農地利用の変化について二つの村を選択した際、三圃制と内畑・外畑制の対比とともに、歴史的な変化も含めて考えたいと考えた。すなわち麦作不適地は草地依存地域であり、こうした地域では切り替え畑、すなわち外畑で常畑を補助するかたちで不安定な穀物生産を補強し、地力を保ちながら草地に重きを置いた農業、畜産経営を続けてきたようである。この結果、家畜飼養には集村が不向きで、集村化過程は踏まない傾向があったり、集村地域の麦作不適地では、その後散村化し、囲い込んで農場制となった地域も多い。

これに対し、地力の高い畑作適地地域では、すべての農地を常畑に取り込み、その常畑を三圃式に利用してきたと理解してきた。この畑の生産力の高さが小村を大型化・集村化させ、村落共同体

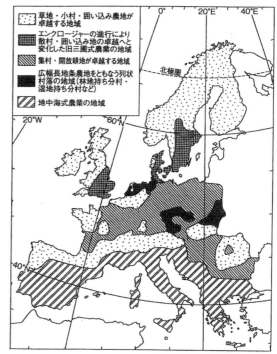

図3-15　ヨーロッパ農村の伝統からみた地域的差異
出典：手塚2011、p.13、朝倉書店

を確固としたものにした。しかも、その常畑は次第に休閑を必要としなくなり、休閑代用作物を導入してさらに生産力を高め、農外就業へのチャンスを生み出し、工場制以前に手工業を成立させ、といった関連循環があったように歴史を大まかに考えてきた。

40年前の二つの村の対比は、北西ヨーロッパ農業の基本的な土地利用タイプを知ることになると考えていたのである。

実際、歴史時代の農業タイプ、集落タイプごとの農地利用システムとその構成の変化、集落発展

について、Müller-Wille や Krenzlin がモデル案を提案しているし、Tichy もオーデンヴァルトの農業的土地利用の構成割合の変化モデルなどを工夫して提案している。さらに、それらを引用しながら Becker（1998）、Born（1974、1977）、水津（1976）らが議論を行っており、こうした農業の歴史と景観の発展史は歴史地理学の主要な関心事でもある。これらは歴史学でも藤田（2014）の立派な成果もあるので、このことについては、今後十分に従来の研究を検討した上で、まとめてみることにしたい。

なお、詳細な個々の村落の研究事例を一般化するヨーロッパ農業・農村地図としては、手塚が Lebau の農村の伝統的な地域区分を引用して説明しており（手塚 2011）、これは歴史的、農村景観的総合像を全体として把握するのに非常に役立つ（図 3-15）。これによれば、北欧・大西洋沿岸・ピレネー・アルプス山地地帯を中心に「1. 草地・小村・囲い込み農地が卓越する地域」としてひとまとめにし、これに対して、「2. 集村・解放耕地が卓越する地域」を北西ヨーロッパ内陸の中心部に置き、スカンジナビア半島南部、イングランド、ユトランド半島から北ドイツ沿岸部、オランダにかけて、先の2タイプの中間地帯を「3. エンクロージャーの進行によって散村・囲い込み地の卓越へと変化した旧三圃制地域」としている。もう一つは「4. 地中海農業の地域」である。この地帯配置自身が、北西ヨーロッパの農業と農村景観の歴史を示す大きな証拠でもあろう。

2. 農業を基礎にした生活文化の空間構造 ―食文化の例―

農業の土地利用に見える空間構造を一般化し、麦作適地対麦作不適地の対比として考えてみてきた。この単純な対比は、北西ヨーロッパの北と南、沿岸と内陸、山地と平地に表れるが、実際には集落のレベルでも出現しており、その集落レベルでの畑地対草地の対比が、積み重なりながら、北西ヨーロッパの風景の土台になっているのではないかというのが主張であった。

この景観の対比は、農業に関わるさまざまな伝統的な生活文化とも関わっていると考えられる。たとえば、集落形態、農家の家屋形態、耕地形態、土地利用方式、農村社会の歴史と経営規模の違いなど、農業に関わるさまざまな文化事象に影響を与えており、非常に興味深く、幅広い関連を解き明かしていくべき複合的な課題である。それらは根深く民俗や生活文化の伝統に関連してきたであろう。

食の地理学

伝統的な生活文化の中で、農業的な土地利用が直接表れてくる文化は、多分、食事であろう。筆者は、学生時代に「文化複合」という用語を中尾（1966）の説明で知ったときから、この農耕文化複合としての「食」に関心を持った。かつて大阪時代に担当した教養科目「地理学」で話をした食べ物の話を思い出しながら、現在も教養科目で簡単に取り扱っているので、北西ヨーロッパの農業

に関わる生活文化複合の例として簡単に触れておこう。

先の穀物対草地という対比軸に沿って、食物を南―北、内陸―沿岸、平地―山地で対比して簡単に説明してみよう。

主要食品については、まず日本でいう主食に相当するデンプン質は、南・内陸から北・沿岸へ向かって、小麦パン、ライ麦パン、オートミールやそば粉などのガレットへと変化する。小麦パンが有力でなくなる辺りからは、ジャガイモが重要なデンプン質になる。ドイツはライ麦パンと言われているが、全体としては近年、小麦パンが優勢になりつつあるのではなかろうか。ライ麦パンは美味しいが、好みの差もある。

ジャガイモはドイツか

なお、多くの学生達が「ジャガイモはドイツ」と単純に答えるが、ジャガイモはヨーロッパでは地中海気候地域でも、西岸海洋性気候地域でも、湿潤大陸性気候の地域でも栽培可能である。それでも、ジャガイモが目立ち出すのは、パン用の麦（小麦、ライ麦）が稔りにくい寒冷、湿潤な地域であった。また、土地生産性は高いため、かつては零細な農民が栽培する伝統があった。アイルランドでは貧しい農民が食いつないだのがジャガイモである、という話が今も伝えられ、よく聞かされたが、現在では零細な農民の農産物というわけではなくなってしまった。たとえば、第二次世界大戦後のドイツを見れば、また、北西ヨーロッパ全体でも、農業の自給部分は消滅しつつあるので、小規模農家、零細農家のジャガイモ栽培という特色は失われ、現在はジャガイモの自動収穫機が投入できるむしろ経営規模がそれなりに大きい農家が栽培し、自動収穫機が投入しやすい平坦で砂質土壌地域で栽培されている。地力の乏しい貧しい農業地域で盛んなように思えるイメージは払拭されている。ジャガイモは、茹でたそのままでも美味しいが、油との相性もよいからジャーマンポテトのようにしてもよいし、コロッケのようにして食べることもあるし、ハッシュドポテトも、ニョッキもあるし、ピューレ、マッシュポテトも、さまざまな家庭のポテトサラダもそれぞれ美味しい。

ジャガイモばかりさまざま書いたが、パンも種類は多いし、それぞれ美味しかったが、そうたくさんは食べられなかった。単純なブレートヒェン（ドイツ風小型パン）とバターとさまざまなマーマレードの組み合わせは飽きることもなかった。また、そうたくさん食べられないうえに、ブレートヒェンはその日に、焼きたてを食べれば美味しかったが、翌日はもうまずくなってしまった。

なお、農業生産は単純な限界線では区切れない。それら農産物で作られる主要食品の頻度や軽重の違いを通じて、毎日の食事が作られている。しかも、食料品は輸送が可能であるから、食事文化の地帯配置は重なり合いながら移行する。同時に、山地と平地ですら大きく土地利用が異なるが、地域的にすぐ近い範囲にさまざまな条件の地域があり、さまざまな食品リストがあることにもなっている。その結果、ヨーロッパの混合農業地域は毎日、同じような食事をしているという中国人のヨーロッパ食評価がなされていたりもする（グ

リッグ 1977、p.201）。

たとえば、ブルターニュは麦作には恵まれてはいない気候環境であり、そのためにガレットがこの地方独特の味として有名になり、その地域の伝統的食にもなったろうし、地方食として観光の目玉となり、パリにそうした専門店が出たりもする。ブルターニュの人々は、ガレットも、チーズも食べたが、ジャガイモも、小麦パンも食べたろう。伝統的には地域的な特色はあっても、そのすぐ近くに容易に入手できるごく普通の一般的な食材がある。

鶏・豚対牛・羊

肉については、穀物を主な飼料とするような鶏や豚が重要であるが、寒冷だったり、湿潤で牧草に重きを置く土地利用地帯になると、牛と羊が重要になってくる。穀物を飼料にはしにくい地帯では、ジャガイモを豚や牛の飼料にすることもできる。牛や羊は自ら動けるので、交通網が発達する以前から、都会から遠い地域で育成し、肥育しても、都会の家畜市場へ運ぶことができたという。このため、食事文化の地帯配置はさらに複雑になる。

この交通の便に関わっては、乳製品が市場距離に敏感に反応し、もともとは牛乳は生乳としては消費者の住まう都市周辺に限られていたであろう。それに対し、バター、チーズの酪製品はそれがなく、軽量で価格もよかったので遠隔地でも生産できた。ただ、産乳量が大きくなったのは比較的近年のことだそうであるから、酪農部門が重要な農業として成立するのは近年のことのようである（グリッグ 1977、p.284ff）。生乳生産は、かつては運搬が障害にはなったろう。そうした時代は自給が重要で、零細農家ほど兼役乳牛を飼養した。産乳量の季節変化も大きかった。広く北西ヨーロッパ全体で牛乳と乳製品は食料として利用されてきたのである。ただ、地中海地域では、バターが30℃以上になると融解が始まるので、多分、夏の地中海地域では、オリーブが重要な油脂類として使われたのであろう。

酒

酒類は、まずブドウが南の温暖さを必要とする作物であるから、ブドウ酒も、その蒸留酒であるブランデーも南・内陸のものであり、次いで果実酒としてはリンゴ酒、その蒸留酒のカルバドスがより冷涼な地帯、普通の北西ヨーロッパ地域一般に表れる。果実よりは一般的な作物、麦から作るのはビールであり、麦が栽培できる地域は広いから、広く北西ヨーロッパ中で醸造されている。その蒸留酒、ウィスキー類も同時である。この麦が栽培できない、その生産が安定しない地域になると、ジャガイモから蒸留酒、ウォッカなどが造られることになるのであろう。

豆のスープ

ドイツの食事文化の基本は、いうならばこの伝統的な混合農業地域の食事であろうが、それはフランスでも同様であったろう。北西ヨーロッパが豊かになった時代から日本人はヨーロッパ文化と接しているので、肉とワインと生野菜などが重要なように思えるが、1970年代までのドイツの学生食堂でよく出されていた豆入りの野菜スープ・

シチューなどは、伝統的に重要な一皿であったのではなかろうかと思われる。ドイツではEintopfと呼ばれ、フランス風には、ポトフである。

1970年代ドイツの学食の安料理Eintopfは、レンズ豆、ヒヨコ豆、ジャガイモ、ニンジンなどの煮込スープ、シチュウーで、焼きソーセージを追加注文し、それを切り刻んでスープに入れて食べたが、とても美味しかった。フランスの田舎料理もこれに似ていて、ニンジンやジャガイモ、野菜、豆類を煮込み、それにすじ肉が入っていたり、骨髄が入っていると、これが北西ヨーロッパの伝統的な食事の基本なのだろうなと想像した。

麦は主食か

この食事の基礎であるデンプン類、日本人が考える主食とそれを栽培する農業の対比、それに伴う文化比較論はとても興味深い。なお、主食と思いがちな麦類は、北西ヨーロッパでは工業化社会以降、動物性食品の価値が高まり（新大陸からの安い穀物の輸入）、家畜（肉、乳製品）の生産へと傾斜し、飼料になっていった。小麦や他の麦を含め（とくに機械化時代には）畑作物の多くが飼料として利用されている。小麦畑をみてもパン用に栽培していると単純に思わない方がよい。農業における無家畜化は、大きな流れの一つであり、広い農地を大型機械で利用しするという流れは商業的混合農業地域の進化方向の一つであろう。

食料に関しては、麦類が加工前に製粉行程が必要であり、風力、水力利用の普遍性とともに、工業化への刺激の一つになったのではなかろうか。

肉食の国

家畜を伴い、その血肉を食べ、その加工品を作り、保存しといった一連の畜産関連の文化も、鯖田（1966）は肉食の思想としてまとめたし、谷（1996）は牧畜の思想を利用するシステムとしての牧夫・牧童、牧羊犬、雄羊、雌羊、子羊、去勢とキリスト教など一神教との関連づけ、ヨーロッパ社会の有り様と対比していて興味深い。肉屋の店頭にしばしば表皮を剥がれたウサギが置いてあったりするのを見ると、ここは肉食の国なんだとあらためて納得したものである。

家畜はあらゆる段階で販売できるので、しかも、その大きさ、成長段階、雌雄、質、血統も重要であるから、家畜を飼養する経営は非常に複雑になる。ただ、家畜を食べてしまったり、販売するとそこで継続的な栄養をとることができなくなるから、家畜を生かしながら栄養をとり続けることができる乳の利用は、麦類が実らないという危険性のある寒冷な地帯で食糧を確保する、ないしは農産物を生産する上でとてもよい工夫であろう。北西ヨーロッパは、麦栽培の除草が近代近くまでは行われてこなかったことに示されるような広い面積を、家畜、役畜を使って、ある意味では粗放的に使って収益を得る農業文化にあり、狭い田畑を、畜力にはあまり頼らず、自らの労力で丁寧に除草をし、手間暇かけて熱心に利用するタイプの農業とは異なるような気がする。しかし、役畜を利用し、広い面積を耕して行う農業の方が、世界では普通なのである。

金曜日は魚

　魚、海産物は、全体としては利用は多くはない気がするが、沿岸部では重要なグルメ、観光の目玉になっている。地域や個人的な好みの差異は大きいようである。70年代のボンの学生食堂では週に一度、金曜日だけ魚メニューがあった。学生時代にはあまり魚料理を食べるチャンスはなかったが、時々口にできるイタリア料理店、ギリシャ料理店の魚、貝料理は魅力的であった。また、チェーン店・ノルドゼー（北海）の白身魚のフライ、ニシンの酢漬け、ドイツ料理店のライン地方風ムール貝のワイン蒸しなどはちょっとした楽しみだった。また、チャレンジ精神で、木曜夕方か金曜日にマグロを買って刺身にトライするなどもしてみた。なお、牡蠣フライが見当たらないというのは、不思議な気がする。牡蠣は生牡蠣やチャウダーと決まっているらしい。

生野菜

　野菜の利用は、1970年代に学生生活を送った時代とその後訪ねてみて、随分急速に変化してきたことを感じた。70年代には生野菜がそれほど食べられていないと感じた。野菜の生食は、急激に近年ウェイトが高まってきたのではないかと考えられる。多分、イタリア経由で、もしくはアメリカ経由で。1970年代には学生食堂で生野菜が出るのは、金曜日の魚料理の日に付け合わせでサラダ菜が出る程度で、あとは酢漬け、煮物、スープの形で野菜利用がされていた。

　2003年度には、学生食堂にはサラダバーで、サラダが中心の食事が提供されていた。しかし、むしろ、形も色もなくなるほどしっかりと煮た野菜（繊維としては十分にとれる）は、また、びっくりするほど酸っぱいカブ類、キャベツ、インゲンの漬け物・ザワークラウトのようなものが、伝統的な野菜利用方法ではなかったと思い出している。サラダのような生野菜消費の普及は日本とそう時期的に違わず、最近のことと予想している。また、よく市場で見かけるが、どう調理してどう食べるのかがわからない野菜が、野菜の謎がとうとうたくさん残ってしまった。

ジャム

　果物、ベリー類は生で消費されるだけではない。もちろん日本でもジャムにしたり加工しているが、果物もベリー類も料理の重要な材料の一つである。もっとも普遍的であろう果物のリンゴは、アップルパイのようなお菓子だけでなく、加熱加工され、肉とともに加工され、また重要な副菜として肉料理に添えられている。ベリー類は生でも、ジャムに加工した上でさまざまな料理のソースに使われている。よく見るベリーには、イチゴ Erdbeeren、キイチゴ（ラズベリー）、フランボワーズ（Himmbeeren）、ブラックベリー（Brombeere）、スグリ（Johanissbeeren）がある。販売されるリンゴの生果としての利用への変化も興味深かった。かつては決して甘くはないが、香りと味はよい、傷だらけで見た目が悪かったリンゴは、きれいな見栄えのするリンゴへとこの40年間に大きく変わった。かつては叩き落として大量に収集し、ジュースとなり、リンゴ酒となり、カルバドスへと加工され、ジャムになり、ピューレとなったの

であろうが、生果用に配慮されたものだけが市場に出ることになってきたのであろう。また、古くは農家の庭畑にいくらでもあったリンゴ樹は少なくなったし、果樹農家も矮性のリンゴを作るように変化し、美しい果実が出荷できるようになったためであろう。

スイーツ

スイーツでは、チョコレートの地位の高さが目を引くが、ドイツのトルテはさまざまな果実を載せた多様なものがあり、季節を感じさせてくれた。香料・リコリス入りのお菓子への嗜好は、筆者はよく理解できなかった。スイーツの地域差の理解も今後の課題である。

いずれにせよ、食べ物は農業とも密接に絡む生活文化であろう。そのため、参考になりそうな文献がこの40年ですばらしく増大した。それらを参考にしながらヨーロッパの食べ歩きをしてみたいものである。ただ、もともと多様な農産物から提供される食品はかなり広範囲で利用されており、料理法も多様であるから、北西ヨーロッパ内の地域差は小さいかもしれない。

留学時代の食生活

筆者は、留学時代前後は、ごく普通の貧乏学生であったから、40年前にドイツに行ってはじめて食べたものが随分あった。生ハム、パテ、多種多様なソーセージとハム、ナチュラルチーズなどがそうである。今やそうした食品が日本でも地方都市のスーパーマーケットですら容易に購入可能である。逆に、ドイツでは、地方都市でも日本風の豆腐や豆腐を加工したハンバーグなどが、乾燥ヒジキすら自然食品店に置かれていたりするし、寿司がパリやロンドンではテイクアウトできるし、ケルンでも回転寿司を見た。食べ物の普及交流のスピードは恐ろしいほどである。筆者はガレットもはじめてドイツで食べたが、帰国してみたら、それがもとのクレープは若い女性の注目の的になっていた。しかも甘いものとして食べられるなど、当時は二重に驚かされた。

若く食欲も旺盛であった留学生時代は、貧乏であったし、しかも冷蔵庫のない生活であった。中心は学食であり、朝食には翌日までしかもたない簡単なものを食べ繋いだので、今や残念で仕方がない。当時は容易に入手できた日本製インスタントラーメンを食べ過ぎ、その後20年近く拒否反応が出てしまった。料理の腕を磨いて、若返って、腹を空かしてもう一度留学したいものである。なお、付け加えるなら、2003/4年には、筆者はもうそうたくさんは食べられなくなり、ドイツ人の一人前を食べ残し、テイクアウトすると三日同じものを食べざるを得ない有様で、悔しい思いをした。

また、食べ物は一般に興味を引くことのできる教材でもあり、生徒にも、とくに地理嫌いの多いとされる女子生徒にもよい教材になろう。たとえば、ブルターニューのガレット・クレープの話題などは、大西洋沿岸地域の食事文化の表れとしてよい学習教材の一つになろう（櫻井2011）。しかも、大きな意味で、北西ヨーロッパの風景、農業的な土地利用に根ざした地域性と地域差を学ばせるこ

とができるであろう。

参考になった文献

グリッグ, D.B. 著, 飯沼二郎・山内・宇佐美訳 1977.『世界農業の形成過程』大明堂.
ジョーダン著, 山本正三・石井英也・三木一彦訳 2005.『ヨーロッパ―文化地域の形成と構造―』二宮書店.
ジョーダン著, 山本正三・石井英也訳 1989.『ヨーロッパ文化―その形成と空間構造―』大明堂.
手塚　章 2011. 自然環境と伝統的農業. 加賀美雅弘編『EU世界地誌シリーズ3』朝倉書店.

景観の歴史地理

水津一朗 1976.『ヨーロッパ村落研究』地人書房.
ハート, J. F. 著, 山本正三・桜井・菊地俊夫訳 1992.『農村景観を読む』大明堂.
藤田幸一郎 2014.『ヨーロッパ農村景観論』日本経済評論社.
ピット, J.R. 著, 手塚　章・高橋伸夫訳 1999.『フランス文化と風景（上）（下）』東洋書林.
プラノール, X.d. 著, 手塚　章・三木一彦訳 2005.『フランス文化の歴史地理』二宮書店.
Becker, H.1998. *Allgemeine Historische Agrargeographie.* Tübner Studienbücher Geographie, Stuttgart.
Born, M. 1974. *Die Entwicklung der deutschen Agrarlandschaft.* Wisssch. Buchgesell., Darmstadt.
Born, M. 1977. *Geographie der ländlichen Siedlung 1.* Tübner Studienbücher Geographie, Stuttgart.
Smith, C. T. 1967. *An Histrical Geography of Western Europe before 1800.* Longman.

農業地理学・地理学

池永正人 2002.『チロルのアルム農業と山岳観光の共生』風間書房.
石井英也・桜井明久 1984. ヨーロッパにおけるブナ帯農耕文化の諸特徴. 市川健夫・山本正三・斎藤功編『日本のブナ帯文化』朝倉書店：57-71
上野福男 1988.『スイスのアルプス山地農業』古今書院.
上野福男編著 1997.『オーストリアにおけるアルム農業と観光』農林統計協会.
浮田典良 1970.『北西ドイツ農村の歴史地理学的研究』大明堂.
オトレンバ, E. 著, 藪内芳彦訳 1967.『一般農業地理学』朝倉書店.
呉羽正昭 2001. 東チロルにおける観光業と農業の共生システム. 地学雑誌 110（5）：631-649.
呉羽正昭 2017.『スキーリゾートの発展プロセス』二宮書店.
小林浩二 1978. ハンブルク北西郊における農業的土地利用の地域的差異. 地理学評論 51（9）：687-703.
小林浩二 1986.『西ヨーロッパの自然と農業』大明堂.
桜井明久 1989.『西ドイツの農業と農村』古今書院.
櫻井明久 2013. ドイツ、リンブルク地域における1970年以降の農地利用変化. 駒澤地理 49：11-34.
佐々木　博 1965. ドイツにおけるブドウ栽培の発達. 人文地理 17（1）：65-82.
佐々木　博 1966. 甲府盆地東部と南西ドイツ Kaiserstuhl におけるブドウ栽培景観の比較. 地理学評論 39（2）：118-145.
佐々木　博 1976. ケルン - ボン近郊 Vorgebirge の野菜栽培. 地理学評論 49（1）：
鈴江恵子 2008.『ドイツ　グリーン・ツーリズム考』東京農大出版会.
淡野明彦編著 2016.『観光先進地ヨーロッパ』古今書院.
富川久美子 2007.『ドイツの農村政策と農家民宿』農林統計協会.
谷岡武雄 1976.『フランスの農村』古今書院.
山本　充 1997.『山地の土地資源利用』大明堂.
横山秀司 1997. ヨーロッパにおけるグリーンツーリズムの展開について. 九州産業大学商経論集 37-4：
横山秀司 2006.『観光のための環境景観学』古今書院.
Andreae, B. 1964. *Betriebsformen in der Landwirtschaft.* Eugen Ulmer.
Andreae, B. 1973. *Strukturen deutschen Agrarlandschaft.* Forsch. zur deutsch. Landeskunde, Bd. 199.
Eckart, K. 1998. *Agrargeographie Deutschland.* Klett.
Glässer, E., Schmied, M.W., Woitschuetzke, C.-P. 1997. *Nordrhein-Westfalen.* Klett-Perthes.
Henkel, G. 2004. *Der ländliche Raum., 4. erganzte und neue bearbeitete Auflage, Studienbücher der Geographie,* Gebruder Bornträger Verlagsbuchhandlung, Berlin/Stuttgart.
Minshull, G. N. 1996. *The New Europ.* Hodder & Stoughton.
Otremba, E. Hrsg. 1962-71. *Atlas der deutschen Agrarlandshaft.* Franz Steiner.『ドイツの農業景観地図帳』
Röhm, H. 1964. *Die westdeutsche Landwirtschaft.* Bayer. Landwirtschaftsverlag.

Westermann 2015. *Dirke Weltatlas*, S.57, 96.

農業史
アーベル, W. 著, 三橋時雄・中村　勝訳 1976.『ドイツ農業発達の三段階』未来社.
アーベル, W. 著, 寺尾　誠訳 1972.『農業恐慌と景気循環』未来社.
飯沼二郎 1967.『農業革命論』未来社.
飯沼二郎 1970.『風土と歴史』岩波新書.
オーウィン著, 三澤訳 1980.『オープンフィールド』御茶の水書房.
オーウィン著, 三澤訳 1968.『イギリス農業発達史』日本評論社.
加用信文 1972.『日本農法論』御茶の水書房.
熊代幸雄 1974.『比較農法論』御茶の水書房.
ゲルデス, H. 著, 飯沼二郎訳 1957.『ドイツ農民小史』未来社.
野崎直治 1985.『ドイツ中世農村史の研究』創文社.
バート, S.v.H. 著, 速水　融訳 1969.『西ヨーロッパ農業発達史』日本評論社.
ペロウ, G. 著, 堀米庸蔵訳 1944.『独逸中世農業史』創元社.
ヴェルト, E. 著, 飯沼二郎・藪内芳彦訳 1968.『農耕文化の起源』岩波書店.

食事文化
アイザック著, 山本・田林・桜井訳 1985.『栽培植物と家畜の起源』大明堂.
石毛直道 1995.『食の文化地理』朝日選書 519.
石毛直道 1982.『食事の文明論』中公新書 640.
伊藤章治 2008.『ジャガイモの世界史』中公新書
梅村芳樹 1984.『ジャガイモ：その人とのかかわり』古今書院.
菊地俊夫編著 2002.『食の世界』二宮書店.
サウァー, C.O. 著, 竹内常行・斎藤晃吉訳 1961/1981. 改版『農業の起源』古今書院.
櫻井明久 2011.『社会科教師のための地理教材の作り方』古今書院. 40-43.
鯖田豊之 1966.『肉食の思想：ヨーロッパ精神の再発見』中公新書.
谷　　泰 1996.『牧夫フランチェスコの一日―イタリア中部山村生活誌―』平凡社ライブラリー 144.
筑波常治 1969.『米食・肉食の文明』NHKブックス.
中尾佐助 1966.『栽培植物と農耕の起源』岩波新書 583.
中尾佐助 1972.『料理の起源』ＮＨＫブックス 173.
南　直人 2003.『ドイツ―世界の食事文化 18―』農文協.
　同シリーズで、スペイン（14）、イタリア（15）、フランス（16）、イギリス（17）、ロシア（19）があり、各国食事文化が紹介されている。
ピット, J.-R. 著, 千石玲子訳 1996.『美食のフランス』白水社.
ハリス著, 板橋訳 1994.『食と文化の謎』岩波同時代ライブラリー 179.
ラリー・ザッカーマン著, 関口　篤訳 2003.『じゃがいもが世界を救った―ポテトの文化史―』青土社.
ベルトルト・ラウファー著, 福屋正修訳 1994.『ジャガイモ伝播考』博品社.（C.M. ウィルバー編 *Documenta historiae naturalium*）
山本紀夫 2008.『ジャガイモのきた道』岩波新書.

日本の米・水田、ヨーロッパの小麦・農業をめぐる文化論
梅棹忠夫 1998.『文明の生態史観―改版』中央公論社（中公文庫）.
栗原藤七郎 1976.『文明の農業的基礎』家の光協会.
栗原藤七郎 1964.『東洋の米　西洋の小麦』東洋経済新報社.
鈴木秀夫 1988.『風土の構造』講談社（講談社学術文庫 819）.
都留信也 1971.『土と生態』共立出版.
ヒックス著, 岩城英夫訳 1977.『土地と水の文明』紀伊國屋書店.
ポンティング著, 石　弘之他訳 1994.『緑の世界史』朝日選書.
山根一郎 1974.『日本の自然と農業』農文協.
山根一郎 1985.『地形と耕地の基礎知識』農文協.

IV
住宅地域としての農村地域

1. 住宅地としての農村集落

　第二次世界大戦以降、旧西ドイツ地域では、とくにドイツ南西部の零細な兼業経営が多かった地域では、農村が急激に住宅地へと変貌してきた。ここでは、先の章で農地利用の空間構造の差異を検討するための事例としてとりあげたリンブルク盆地と山地・ホアー・ヴェスターヴァルトのそれぞれの集落の調査をもとに、農家家屋と集落景観の変化を明らかにし、農村集落が住宅地として変貌していることをまず示したい。そのため、伝統ある家屋タイプと新しい家屋タイプを区別し、その家屋タイプ分布図を作成する。

　また、この地域はドイツの国土利用計画のための土地利用分類でいえば、居住地・交通用地が25％以下の「農地・森林卓越地域」に属し、南西ドイツ中位山地の大半を占める農村地域らしい景観地域である（Hänsgen und Hantzsch 2002,S.11 参照）。すなわち、ルール・ライン大都市圏、とりわけその南半に位置するケルン・ボン大都市圏からは約50km以上、ライン・マイン大都市圏（フランクフルト大都市圏）からも30km以上離れて立地し、直接的な、つまり土地利用上の大都市（Aglomeration）、すなわち巨大都市とその周辺地域が機能的に結びついたものとしての大都市圏（Verdichtungsräume）の外側の地域に相当しよう。

　農業の土地利用とその変化という点では大きく異なるこの平地と山地の農村集落景観の変化を対比しつつ検討しよう。なお、この地域の集落形態は、ドイツ全体のなかでは、南西ドイツ中位山地に典型的な密集した塊村が卓越する地域（enge Haufendörfer）がとくに盆地地域にあり、一方山地地域は、疎な塊村（lockerle Haufendörfer）と小村（Weiler）とが混在する地域に相当する（Harversath und Ratsny 2002；Henkel 2003；Ellenberg 1990）。また、農家家屋タイプでは、ドイツ全体からいうなら、三側型家屋（Dreiseithof）が主である。

　一方、筆者自身の観察からは、この山地の農村の集落は平地地域に比べ規模は小さく、より疎らに集積した塊村であり、農家家屋は一般には小型の一棟型で、居住部分と経済部分とが一棟内の左右に振り分けられたタイプが中心であった（写真4-1参照）。一方の平地農村の集落は一般により大型で、より密集した塊村であり、とくに集落の中核部周辺では農家間に庭畑などを挟むことは希で、軒を連ねたような連続した建て方が特徴的で、農家家屋は多棟型で、中庭を囲む三

側屋敷（Dreiseithof；通りに面して母屋と出入り口門、後方に向かっては中庭と地上階が畜舎・上階が補助居住部の建物、後方には納屋・乾草置き場、写真4-18参照）か、中庭を囲む四側家屋（Vierseithof；先の三側家屋の建物に隣接農家との間の壁を利用した補助建物がある）になっていた。

こうした異なる集落景観をもった山地農村と盆地農村の1970年以降の集落景観の変化を、土地利用変化の研究でも取り上げたツェーンハウゼン村とナウハイム集落（1970年以降のヒューンフェルデン村ナウハイム集落）の事例から明らかにしたい。

この集落景観の変化については、住居や農舎の形態をすべてにわたって調べ上げ、その結果から建物を分類するという手法が丁寧な方法であろう。筆者はそうした形で、ボン周辺の農村集落の家屋調査を試みたことがある。しかし、この方法は多様な形態を正確に調べ上げることができるが、調査のためにはあまりにも長時間を要するし、農家家屋自体が多様であるために客観的な全体像の把握がしにくい。そこで、本研究では簡便法を採用して調査することにした。すなわち、最初の土地利用調査を行った1977年調査時に、先に述べたような山地農村の基本型の農家家屋・屋敷取りと平地農村のそれを基本としてまとめ、その農家家屋の変化と新しい家屋の建設の様子をみることにしようと考えた。その際、もともと基本型を示していなかった農家を別扱いにすることにし、基本型の農家のうち、母屋・居住部、経済部（納屋、畜舎）などのいずれかを変えたかどうかを調べる形で調査し、加えて新しい住居の存在と分布を確認する形で研究することとした。

2. ツェーンハウゼン村の集落景観変化

ツェーンハウゼン村は、20世紀初めには総戸数40戸程度で、1960年代75戸程度、1977年90世帯であり、いわば日本における集落である。現在人口は391人（2011年センサス）である。なお、櫻井の最初の現地調査は1977年であるが、1970・71年センサスでは人口は330人、87世帯で、30戸の農家が存在した（1977年の聞き取り調査では農家数は23戸にさらに減少していた）。したがって、近年までも世帯数と人口はほぼ安定して増加してきた一方、農家数は急激に減少してきた（Sakurai1985、桜井1989）。2003年の聞き取り調査によれば、当該村に居住する農家は兼業の2軒のみになってしまい、入り作農家が周辺2集落から4軒、いずれも100haを超える農家が入り作をしている（櫻井2013）。

ツェーンハウゼン村は、上位中心都市とされる人口約10万の都市・ジーゲン Siegen から約25Km、同じく上位中心都市に位置づけられるリンブルク町 Limburg an der Lahn（人口約3万）・ディエツ Diez（人口約1万）からも約25Kmの位置にあり（Sacks 2002 参照）、人口約4000の田舎町レネエロード Rennerod からは約4km、周辺と合わせて中位中心都市となる人口約6000の田舎町バード・マリーエンベルク Bad

Marienberg から約 6km に位置し、ケルン・ボン大都市圏からは 60km、フランクフルト大都市圏からも 50km の距離にある。このため、直接的な都市化の影響は目立たない。なお、広域自治体 Verbandgemeinde であるレネロード広域自治区は 22 町村 Gemeinde からなり、人口は約 1.6 万人である。

この村でみられたような山地地域の農業の衰退傾向を説明すると、日本における山間地の限界集落を思い浮かべられがちである。しかし、この集落は、世帯数も、人口も、第二次世界大戦直後の一時期以外、着実に増加してきた。農業上は、ある意味問題な地域であるが、ドイツ全体では社会経済的には深刻な問題地域として取り扱われてはいない。このような旧西ドイツの間接的な都市化地域、郊外化地域にあるドイツの村の集落景観を調べることにした。

調査にあたっては、もともと基本的だと思われる居住部分と経済部分とを一棟の中に納めた切り妻の農家を A タイプ（写真 4-1、4-2）とし、その拡張型であろう曲がり屋型の農家を B タイプ（写真 4-4）、多棟型の農家を C タイプ（写真 4-5、4-6、4-7）とを区別することにした（櫻井 2014）。なお、これら A、B タイプにはそれぞれ近年美しい装いに改築されたものがある（写真 4-3）。また、1977 年時点でもこれら 3 類型に収まらず、もともと農家としては建設されていなかった一般住居、建物を n タイプとして区別し（写真 4-8、4-9）、1977 年以降に建設された住居を N タイプとした（写真 4-10、4-11）。また、それら以外の公共的な建築とサービス施設などを区別することにした。

これらの分類によって集落の様子を地図化したものが図 4-1 である。これによれば、まず、全体として一棟建ての A タイプが多いことが認められる。ただ、この A タイプの農家家屋は村の中心の広場に近い集落の中核部にある。ここを通り抜けるハウプト通り Hauptstr. に沿った地区は集落核の中でも最も家屋密度が高い地域に相当し、そこには、B タイプ・一棟建てを変形したタイプ・曲がり屋型家屋も多く見られる。このホアーヴェスターヴァルトにおける本来の建築様式の基本は写真 4-1、4-2、4-3 の事例のような単純な切り妻の一棟建て・A タイプであったろうと思われるが、経済面積・建物面積を確保するために棟・建築物の長軸の長さが敷地に対して不足すると、B のように棟を折って居住部分を増築付加したり、経済部分を拡張したりしたものと考えられる。さらに経済部分の拡張が必要になった場合には、C のように、多棟建てにして対応したのであろう。実際、この村には農家としては 1 軒しかないこの C タイプ（写真 4-5）は、1970 年代になってから急速に経営規模を拡大し、1977 年時点で村内では最大の経営の兼業農家であった（桜井 1989；p.94 の表 3-7 中の農家③、p.98/99 説明参照）。その拡大に合わせて、もともとは棟の方向が異なる二棟からなる B タイプであった建物の後方に平屋の畜舎と納屋を増設した形となったのであろう。

なお、この地図中の土地区画は 1934 年のもの

Ⅳ　住宅地域としての農村地域

を利用しているので、その後分筆されたり、合筆されている。なるべくその位置に記号、番号を付したが、新しい建物の位置は少々ずれている可能性もある。ただ、建物の大きさはさまざまで、この図では位置関係全体として読んでいただきたい。また、それら建物間の詳細は図化が困難であったが、原則、庭ないし庭畑である。

　Aタイプの切り妻一棟建ての農家は、ほとんどが平入りで、その玄関部分の左右に振り分けて居住部分と経済部分とがあった（写真4-1、4-2、4-3参照）。しかも多くのこのタイプの農家家屋は農業経営上零細であったため、建物も小型であったし、とくに零細な農家は経済部分が非常に小さく、時とすると居住部分だけでできていると言ってよいような形態もあり、妻の部分に片屋根や平屋根を張って経済部分や納屋を確保するような形態も見られた。また、経済部分のうち、居住部分に近い方には畜舎があり、そこに人の出入り用、言わば勝手口と思われる通用口も設けられていることが多かった。居住部分から離れた部分には、大きく扉が設けられ、家畜の出入りや荷車・トラクターの出入りに使われ、その出入り口近くは作業場として利用されていたのであろう。経済部分の上階は乾草置き場として利用されていた。また、1977年には、まだ家畜を飼養している農家があったので、この畜舎前には堆肥置き場が設けられていた様子が見て取れた（写真4-1、4-6）。

　なお、写真4-6は1977年における近隣のレーへ村Reheの農家であり、Cタイプとも考えられ

るが、このような建物本体部の大きい、すなわち経済部分を大きくせざるを得なかった大規模な農家は、このツェーンハウゼン村にはもともと存在してこなかったようである。写真4-7はツェーンハウゼン村に入り作している農家で、当村に関係する最大の農家であり、隣村ニーダーロスバッハNiederroßbachの経営者による経営である（桜井、1989；p.94の表3-7中の農家①、p.94－97説明参照）。この写真4-7では、母屋・居住部は写真右、建物の表奥の端に位置しており、その棟続きの手前側は牛舎であり、裏手に乾草小屋と機械収納のための倉庫がある。これもAタイプを大きくし、さらに付属建物を加えてCタイプになったと理解される。こうした大経営は第二次世界大戦後もこの村からは発生してこなかった。しかし、近隣集落には1960年前後に政府援助の元で計画的に集落外移転し、経営規模を拡大した農家もあった。この写真4-7の農家の場合は、1938年に、すでに通勤兼業のために集落縁部、ちょうどツェーンハウゼン村との境、ノイシュタットNeustadtとの境の駅近くに移転していたため、1970年代にも経済部分の拡張が可能であり、1970年以降急速に経営規模が拡大できた。皮肉にも、農村地域であるというのに、現在生き残っている中核となる大規模農家は集落中核部には存在しないのである。

　両大戦間、および第二次世界大戦後には、実質的に農業を行わない世帯があらたに成立し、彼らも住居をこの村に建設したであろう。1939年の農家数は51であり、そのほとんどすべてが

図 4-1 ツェーンハウゼン村の住居タイプ

戦前の時点で兼業であった。1939 年の世帯数は 60 であったから、両大戦間にも非農家が成立しだした可能性がある。その後、農家数は 1956 年の 56 軒まで増加したことがわかっており、1960/61 年の世帯数は 75 であったから（桜井 1989、p.75）、調査した 77 年の時点で純粋に一般住宅として建設された家屋も 20 棟前後はあったものと推定される。今回の調査で、もともと

Ⅳ 住宅地域としての農村地域

写真 4-1 ツェーンハウゼン村のAタイプ農家（1977年）

写真 4-2 Aタイプ写真 4-1 の農家の 2004 年の状況

写真 4-3 美化されたAタイプ

写真 4-4 Bタイプ

写真 4-5 Cタイプ

写真 4-6 Cタイプ（Rehe の伝統的な比較的経営規模の大きな農家。1977年）

写真 4-7　隣村 Nederroßbach の大規模農家

写真 4-8　n タイプ

写真 4-9　n タイプ

写真 4-10　N タイプ

写真 4-11　集落中心部の N タイプ

写真 4-12　集会所と消防施設

写真 4-13 中心広場

写真 4-14 旧小学校、元村役場

写真 4-15 チャペル

写真 4-16 ガソリンスタンドとホテル

写真 4-17 修景された集落南側の風景

写真 4-18　ナウハイムの伝統的 X タイプ農家（1977 年）

写真 4-19　ナウハイムの伝統的母屋の建築

写真 4-20　伝統的な農家建築の畜舎と納屋

写真 4-21　Y タイプ（納屋を改築）

写真 4-23　N タイプ

写真 4-22　n タイプ

写真 4-24　N タイプ

Ⅳ　住宅地域としての農村地域

写真 4-25　ナウハイムの集落中心部

写真 4-26　集落外移転農家

写真 4-27　昔風の庭畑

写真 4-28　美しく管理された庭畑

写真 4-29　芝のある新しい庭畑

写真 4-30　保育園と集会所

写真 4-31　墓地

写真 4-32　かつてのミニスーパー

農家ではなかったろうと判定した家屋は 21 軒であった。これらのうち何軒かは簡単な作業小屋や畜舎を設けて農業を行っていた時期があったのかも知れない。こうした農家ではなかった居住用建物で 1977 年時点までに建設されていた家屋 n（写真 4-8）は、村の中核部より周辺に多く、かつての宅地部分とに連接しながら、とくに南と北にそれらが立地、分布していた。

　集落核の部分に注目してみると、一般的には、A、B タイプのような古い構造を保ちながらも維持管理されて住宅として利用されていることが多い。こうした事例では、かつての経済部分をそのままにしてある場合（写真 4-2、4-4）と、経済部分を大幅に改築して居住部分にしているものや、二世帯型住居に変える場合すらある。また、構造は変化していないであろうが、まったくファサードを変えてしまったり、美しい壁面に整えるような事例もある（写真 4-3）。一方、あまり美しくは維持できず、みすぼらしい佇まいを見せる場合もあるし、ひどい場合には、納屋の屋根が一部落ちている元農家も見受けた。伝統的な家屋型が維持されていることが多い集落中核部にも、とくにその縁部に、まったく新しい新興住宅地の建築同様の建物も建設されている（写真 4-10、4-11）。

　1977 年時点で、少々集落部とは離れて立地したのは、国道沿いのガソリンスタンドとホテル兼レストラン、およびその経営者がすぐその裏に作った住居だけであった。この南西側の道路沿いの住宅 n（写真 4-19）は、この道路沿いの住宅地開発の先駆けになったものであり、2 軒とも外観は木組みの山小屋風の住宅であったことを先の 1977 年の調査時に見たことを印象的に思い出せる。しかし、別荘風ではあったが、当時から、この住宅は別荘ではなく、日常の生活が営まれる一般住居であった。今日では、この 2 軒が立地する道路沿いにさらに住宅開発がなされ、先の 2 軒とよく似た木組みの山小屋風の住宅が多く建

設され、白樺の並木道が整備されている（写真4-10）。

1977年以降建築された住居は、この山小屋風住宅地以外に、その北側に延びる道路沿いと集落北端部に集中しており、それら住宅は一般の戸建て建築がほとんどで、建築様式も大都市郊外の一戸建て地域の雰囲気と同じである。また、集落南東端にも新築住宅が建設された。いずれの新築住宅もスプロール的ではない。宅地は連接的に開発されており、それら住宅地より集落内側には農業用の土地利用は見られず、多くが一般家庭用の庭園として利用され、まれに自給用の菜園が設けられている箇所も散見される。一部これら地区に接するかのように放牧地が2箇所に見られるが、これらは趣味の馬用の放牧地である。なお、村内にはこれら以外の放牧地は見られず、草地はすべて牧草採草地である。

これら新しく建設された住居は言わば新しい郊外住宅地の景観であり、村の核の部分を占める伝統的農家景観とは大きく異なり、対照的である。

集落の核としてのシンボルは、集落の集会所と消防団の消防施設①（写真4-12）が村の中心部にあり、そのすぐ北側には小さな広場があり、1977年には移動貯蓄銀行自動車が週二日営業をしていた。その広場は、「我々の村を美しく」運動の一環で整備され、シンボリックな共同水道施設②（写真4-13）がおかれている。また、図4-1中の③はもとの小学校（写真4-14）であり、1977年には役場（実質的な行政機能はすでにレネロードに統合化されていたから、ここは戸籍簿管理などシンボリックな村長Burgermeisterの仕事場）として使われていた。図4-1中の④は司教の常駐しないチャペルであり、隣接して墓地も併設されていた（写真4-15）。⑤は、卓球場であり、⑥のサッカーコート脇の脱衣所とともに集落のスポーツクラブの建物であった。

それら公共施設とは別に、図4-1中の❶はガソリンスタンドであり、1977年以降に設置された。そのとなり❷は1977年にすでに存在していたホテル兼レストラン（写真4-16）で、これらが2003年時点のサービス施設であった。1977年時点でも、この村にはドイツの多くの集落にある社交場・居酒屋・バーがなかったが、この国道沿いのホテル兼レストランが集落外の利用を含めながら、村の居酒屋の代替施設として機能していたのであろう。また、1977年には集落唯一の小売商が、伝統的Aタイプの小農家家屋の経済部分を商店として営業していたが、2003年にはすでに営業がされていなかった。もう1軒❸がその後商店を開設したようであったが、それも経営を止めていた。それらの代わりなのであろうか、肉の移動販売車を見ることができた。なお、近隣のスーパーなど商店としては、2017年には4kmほど南のレネロード集落（もともと地方町）南端に7店あり、ちょっとしたセンター、郊外型ショッピング施設である。この山地地域は兼業農業以前は伝統的な行商地域（広い地域で長期間にわたって商うタイプ）として有名であったとされるが、現在では逆に日常的な小売り商業の行商が入り込んでいることになる。

この村では、村の中心部の景観は古い伝統的な建物構造と佇まいを持ちながらも、一般的には美しく維持されており、整備された道路（写真4-17）とともに、豊かな農村であることをイメージさせており、中核に景観的には農村の光景を残しながらも、機能的には、中核部を含む集落全体が、辺縁部にある郊外住宅地同様の一般住宅地へと変容を遂げている。ただ、従来あった集落内のサービス機能は次第に減少しつつあり、たまたまこの集落はジーゲンとフランクフルト大都市圏を結ぶ幹線国道B54が走っているため、ガソリンスタンドができ、ホテル兼レストランは残されている。しかし、役場機能もレネロードに統合化され、実質的にはさまざまな機能が分散され、当該集落には消防団施設しかなくなってしまったし、小売商も完全になくなってしまった。こうした意味では、現代社会における最低次の中心地機能が失われかけてきており、徒歩で最低次のサービスが受けられなくなっている。しかし、新しい住居もそれなりに増え続け、周辺集落も含めれば十分に機能的な住宅地になっているといえよう。

3. ヒューンフェルデン村ナウハイムの集落景観変化

1970年以降では、この集落はヒューンフェルデン村ナウハイム集落と呼ぶに相応しく、日本における集落、部落、大字の感覚に等しいものである。現在は自治体としての村Gemeindeではないが、先のツェーンハウゼン村と対比できる景観的な単位、「集落」である。

ナウハイム集落は、20世紀初めには115世帯前後で、人口は560人程度であった。その意味ではもともとツェーンハウゼン村の3倍弱の少々大きな集塊村であった（桜井1989）。当該集落の北北東3kmには、リンブルクとヴィースバーデンを結ぶ鉄道沿線に駅も開設されていた。その駅があるニーダーブレッヘン Niederbrechen（2006年人口約4000）などでは両大戦間にすでに郊外化が始まって、第二次世界大戦までにはより大きな集塊村になっていた。これら集落と比べると、鉄道路線からは少々離れていたため、ナウハイムの郊外化の進展は遅かった。

この旧村ナウハイムは、1939年には、161世帯、人口は562人となっていた。この年の農家数は、86戸であった。第二次世界大戦直後、引き上げ者が居住していた1949/50年には197世帯へと増加し、60/61年には一旦1939年段階に近い164世帯に戻り、70/71年には再び増加に転じ、219世帯となっていた。しかし、第二次世界大戦後の農家数の減少は急激で、引き上げ者がいた1949/50年には農家数も101戸と一時的に大きくなったが、1960/61年に67戸、70年には37戸となり、先の調査時点1977年にはに28戸となっていた（桜井1989、p.105）。そして2003年には聞き取り調査によれば、農家数は9戸となってしまった（櫻井2013）。しかも、うち3戸は耕地整理期に集落西部に集落外移転した農家であり、集落核に居住する農家は6戸に過ぎなくなった。その農家のうち、いかにも

Ⅳ　住宅地域としての農村地域

経営を行っているというに相応しいのは 50ha 以上の 1 戸のみで、この農家だけは集落内の景観観察で農業経営していることが外観からも識別できた。集落内にあるはずの残りの 4 戸は、聞き取りによれば 10 ～ 15ha が 1 戸、15 ～ 20ha が 1 戸、2 戸は 2ha に満たない農家であったが、それらすべてが、すでに趣味の域を出ず、家畜も飼養していないし、穀物や牧草を栽培して売却してしまうような形で経営されており、経営から撤退するであろうことが確実だと、専業農家は考えていた。その結果、外観からはすでに農業を止めてしまっている元農家とは区別がつかず、これら零細な農家は筆者には外観からはそれが農家であることを確認できなかった。なお、本集落には出作農家はあるが、ツェーンハウゼン村のような入り作農家は確認できなかった。

　ナウハイム集落のようなリンブルク盆地の村々では、言わば自然条件に恵まれた平地地域の農業は安定して企業的な経営へと発展しているように見て取れるが、そうした地域の農村像、農村集落の景観はどのように変化しているのであろうか。こうした旧西ドイツの農業適地農村、しかも間接的な都市化地域にある農村の集落景観の変化を調べたのである。

　調査にあたっては、山地の村の調査同様、伝統的建物形式・屋敷取りが保たれているかどうか、伝統的建物形式のいずれの部分が残っているのか、伝統的形式によらない建物と、先の調査 1977 年以降に建設されたかどうかという分類をすることにした（櫻井 2014）。

　すなわち、この地域の伝統的な農家は三方に建物を配して中庭を取り囲み、残る一方を隣家と接する形になっていたが、これを X タイプとした。写真 4-18 に典型的に見るように、建物は、写真右手の道路に面しては母屋と大きな可動型の門とがあり、この母屋に接して、後方（写真中央）に向かって建設される畜舎・その上階の副居住部（写真中央部）があり、その畜舎の奥、道路と反対側（写真左手側）に納屋が配される形になっていた。なお、母屋はほとんどが短めの棟を持つ切り妻造りで一方の妻の部分の表側が門となっていて、中庭に面する方に母屋出入り口が設けられている。納屋も切り妻で、その棟の長さは母屋部の棟と門の幅を加えたものになる。なお、納屋と母屋は並行に建設されており、棟の方向が同一である。また、畜舎・副居住室部は大きな場合は切り妻で、幅が狭い小さなものは中庭方向に傾斜を付けた片屋根になっていることが多かった。この写真 4-18 の農家は、隣接地の旧農家が第二次世界大戦時に爆撃破壊され、その結果その西側から写真が撮れたものである。多くのこのタイプの農家は連接しているためすべての建物全体を写すような写真が撮れないし、十分な観察がしにくかった。写真 4-19、4-20 の農家も伝統的なタイプの農家で X タイプに分類したが、母屋部である写真 4-19 と畜舎・納屋の写真 4-20 の間に道路が設けられてしまった非常に特殊な事例であるが、建築の形態自体は非常に伝統的なものであるといえる。X タイプの母屋、畜舎（＋上階の副居住部）、納屋の三つの建物部分のうち、母屋だけが残されている

ものをYタイプ、納屋だけが残されているものをZタイプとして挙げることにした。論理的には畜舎・副居住部だけが残されることも可能性としてはあるが、家畜を飼養し続けている農家はほとんどなくなってしまったし、現実にこの建物部分を維持する農家は存在しなかった。また、両大戦間に建設されたであろう母屋だけの建物をyタイプ、第二次世界大戦後1977年までに建設されたものをnタイプ、1977年以降のものをNタイプとした。

なお、家屋タイプ分布図作成に際しては、集落核周辺の宅地と庭、庭畑が連接する範囲だけを示した。なお、土地区画は1959年の耕地整理事業後の区画である。そのため、現状とも異なり、一区画に複数軒の家屋があることもあるし、複数区画に1軒が建てられていることもある。この図化範囲以外の建物には、3軒の集落外移転農家がある（図2-10、2-11参照）。この地図では、X、Yタイプは敷地の表通り側に母屋が位置を占めることがほとんどすべてで、n、Nタイプは幾分敷地の中央を占めるように建設されていることが多い。また、凡例には庭畑を示しているが、敷地が大きな場合の農家家屋などでは、家屋の周囲に庭畑、ないしは庭があることがある。煩雑さを避け、細かな庭畑、畑は省略してある。

先の分類にしたがって作成した分布図、図4-2によれば、まず、集落中核部では、三側屋敷と呼ばれるXタイプの農家が非常に多く、圧倒的である。地図化は行わなかったが、1977年の景観観察を思い返すと、このタイプはさらに多かった。したがって、この30年間近くで幾分減少してはいるが、いかにもこの屋敷取りの家屋配置、三側屋敷がこの村の、この盆地地域の基本型であることがわかる。

Xタイプの農家はこの盆地地域の伝統的な農家の屋敷取り・家屋タイプであるが、2003年現在も実際に農業経営を行っている農家は、4軒である。外観から農家であることが分かったのは、大規模に経営を続ける養豚・穀作農家1軒のみで、他3軒は外観からは識別できなかった。すなわち、伝統的な三側屋敷の家屋のほとんどが農業をやめており、それでも伝統的な家屋をそのままにし、基本的な屋敷取りを変えずに使い続けていることがわかる。なお、1977年における調査時には、農家と非農家の識別がある程度可能であった。それは、非農家が家屋美化に心がけはじめており、ペンキを塗り替えたり、家屋壁に絵を描いたりしはじめていたからであった。しかし、2003年には、いずれの旧農家の家屋も美しく保たれているようになった。なお、集落の中核部分には、この伝統的三側屋敷の配置を保ちながら、したがって、Xタイプに分類されずYタイプとされたものの中には、納屋部分を居住用に改築した例（写真4-21）などもあったが、決して多くはない。

中核部にも、希には、完全に三側の建物を廃したり、建物の一部のみを保存して、新たな住居を建設した例もある。

また、1960年の二度目の耕地整理・集団的な集落外移転期以前に、自主的に集落南の縁部へ移転していた農家2軒をみると、うち1軒はすで

IV　住宅地域としての農村地域

に農業を止めており、母屋など居住部分しか残されておらず（Yタイプに分類）、もう1軒は広い敷地に三側屋敷タイプで建設され、隣接する家屋がないので、屋敷森状になったコの字型の配置に見えたが、すでに農業撤退状態にあるように観察された。

　Yタイプ、母屋だけが残されたタイプには二つの亜型がある。その一つYタイプはもともとはXタイプであった三側屋敷の母屋部が残されているもので、これが集落の中心部に多く、Xタイプに挟まれながら存在する。それらの多くはこの30年間に納屋部分と畜舎部分を処分したものである。（逆に、母屋を完全に新築したものも集落中心部に4軒ほど存在した。）一方、村の西端などにあるyタイプは、母屋自体が道路から幾分セットバックして建設されていて、もともとXタイプの農家母屋として建設されたものではなく、1977年よりはかなり前に、多分、両大戦間に、非農家の一般住宅として建設されたものであると考えられ、様式としては伝統的農家母屋によく類似している。いわば少々古い建築であるとは言え、1970年前後から急速に建設された新築住宅と同じ理由から一般住宅として成立したタイプであり、yタイプとして区別した。

　Zタイプは、三側家屋のうち、納屋部分のみが残されているタイプで、納屋は農業用でないにせよ、そのまま倉庫・車庫などとして利用されているものである。ボン周辺などの人口増加の著しい地域の集落には、こうした大きな納屋を利用して小規模のスーパーマーケットの店舗に転用してい

る例なども見られたが、この集落にはそうした利用は見られなかった。1977年には、母屋・畜舎部分をバーにして、納屋をその附属のダンスホールとして利用している例が見られた。また。この納屋部分のみを改築して居住用にしているものもこの集落にはみられなかった。納屋のみが残されている例は多くはないが、母屋も残しつつ、後ろの納屋を居住用に変えた例は先に挙げたように2軒あった（写真4-21）。

　なお、このXタイプに入れて示したが、当集落で二番目に古いとされる農家母屋は、この地方特有の伝統的な木組みの家屋であり、しかもライン地方の頁岩、ライン・シーファーの天然スレートで屋根と壁を葺いた母屋（写真4-19）である。その母屋は畜舎・納屋（写真4-20）の間を道路が切る形に分断されてしまったが、1977年時点ではフランクフルトにある世界企業のエリート・サラリーマンが購入し、古い設計図にしたがって、妻とともに、週末などに修復にあたり、古い建築への居住・修復を楽しんでいた。なお、2003年調査時には、母屋は絵本作家に所有・利用は移されたが、現在までも美しく維持・管理されていたし、納屋・畜舎部は居住用に変更された。写真4-19、4-20は2003年のものであるが、畜舎・納屋も古い佇まいを残したままで利用されている。このように古い農家家屋を購入し、美しく維持管理するのは高級な趣味になっていたのであろう。

　また、1977年時点では、ライン・シーファー、スレートで葺かれた屋根を載せた門が集落中心部

のXタイプの農家に多く見られたが、動きにも弱いし、よほど美しく維持しないと見栄えが良くないこともあってか、ライン・シーファーで葺いた母屋屋根はかなり残されている一方、門の屋根をシーファーで葺いたものはほとんど無くなってしまった。門全体が可動であると自家用車（かつては農業用機械や家畜であったろう）の出入りに便利であり、そのためには軽い方がよいのであろう。

nタイプは、近年建設された居住用の新築家屋ではあるが、すでに先の調査1977年までに建設されていたものである（写真4-22）。このタイプの建物は、最も多い建築地区としては集落北東部の大きな区画一帯で、南東縁部にも同じように計画的に建設されたものが認められた。また、整形の大きな区画は作ってはいないが、南に向かう道路に沿ってと北縁部に小区画の拡張された住宅地が建設されていた。ツェーンハウゼンに比べ、このnタイプは多く、幾分早く住宅地開発されたことがわかる。Nタイプは、1977年以降に建設された住宅地であり（写真4-23、4-24）、1977年までに大規模開発された地区の北側に拡張されたものである。なお、その一部は1977年の調査時には宅地開発が行われていた。また、このタイプに入る三側屋敷のすべての昔の建物を取り壊して新築住宅を建設した例は、数こそ多くはないが村の中核部にもみられた。

nタイプ、Nタイプの家屋が集落縁部にある整形の区画を占めている地区の景観は、日本における都市郊外の新興住宅地と同様である。ただし、敷地約20m×30m程度、すなわち約600m^2、200坪前後と区画も大きいし、家屋も大きめである。言わば日本の高級住宅地のような佇まいである。また、集落中心部の伝統的な三側屋敷と異なり、中庭を取り囲む敷地利用形式ではなく、日本の宅地利用と同様、宅地の中心に住居を置く形になっている。そのため、道路から建物までに芝を中心とする小さな飾り庭が設けられることで家屋間に距離が生まれ、とくにファサードには草花を配した小庭が置かれるため、村の風景は急に開放的になった感じがする。その住宅はほとんどが戸建て住宅であり、まれに左右、ないし上下に振り分けた二世帯型住宅がある。二世帯を超える多世帯向け住宅はほとんど見られない。

一方の集落中核部の道路に沿っては、道路に直接接する形で農家母屋と門が連続しており、狭隘な印象になっている（写真4-25）。

なお、1960年に2度目の耕地整理事業施工時に行われた集落外移転では集落西側に3軒が12haの経営面積の農家として農地をその周囲にまとめる形で、集落西端に移転した（写真4-26）。それら農家3軒は現在も経営を続けており（2003年には1軒が経営を撤退中）、この集落の農家と呼ぶに相応しい、中核農家にそれぞれ成長していた。これら農家は、いずれも1960年の集落外移転時には言わば近代的な三側屋敷（すなわち、それぞれ母屋を道路に面するように配し、その後方に家畜小屋とクーラーステーションなどを伸ばして作業用の中庭を囲い、後方に農業機械倉庫、納屋を配した形態で、建材などは近代的な

IV　住宅地域としての農村地域

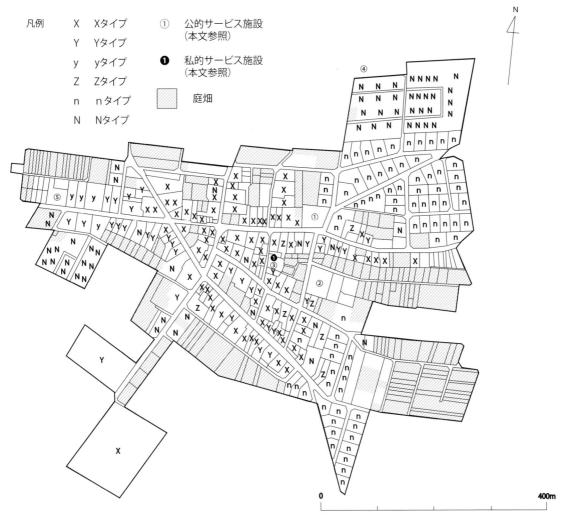

図4-2　ナウハイム集落の住居タイプ

簡易なものになってはいたが、形式だけをいうなら伝統的な形態を採っていた）であった。そのうち1977年にも、2003年にも、村内最大の経営規模に成長した農家は、先の1977年調査時点ですでに無家畜畑作専門経営となって畜舎を使用しなくなり、それが納屋の役の一部を果たす形に変わっていたし、2003年現在では、言わば多棟型の屋敷利用に変化してしまった。他の2軒の集落外移転農家もそれぞれの経営の要求に従って大きく屋敷利用、農舎建築を変えていった。なお、

最大の農家は、農家母屋だけはそのまま使い続けており、経営を引き継いだ息子夫婦がそこに住まい、退職した老夫婦は村内の新住宅地区に住まいを移してしまった。また、他の1軒は、農家母屋を残しながら、元の宅地横に居宅を新築中であった（写真4-26参照）。もう1軒は元の農家母屋を残しながら母屋の隣接地に新たな住居を設けている。この村では、この3軒の農家部分のみに、現代の農業に直接関わる建物景観が認められ、いかにも現代の農業を映す景観であるが、伝統的な農家家屋風景が残る集落内には、皮肉にも、もはや現代の農業に直接関わる景観がほとんど認められなくなってしまった。

集落核の周縁部に置かれたきた園地の多くは、1977年時点では家庭菜園の役を果たしていたが、次第に家庭菜園的な色彩（写真4-27、4-28）から都市周辺のシュレーバーガルテン状に変化しており、芝地と草花を植えた庭園となってところが多い（写真4-29）。また、その園地よりは大きめの、リンゴ樹の植えられた放牧地（Obstweide）らの一部は、リンゴ樹が取り払われて機械化に対応した大きな区画の普通畑に繰り入れられたものもあり、もしくは家畜は飼養されてはいないが、芝の広い園地として残されているものもある。

集落の核としてのシンボルは、かつての小学校、現在の保育園と集会所①（写真4-30）であり、加えて教会と墓地②（写真4-31；東側3区画を含む計4区画がそれらに利用されている）、およびかつてパン焼き竈小屋があったという場所に置かれた消防施設③である。さらには、夜間照明までついたサッカーコートとそこに置かれたスポーツ施設④である。また、Volksbank-Raiffeisen（いわばドイツの農協系銀行）や穀物倉庫などRaiffeisen関係諸施設が⑤（北西側1区を含む）を占めているが、その利用の様子などについては詳細を調査をしなかった。周辺の盆地の集落の多くには、集落のシンボルとしての共同水道（水飲み場）兼噴水池がかつてはしばしば見られたが、ナウハイムには1977年にもそうした施設は見られなかったし、2003年にも存在しない。なお、1977年には、集落内に食料品中心のミニスーパーが経営されていた。一般に、商業構造変化に伴って幹線道路沿いの近隣の大きめの集落や都市周辺の中型スーパーなどに押されて、小さな集落のスーパーは撤退をしてしまいがちだとされている。ここでも2003年にはまさに撤退した直後で、同店舗は衣料品店に模様替えをしていた（❶；写真4-32）。ただ、村の居酒屋は1977年には1軒（写真4-36；2003年撮影。①と③の間のNタイプの建物）のみであったが、2003年にはもう1軒増加した。2017年現在、近くのスーパーは、南に3kmのキルベルクKirberg集落（もともと市壁を備えた小さな地方町）北端の国道沿いに2軒、北東1.5kmニーダーブレッヘンNiederbrechenの集落端にも2軒、北2kmリンターLinterにも1軒あり、移動途中で買い物が容易にできているものと考えられる。また、それぞれはもとのいわば農業集落であり、そのなかでもナウハイムより少々大きな集落、近年、新興住宅地が大きくなった集落である。

このナウハイム集落は、ツェーンハウゼン村同様、集落の中心部の景観は古い伝統的な建物構造と佇まいを持ちながら、美しく維持されており、豊かな集落であることを示している。この集落は中核に農村の佇まいを残しながらも、機能的には、集落核縁部の景観的な郊外住宅地同様、集落全体が住宅地に変容を遂げているといえよう。ただ、従来からの集落内にあった自治行政機能中心の役は失ったし、商業サービス機能も相対的には低下してしまった。生きている農業機能が視覚的に確認できるのは、集落西部に移転した集落外移転農家の部分に過ぎず、まさに農村集落は住宅地になってしまった。

4. ドイツ農村における集落景観変化

ツェーンハウゼン村は、農家数の大幅な減少に伴って、農地も、とりわけ畑地が減少し、一時は耕作放棄地も出現し、一方、植林地が拡大された（桜井 1989、2013）。いわば農業は危機的状態に見舞われた。それにも関わらず、地域経済全体としてみるならば、当該集落の世帯数も人口も増加しており、ドイツにおける問題地域にはあたらない（Böltken, F. und Stiens, G. 2002, S.30/31 参照）。増加した家屋は、集落核縁部の新興住宅地区に集中しており、それらは別荘風建物であったり、新興郊外住宅同様の建築がほとんどで、それらによって集落景観は大きく変えられた。一方、もともとの集落核には、伝統的な切り妻の一棟建てや曲がり屋型家屋が現在も多く、家屋の基本構造自体は維持されながらも、窓を大きくしたり、壁面や屋根を美しく整えたりしていることが多い（櫻井 2014）。

一方のナウハイム集落では、農家数の減少は大きかったが、大経営農家が生き残り、決して農業も衰退してはいない（桜井 1989、2013）。しかも、その生き残った経営の中核を担ったのは、1960年の当初計画よりも10倍以上もの大きな経営に成長した集落外移転農家であった。また、山地地域のようには農地も減少せず、一時の穀物の拡大期を過ぎ、生態学的にも安定したと思われる土地利用が成立してきている。集落景観は、もともとの集落核には伝統的な三側屋敷の建物が多く集積しており、構造上はさほど大きな変化はなく、窓が大きくとられたり、壁面が美しくされたりしながら維持されている（櫻井 2014）。しかし、ここ集落中心には農家がほとんどない。一方、集落核縁部には、新興郊外住宅同様の大きな戸建て住宅中心の住宅地が建設された。

このような農業集落の建築群として、また空間的な意味における集落景観は、ドイツ全体のなかでどのように位置づけられるであろう。すなわちドイツ全体では、どのような一般性が指摘され、問題点が指摘されているであろうか。先の2集落の観察結果をドイツ全体のなかで位置づけ、可能な範囲で日本と対比しながら考察してみよう（櫻井 2014）。

1) 大都市圏との関連

筆者の研究地域は、ルール・ライン大都市圏、

とりわけその南半に位置するケルン・ボン大都市圏からは約50km以上、ライン・マイン大都市圏（フランクフルト大都市圏）からも30km以上離れて立地し、直接的な、大都市(Aglomeration)でも、この大都市と周辺地域が機能的に結びついた大都市圏(Verdichtungsräume)でもなく、その外側の地域に相当する（図4-3、4-4参照）。

この農村的、農業的に特徴付けられたドイツにおける国土計画上の「農地・森林卓越地域」は、平地を中心とする「農地卓越地域」とともに、いわば「非都市地域」あるいは「農村地域」という類型地域であり、土地利用上は今日でもなおドイツの国土全体では最も広い面積を占める地域である。

その居住地域の現象については、二つの視点から考察できる。すなわち、ひとつは集落の平面プランで、集落形態論に繋がる話しであり、もう一方はそこにある農家の屋敷取りと立面図・建築物としての家屋タイプの問題である。筆者が関心を持ったのはそれら伝統的な形態が近代化の中でどう変化したかである。先の2節で示した結果から見られるように、平面的には集落形態はかつての集落核周辺に整形の宅地の団地を形成しながら伸

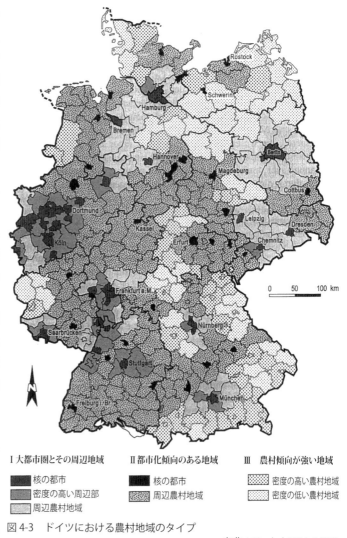

図4-3　ドイツにおける農村地域のタイプ

出典：Henkel 2004, S.288.

延・拡張していることは印象的である。また、農家数が大幅に減少しているにも関わらず、伝統的な家屋形態は、建築構造としては予想よりも大きな変化はしていないことにも強く印象づけられ

Ⅳ　住宅地域としての農村地域

表 4-1　ドイツにおける農村地域の 3 タイプ説明付表　　　出典：Henkel 2004

集落構造上の郡タイプ		分類基準	郡の数	面積 km²	面積 %	人口 千人	人口密度 人/km²
Ⅰ	大都市圏とその周辺地域	300 人/km² 以上か、あるいは人口が 30 万人以上の上位中心地	150	96296	27.0	42976	446
	核の都市	10 万人以上の都市地域	44	9095	2.5	19576	2152
	密度の高い周辺部	300 人/km² 以上の郡域	43	24723	6.9	13096	530
	周辺農村地域	300 人/km² 以下の郡域	63	62477	17.5	10303	165
Ⅱ	都市化傾向のある地域	150 人/km² 以上か、あるいは 10 万人以上の上位中心地	188	152369	42.7	28567	187
	核の都市	10 万人以上の都市地域	29	4220	1.2	4704	1115
	周辺農村地域	最低でも 100 人/km²	159	148150	41.5	23863	161
Ⅲ	農村傾向が強い地域	100 人/km² 以下で、かつ 10 万人以上の上位中心地。150 人/km² 以下で、かつ 10 万人以上の人口がない都市地域	102	108357	30.4	10717	99
	密度の高い農村地域	100 人/km² 以上の郡	59	47642	13.3	6490	136
	密度の低い農村地域	100 人/km² 以下の郡	43	60715	17.0	4227	70
ドイツ全体			440	357022	100	82260	230

た。しかも、皮肉にも、農業を継続している農家では、農業を止めた農家に比べ、農業構造の変化に合わせて経済部分を新築したり、大きく建て直しており、それが集落中心部にあるのではなく、集落間の広い農地の真ん中へ移り住んだ集落外移転農家や集落端に立地する農家である。その農家母屋は伝統とはかけ離れた、いわば単なる一般住宅であり、経済部分は、無機的な大きな作業場・農業機械置き場が脇に添えられるという風景になる（写真 2-8 参照）。

　ヘンケル Henkel は、1993 年にまとめた "Der Ländliche Raum" 初版において、農村地域の見方として先にも示したドイツ政府のRaumordnungsgesetz に基づく国土計画・地域計画を用いて、農村地域を分類し、説明している。すなわち、国土を大きく二つ、都市地域（Verdichtungsräume）（それが 1. 大都市圏地域、2. 地方都市圏とその周辺に細分される）と農村地域（ländliche Räume）に分ける見方である（Böltken & Stiens（2002）も同様）。これらは、1968 年の国土計画大臣会合にて導入されたタイプ区分であり、ドイツ建設・国土計画省の公式プラン地図として利用されている。ヘンケルの 2004 年 4 版ではドイツ建設・国土計画省の2000 年版の郡別統計を基にした地図が引用されているが、そこでは、居住地人口密度と人口 30万、10 万以上の都市を核として抽出するような形式で大都市圏を区別しており、それによれば、「大都市圏（Aggromerationsräume mit ihrem Umland）」が、面積ではドイツの 27％、人口では 52％を占めていることになっている（図 4-3 と表 4-1）。次の類型、「都市化傾向のある地域

(Regionen mit Verstädterungsansätzen)」は、面積で国土面積の43％、人口では34％である。次は「農村地域」であり、発展上の問題が非常に強い地域として、ベルリン以北の東ドイツの平野部、ベルリンの南の地域、チェコ国境地帯が示されている。

BöltkenとStien（2002、S.31）は、ドイツ建設・国土計画省の公式プラン地図から、問題地域（FordergebietとLänderliche Räume mit Entwicklungsprobleme）を引用し、郡別統計に基づいた同様の3大分類(Aggromerationsräume, Verstäte Räume, Ländliche Räume)とそれらの関係地域を示し、さらにそれらを統合する形で、「大都市圏と農村地域」の区分図を作成した。さらに、発展上の問題が深刻な地域と発展上の問題はそう大きくない地域を指摘して、これに補入し、重ねる形で「景観的に魅力に富んだ地域」を示し、大都市に含まれなかった2万以上の都市（2から5万、5から10万、10から15万の都市）を示して国土計画の資料として説明している（図4-4）。

研究地域・リンブルク地域は大都市圏とその直接的な関係地域ではなく、「都市に近接するか都市住民化した地域」にすべて収まり、言わば広い意味での「都市近郊地域」、「郊外化地域」とも呼べる地域に相当するということである。

これに関連し、ヘンケルはGormsenとSchurmann（1989）のモデルを引用して（図4-5；Henkel, G. 1993. S.210）、都市の影響下におかれた立地に恵まれた農村・発展農村と、辺縁地域に見られる衰退農村を対比している。このモデルでは、農村に居住する人口構成の変化を、立地条件の良い都市周辺では一時的には専業農業がそれなりに生き残るが、その後はその割合は僅かになり、兼業農業人口も急速に減少し、農業が衰退し、もともとの集落住民は都市への通勤者になり、一方で都市への就業者が増加すると説明している。ところが、辺縁地域農村では、同じような農業人口の変化を示すが、集落の住民の通勤化が進行する一方で、都市住民の居住・流入がない。その結果として村が衰退するというモデルである。当たり前のモデルではあるが非常に説得的である。その結果、住居でいえば、成長する恵まれた立地の農村では新築の建物が増え、同時に昔からそこに住んできて農民的な生活様式に結びついている人も多いことを示している。一方、恵まれない立地の農村では新築される建物も少ないし、そこに住む昔からの住民も流出し、少なくなるという。

すなわち、農村の動きを見る上で大都市圏、都市圏との関連で、住宅の進出の関連からその立地条件を見ようとしているのである。こうした見方でいうなら、研究対象地域・リンブルク地域はライン・ルール大都市圏にも、フランクフルト大都市圏にも含まれないが、大きな意味では都市近郊地域、郊外化地域に相当し、その農村部であるとのカテゴリーに分類される地域にあたる。先に紹介した、ドイツ建設・国土計画省の2000年版の郡統計を基にした地図、すなわちヘンケルの先の図4-3（Henkel, G. 2004. S.288/289）では、このタイプの地域に分類された郡数が188

Ⅳ　住宅地域としての農村地域

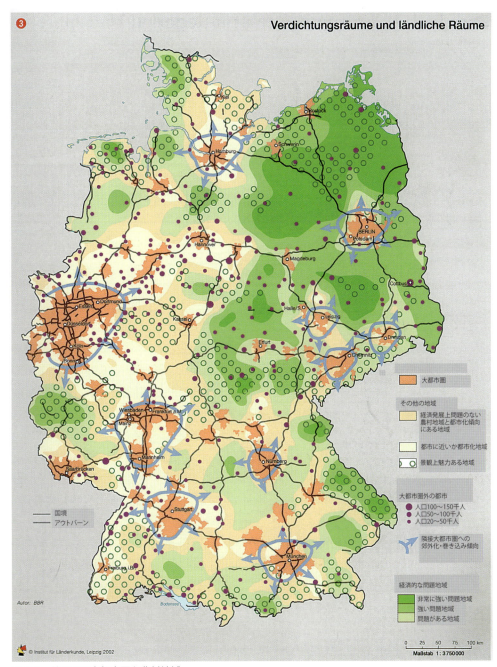

図 4-4　ドイツの大都市圏と農村地域
　　　　出典：Böltken u. Stiens 2002『ドイツ・ナショナルアトラス：村落と都市』S.31.

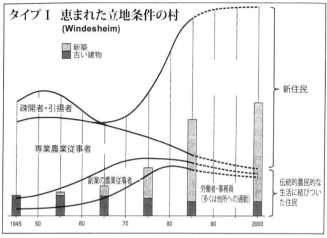

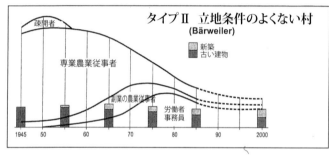

図4-5 1945年から1985年までの立地条件の違いによる農村地域集落の人口、職業、建物の発展の差異モデル
出典：Henkel 2004, S.292.

で、ドイツの全郡数440の43％であり、面積でも43％、人口では34％を占める地域である。その意味では、ごく一般的な農村地域の説明に相当するものと考えている。次に、筆者が、大都市圏下の農村地域、しばしば観察することができたボン周辺農村と対比し検討することにしよう。

2）ボン市周辺地域との対比

すなわち、ここで対比しようとするボン周辺農村は、大都市圏周辺の大都市そのものか、高度人口集積周辺地域に相当し、面積や郡の数ではドイツ内では決して多くはないが、ライン・ルール大都市圏、フランクフルト（ライン・マイン）大都市圏、マンハイム・ハイデルベルク（ライン・ネッカー）大都市圏、シュツットガルト大都市圏、ミュンヘン大都市圏、ニュルンベルク大都市圏周辺に見られるタイプの大都市近郊地域農村といってよいであろう（図4-4参照）。

ボン周辺農村については、1994年と1995年夏にボン市内に位置する近郊農村集落フィリッヒ Vilich、ガイスラー Geislar とボン市近郊の小都市オイスキルヒェン Euskirchen のすぐ東に位置する集落クッヘンハイム Kuchenheim を調査し、2003年にはボン近郊のアルフター Alfter 村や、すでに市街に取り込まれた古い集落核周辺を調査、観察した。その際には、Böhm 他（1988）や Bossmann 他（1988）論文を含む Stiel, E. (Hersg.) の "Die Stadt Bonn und ihr Umland" 2.Aufl. Arb. z. Rhein. Landeskunde, H.66. が、大変参考になった。

第二次世界大戦後、首都機能が整備される形で都市が成長し続けたボン市周辺のこれら農村集落は、すでに郊外住宅地の観を示すところも多いが、それでも、古い集落核には伝統的な家屋タイプが

維持されており、新しい都市住民の大半は、その旧集落核周辺に計画的な区画をなす新興住宅地を形成し、集積した。当然、旧集落核内にはかつての住民の多くが現在もなお居住し続けているはずであるが、かつての農舎である納屋なども維持していることが多かった。農業をやめてしまった住民がそこに住み続けていることが多いことは当然であるが、農業は止めても、農舎も中庭も、すでに農業用には利用していないという意味も含め、建物の用途を変えながら、外観の構造を変えないで利用し続けている。

　一方、集落核でも所有の移動などもあったであろうし、新住民も流入してるであろうが、その伝統的家屋景観が保持され、全く新しいタイプの都市的住宅、新興住宅地のような建物が建設されていることは少ない。とくに興味深かったのは、豪華で立派な建物は誇りもあって維持されるであろうことは予想できるが、時には粗末な小さな付属建物でしかなかったであろうと思われるような小屋が、白壁に塗られて、美しく維持されているような例がボン市内のフィリッヒでも、メーレム Mehlem 西側の小集落などでも見ることができた。一方では、ボン市内のガイスラーでは、集落核に、かつての納屋を改造して新しいタイプの集合住宅を建てる例も見られた。同時に、乳牛を多頭飼養する専業農家も集落核端に立地し続けていた。すなわち、1970年代には、しばしば家畜飼養の臭い公害のための都市住民との対立などが危惧されていたが、技術的克服や都市住民の意識変化などもあってか、近年ではさほど問題にならな いようになったのであろうかと思われ、大都市近郊農村部におけるこうした興味深い住宅・農家の共存現象が観察できた。それでも、もともと園芸農業が中心営まれてきたアルフター村以外では、生き残る多くの農家は農舎の拡大が必要なことが多いため、集落外へ移転している農家が多かったし、少なくとも集落核端にある農家が多かった。集落核に残り続けている農家の多くは、農舎の拡大が難しいためもあってか、経営規模の拡大は抑えながら、混合的な経営を模索し、農産物の庭先販売を行うなどによって収入を補っているものが少なくなく、地域住民との接触の大きさをうかがうことができた。

　なお、筆者が観察したこれらボン市周辺農村集落は、ボン市の衛星都市とも呼べるメッケンハイム Meckenheim の工業団地開発地域などを除けば、ボン市の性格上、工業用地への転用は少なく、ほとんどすべての転用農地が住宅地開発用地となっていた。

　これらのボン周辺の集落は、母都市ボン及びオイスキルヒェン Euskirchen などの中心部・主要駅との間のバス交通も確保され、周辺近郊住宅地部分の人口増加に支えられてかつての村の中心部などにミニスーパーが設置されているところも多く、その周囲には昔から続く万屋的な小売商・ミニスーパーや、たとえばパン屋などにも新しいタイプの系列型専門小売店の形で立地している。人口増加が大きく、かつての集落規模が大きかった場合には、それなりのサービスセンターとして機能を保持できていることが少なくない。こうした

都市化した、ないしは郊外化した農村地域のサービス機能の残存の条件、継続の特色についてはヘンケル（1993）やゴルムセンら（1989）も指摘している。すなわち、都市住民の増加によって、農村地域のサービス施設の衰退・減少はかなり抑えられているとみられている。当然、新しいタイプの都市周辺に立地するショッピングセンターの集客力もそれなりに大きいから、そうした施設が近隣地域に立地した場合は影響を受けることもある。母都市中心部の専門店街、中核大型商業施設からなる商業施設へも、市営のバスや路面電車・LRT・地下鉄、DBの近距離高速鉄道利用の改善などで利用可能であり、機能分担しながらそれぞれの中心がサービス機能を分担しているように思われる。当然、もともと小さかった集落や地方スケールでも公共交通のネットワーク上辺鄙な集落では、それら機能が低下し、公共交通の便も次第に悪くなり、乗用車への依存が急速に高くなっているところもある。

3）都市化・郊外化と農村景観変化

こうした大都市圏周辺部の農村の集落構造とその変容の観察を踏まえ、また、農村における農村集落の機能変化をドイツ全体という大きな意味で考えて見よう。

日本における過疎農山村のように、人口減少が進み、集落機能が低下している地域もドイツにも当然ある。それらは、先の図4-5のゴルムセンら（1989）のモデル的な説明にある立地条件の良くない地域に相当しようが、それが国土計画の地域モデル、図4-4でいう「農村地域」に相当し（Born1977、Harversath und Ratsny 2002、Henkel 1993）、実際にドイツ全体の人口変動でそのモデルが妥当であることが支持されよう。それらは、東ドイツの多くの地域と旧西ドイツではフュンスリュックやバイエルンの山地地域に多く、ヘンケル（2004,S.58）もゴルムセンらが1986年に調査したラインランド・ファルツ州のバード・クロイツナッハ Bad Kreuznach 郡のベールヴァイラー Bärweiler における空き家の多くなった集落の事例を紹介している。

Harversath と Ratsny（2002. S.52/53）も、近年における農村の集落景観の変貌について四つのタイプに分けて紹介している（図4-6）。以下、その抄訳として農村集落の変貌をまとめておこう。

タイプ1は大都市圏の縁辺の都市化圧力が強かった地域にあり、かつての農業の色彩が強かった村が島状に残り、そこを新しい居住地域と中小企業地域が環状に取り囲んでいるような集落タイプである（図4-6a; ライプチッヒのバールスドルフ）。こうした村々では、建物の増加は、集落における経済的・社会的機能の追加・強化が現れており、経済的な利益がもたらされている。また、社会的には、一般には、もともとの住民と新たに居住した人との間の溝が生じるといった問題があるというし、ヘンケルは都市化圧力、具体的には住宅地、中小企業用地などの拡張が農村集落秩序を混乱させている一方で、住民には就業機会と都市インフラの享受機会をもたらすとしている。

Ⅳ　住宅地域としての農村地域

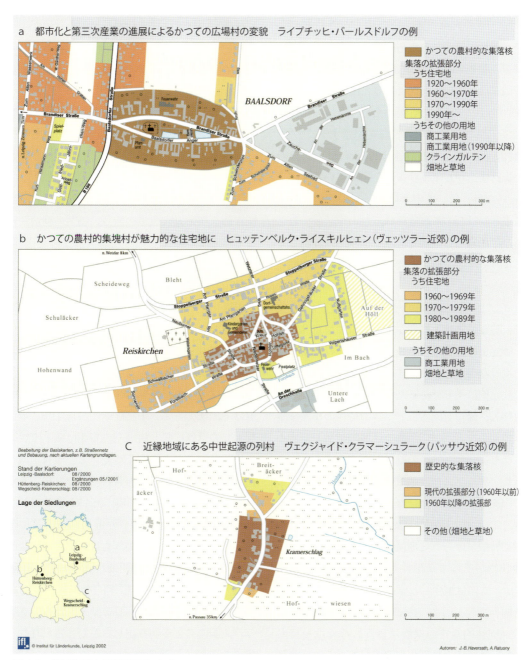

図4-6　農村集落の景観発展タイプ
出典：Harversath u. Ratsny 2002,『ドイツ・ナショナルアトラス：村落と都市』S.53.

タイプ2も大都市圏に近い恵まれた位置にあるが、都市化そのものからは直接侵されていない地域で、集落の再活性化と集落再開発が際立った特徴になっている（図4-6 b：Wetzlarに近い、すなわちリンブルク地域にも近いHüttenberg-Reiskirchen村の例）。村の伝統を配慮することで、建築物の関係の上でも、社会的な面に関しても、古い集落構造がルネッサンスを迎えている。ヘンケル（2004）は、この種のタイプの農村は都市の恩恵を受けつつも害は免れるという、いいとこ取りができる農村地域であると積極的に評価しているようである。農村の姿を保った郊外化地域とも呼べよう。

タイプ3は、広域的な観光産業に彩られた集落で、建物の維持・修理がさらに重要な意味を持ち、観光業の振興にもそれらが重要な役割を果たしたような集落である。それは集落のイメージの上で決定的に重要であったからである。村の城壁を改修し、修復を図ること、習慣や村のまとまりを維持することが民俗学的な地域的特徴を示すことになり、それが地域の魅力を引き出すことにもなった。アルプス前山地域やシュヴァルツヴァルトの山間地などが事例になるのだろうか。

タイプ4は、辺鄙な周縁地域で、今もなお農業的に特徴付けられる地域であり、多くの農村集落の建物がそのまま維持されるのみである（図3-6 c）。人口は減少し、学校、郵便局、生活必需品を購う商店、田舎の食堂兼旅館、村役場などの村の共同体的な中心機能はとうになくなってしまった。技術的な標準化の要求があったり、生活に最低限不可欠な要求があるところだけが建て直され、それ以外は単に引き継がれているだけであるというようなタイプである。

Klaus, Hahn, Popp（2002、S.22/23）は、農村発展の主な潮流ついて説明し、西ドイツでは「我々の村を美しく！」いう謳い文句のもと、第二次世界大戦後、農村再開発の最初の波が訪れたとしている。ツェーンハウゼンの集落核中心の広場のモニュメントはこの事業に関連して設置された。第二次世界大戦後の激しい農業の構造変化にともなって、多くの村々が急速に変貌を遂げた。東ドイツ地域では集団化が西ドイツ同様に重大な分岐点となったという。生産性の向上と結びついた機械化、土地利用の適正化という経済的目標と、生活様式の近代化が刺激となって、両ドイツ地域で、農村構造への多大な影響が及んだ。ツェーンハウゼン村そとその周辺やナウハイム集落やその周辺に見られた集落外移住や耕地整理事業の進展はその例である。1950年代から1960年代に起きた集落外移住と耕地整理事業は西ドイツ全体で集落景観を大きく変える変化で、集村地域と小村地域に散村が新たに作られた様な変化であった（Henkel 1993：桜井1989、p.171参照）。

戦後復興の目標としての近代都市再建に関連し、周辺の農村地域の集落も近代化の渦中に巻き込まれた。建て直し、新たな建設ないしは崩壊と取り壊しが行われ、根本的な建物更新もあった。新建材も導入され、ファサードが改装されたり、大胆に大きく切り出した窓が作られたり、近代的なドアが設置され、1960年代には伝統的な

Ⅳ　住宅地域としての農村地域

農家屋敷の「美化」がこうした農村の近代化の象徴となったのだという（図4-7；Henkel 2004, S. 247 シュヴァービッシュ・アルプの例）。

また、1970年代になると、村再開発計画 (Dorferneurungsprogramme) では、古い伝統的な集落景観が喪失されていることが強く意識されるようになり、村という生活空間の再構成に努力が払われていくことになった。しかも、同時に、村のバイパスの建設を通じて村内交通道路の整備は緊急の課題となった。実際、バイパスが作られない場合でも、幹線道路の集落入り口に少々凸の障害を設けたり、狭窄部を設けてスピードを制限させるように工夫もされたし、ナウハイムでは幹線道路から集落内の主要道へのアクセス部もインターチェンジ風にカーブを設けるような形で作られた。また、とくに均分相続制の地域では、もともと零細な兼業経営が多かったし、都市化も早かったので、中小企業用地も併せて設けられるようになった地域も多い。

したがって、筆者が1976、77年に目の当たりにした農村像はすでにこれらの「近代化」以降のものであった。

1980年代になって初めて村の再活性化が主題になってきた。すなわち、個性的な建築物、その村に特有な建築材料の維持、供給、管理、調整といった分野で、機能的な劣化・不良を改善してい

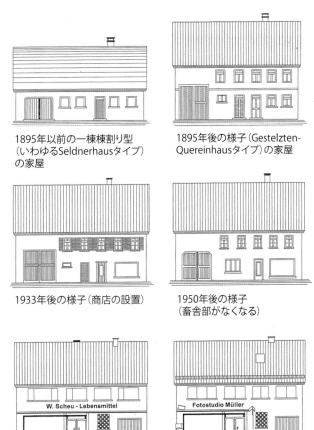

1895年以前の一棟棟割り型（いわゆるSeldnerhausタイプ）の家屋

1895年後の様子（Gestelzten-Quereinhausタイプ）の家屋

1933年後の様子（商店の設置）

1950年後の様子（畜舎部がなくなる）

1961年模様替え（住居と商店へ）

1998年居住用と商店

図4-7　農村の建物の近代化（1985年から1996年まで）
出典：Henkel 2004, S.247.

くことが中心課題になったのである。ツェーンハウゼンの村内道路の整備はこうした事例なのでであろう。1990年以降、第3次産業化とエコロジー運動の活発化が農村地域の集落イメージを改善させることになってきている。

農村地域の住宅地としての評価が高まったのは

とくに1970年代の郊外化以降である。第3次産業の成長とともに、農村地域の評価は、労働力の立地点としても益々重要になってきている。また、間接的ではあるが、環境意識の高まりの結果、農村集落の固有の価値が多くの人々に認められることになった。農村地域はもはや都市を手本とするというより、別の潜在力を秘めた地域になった。

村落の発展は複雑な過程を辿ってきたが、働く場として、故郷として、村と自然の経験としての農村地域の集落は、かつては都市地域と比べ居住地域として劣っているとみられてきた。しかし、今日では農村地域の集落が諸側面でとくに目立った素晴らしい美点をもつと評価されるようになってきている。こうした農村地域の集落ルネッサンスの恩恵を受ける地域は旧西ドイツ地域ではとても広い。こうした村々では集落や農地にかつての古い時代の景観のなごりが今なお残されており、それが住宅地域としての貴重な資源になってきている。当然、農村が無力で、外的に（都市の影響で）決まってしまうような悲観的な将来像もドイツの縁辺地域にはある程度当てはまるが、旧西ドイツ地域農村のかなりが、好ましい住宅地として発展していると考えられよう（Henkel 1993 参照）。ラウクス Laux（2001）も旧西ドイツ地域の人口動態からその様子を示している（図4-9参照）。

ヘンケルは、農村地域の村が居住地としていかに好まれているかも示している。それによれば、本研究地域内にあり、ツェーンハウゼン村のすぐ南に位置する山地地域のエルゾフ Elsoff 村での調査結果から、1982年には人口の88％が村に住みたいとの希望を有していたし、95年でも86.5％を占めており、一方、82年には11％が小都会に、数人が大都会の郊外に住みたいとのことであったという。95年には、大都会の郊外に住みたいとの希望をしたのはなんとたった一人になっていたという（Henkel 1993、S. 79ff.）。これは、多くのドイツ人の居住地の希望傾向とも一致しているようで、アレンスバッハ世論調査研究所 Allensbach Inst. によれば（Henkel 1993、S.82）、全体の57％が村に住むのが幸福だとしており、12％が町に住むのが良いとしていたという。同じ研究では、村人だけについての調査結果も明らかにしており、その71％が村に住むのが幸福だとし、2％のみが町の居住を希望していたというし、大都市居住者でも44％が村に住みたいと言い、都市に住もうというのは21％に過ぎなかったと報告しているという。また、住宅の種類でいうならば、1985年のデータでは（マッサー他1994、p.126参照）、西ドイツでは戸建て住宅への志向が強くなっており、こうした希望を背景に、また自動車交通の一般化に支えられて、郊外地域が一挙に拡大したわけである。その受け皿となったのは、決して大都市周辺の郊外だけではなく、恵まれた立地環境下の農村地域の集落核周辺でもあったわけである。

こうしたドイツ人の田舎好みは年齢による差異もあり、ヘンケルはMayの研究を引いて、若者（15歳から21歳まで）が、自由時間のための施設不足と社会的な規制の大きさを揚げて、他の年齢と大きく異なり、田舎を居住地として嫌っている割

合が少々高いとしている（Henkel 1993, S.82）。そうした若者の田舎嫌悪は、村の習慣や宗教的伝統などの側面に強く表れ、村のまとまりの良さが魅力的であるという点では老若の年齢差は出てこないとしている。この May の研究からは農村地域の村の良さは、自然環境の良さ、社会的関係、田舎の雰囲気が挙げられていたとされ、問題点としては交通条件、自由時間のための施設・設備、文化的刺激、就業機会などが挙げられたという。先のエルゾフ Elsoff 村の研究では、住民の「時間の使い方」の好み 1 位が「家や農家の仕事」、3 位が「庭仕事」となっているとされ、住民が田舎生活を好む理由がそこに明快に現れているといえようし、いわば日本におけるある種の自給的農業が理想の形になっているような気さえする。

このように、一般には、とくにそこに住む村人からは当然であるばかりでなく、ドイツでは、農村は居住地として高く評価されている。一方で、農村は国土計画などでは問題地域とされてしまいがちなのである。

4) まとめ

住宅地としての農村は、とくに旧西ドイツ地域では、大都市や大都市圏中心に成長してきたが、さらに公共交通網の利便性に恵まれた農村地域や、美しく維持された集落核と農地が残された農村地域が際だって成長しているように思われる。これは原因でもあり、結果でもあろう。しかも、1970 年代までは、農業が住宅地としての魅力を殺す側面が、たとえば家畜経営における臭い問題などが指摘されていた。しかし、近年では、一般には生き残る家畜経営ないし畑作との混合経営の多くは、畜舎の増築・拡張が不可避であるし、そのため旧西ドイツ地域の南西部、均分相続制地域の集塊村地域では、集落外移転農家の中から生き残る農家が発生することも多かった。言い替えれば、生き残るためには集落外に移転するしかなかったか、もしくは生き残れた農家は幸運にも集落核端に立地する農家であった。この結果、かつて予想されたほどは、農業が住宅地としての魅力と対立するものではなくなっているものと受け取られているし、集落核縁に成立する新しい住宅地は、農業から影響を受けることも少なくなっていることが多いようである。

また、畑作専業農家などは、100ha を超える大規模な経営になりつつあり、当然、集落核の端でも規模拡大は困難で、それらの多くは集落外移転農家から発生し、農業集落における生きた農業景観は、僅かに生き残ったこうした新しいタイプの農家建物でのみ見られることになった。こうした農家が、いわば近代的・合理的な経済部分をもっていて、逆に集落核の農村景観は、いわばかつての伝統的な農業様式を形式として保存している元農家によって維持され、いわば過去の農業景観を反映したものになったと言えそうである。

こうした住宅地の集落縁部における展開は、大都市圏の集落周辺だけでなく、旧西ドイツ地域でいえば、国土の縁辺地域以外の多くの地方中小都市周辺でも認められるようになっており、国土全体が都市化した郊外地域となった。リンブルク地

域もその好例であるといえよう。リンブルク地域の山村地域では農地は減少したが、もしくは農地利用の放棄も一時期農地の8割が放棄されるなどの例が出て深刻ではあったが、地域経済の状況はよく、人口の流出などは進んではいない。この農地利用の衰退現象を日本で説明すると、多くの人から、限界集落ではないかと言われたりするが、ドイツ農村の多くはそうではない。農地は粗放的ではあるが維持されている。そして、とくに旧西ドイツ地域では、広範な農村地域がそれなりの繁栄の中にいる。少なくとも1939年以降1998年に至るまで、多くの郡では人口減少は起きてはいないことは重要であろう（図4-8）。一方では、旧東ドイツ地域の人口減少の様子が深刻である。しかし、ここでも農地の多くは維持されている。

また、同じような変化はフランスなどでも同様に進行しており、パリ大都市圏周辺ですらも、園芸農業以外では大規模経営だけが生き残り、非常に広大な農地が残存してはいても、農業人口の密度は非常に小さくなっており、実質的には広い農地に囲まれてはいるがまさに都市郊外と言ってよい（桜井他1998参照）。

山本・田林らは（1987）、すでに1970年代後半に、兼業機会の有無をもとに日本の農村空間を類型化し、日本全体の農村地域が一般に考えられているよりも（多分、一般には、土地利用上の都市侵入・侵出が目立つ地域より）広範囲に都市化しつつある状況を示したが、それはドイツでも同様である。ドイツでは日本より早く都市化してきたといえよう。すなわち、日本と旧西ドイツ地域で異なるのは、マクロスケールでいうならば、少々ドイツの都市化が早めに始まっており、しかも両大戦間に公共交通の発達に支えられる形で進行し、農業からの離脱もそれらの沿線などで進み始めていた点にあろう。

また、マイカーの普及に伴う労働力の都市化は、西ドイツの方が少し早くは始まってはいるが、日本との時期のずれはそう大きくはなく、その進行の急速さは日本がより顕著であったようである。また、農業の構造変化は日本ではより遅めに始まり、農業の多様化を経て、急速に離農が進み出してきたが、旧西ドイツ地域では第二次世界大戦後の離農はまさに急速であり、多様化よりは大規模化の進行が際だっていたように思われる。とくに大都市圏内の農村地域では集落核面積を超えるような大面積の住宅地が、また工業用地が集落周囲一般に形成される事例が多々あった。

日本と旧西ドイツ地域の農村地域の変容に関して異なるのは、メソスケールでいうなら、大都市圏のみならず、地方都市周辺地域の都市化も第二次世界大戦後は深く急速に進行している点であり、地方の中小都市が順調に高度化していくのと歩調を合わせながら大都市圏以外の農村地域全体が都市化していった点にあろう。そこでは、大都市圏と、規模は小さくとも地方都市圏でも同様に集落核周辺を中心に住宅地が形成され、工業・その他産業用地も集落内に作られた。

また、ミクロスケールで見るならば、旧西ドイツ地域では、農村地域における住宅建設が一般的には集落核縁部に連接する形で集中して起きてい

Ⅳ　住宅地域としての農村地域

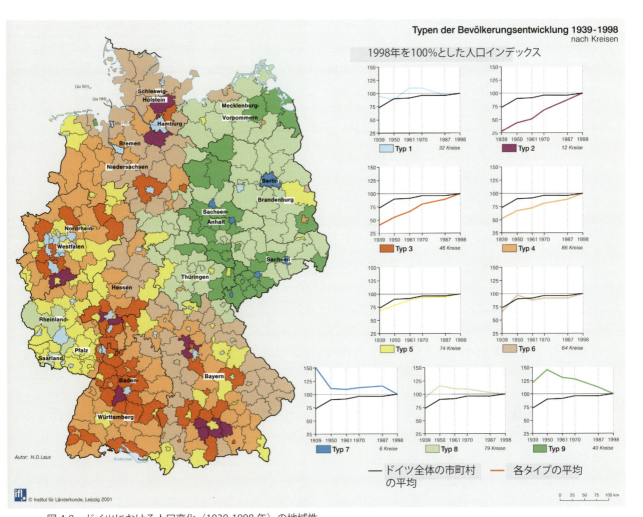

図 4-8　ドイツにおける人口変化（1939-1998 年）の地域性
出典：Laux, H.-D. 2001『ドイツ・ナショナルアトラス：人口』S.38-39.

ることが多く、しかもその住宅地開発が計画的になされているので、スプロール的な住宅建設は希である。それは、他方、農業の構造改善にも役立っており、優良農地が分断される程度は日本に比べ小さく、農地区画も拡大が可能であったし、区画整理と併行する交換分合によって農地の分散の克服にも役立っている。ただし、ドイツにおける規模拡大のスピードは速く、ますます区画拡大、経営地の整理・統合化の要求が高まっている。また、生き残った農家は、居住部と経済部を分離しつつ

あり、経済部拡張の要求はとくに旧西ドイツの均分相続制地域では、集落外移住農家がその役を担ったため、それが可能でもあったし、農業に関わる景観は、その古いものだけが集落核に遺物のように残されることになり、それは伝統的景観として尊重され、保持される形になる。しかし、逆にいえば、産業としての現代農業を反映する建築物は機能的ではあっても、伝統を映す美しいものではなく、しかも集落の外にそれらが建設されていく。

いずれにせよ、日本では、ミクロスケールにおけるスプロールの弊害の大きさが、農業規模拡大を困難なものとし、農業の集約化と多様化を指向させ、農産物そのものの変化を伴って進行したのに対し、旧西ドイツ地域では、農産物自体の変化、多様化、高級化はけっして大きくはなく、生産物はあまり変えずに、経営規模拡大を通じての構造変化を可能にしてきたように思われる。

また、日本では、経済部分の変化を伝統的な集落核にも持ち込むことも多く、集落景観の混乱を倍加していることになっているのかも知れない。一方、旧西ドイツ地域では、中核部の旧農家家屋の多くの建築物は住宅である母屋ばかりか、母屋以外の建物までも、離農後もその基本構造を変えずに使用され続ける傾向は強い。この結果、旧西ドイツ地域の大都市周辺郊外部でさえ、かつての集落核の範囲を景観的に確認することが容易に可能であることが多いし、集落核の景観的確認は中小都市周辺の郊外ではさらに容易である。日本ではこの種の研究を見たことがないが、日本の農村の旧農村集落部の建物類は、離農と都市化の進展とともに、旧西ドイツ地域と比べ、大きく変化していく傾向が強いように思われる。当然、旧西ドイツ地域でも旧農家の建築物を大きく変え、一般住宅となる例も認められるし、そのことが景観や美観上の観点から問題であるとの指摘もある。しかし、ドイツでも、結局ドイツ中が一般的には同じ建物になっていくという指摘もある。これらの変化の激しさは日本よりはずっと小さいように思われる。

平面的には集落形態はかつての集落核周辺に整形の宅地を団地としながら、新興郊外住宅地を伸延・拡張している。筆者が調査報告した二つの村の事例とボン周辺地域の観察からは、その郊外住宅部の面積の大小は、当然ながら移り住む都市住民の大きさによっており、専ら母都市の発展性、母都市への近接性、利便性などによるらしいということである。

この結果、旧西ドイツ地域の多くの農村では、すなわち、かなりの辺縁地域農村部以外は、かつての農村は、農業の自然環境が牧草地に適していても、畑作農業に適していても、ブドウ栽培や果樹・野菜栽培の伝統のある農業地域ですらも、景観上は広い農地に取り囲まれたのどかな農村のままであるが、実質的には、機能的には、郊外住宅地になってしまったと言えそうである。

農地利用の粗放化はあっても、ドイツなどでは広い美しい農地が残され、それが農村地域の住宅地としての魅力の重要なものになっている。

筆者が観察し、調査したドイツ農村の事例は僅

かであり、不勉強のため、対比すべき日本の研究事例も手もとにはあまりない。なお、都市郊外農村と都市住民の住宅などの関係などについては、たとえば、ブライアント他著・山本正三他訳（2007 pp.8-18）などが参考になりそうであったし、ハート著・山本正三他訳（1992、p.232-233）の都市と農村の混在性に関する議論などが興味深かった。今後、ここで示すことができたような、ドイツの農村集落景観変化の事例を土台として、脱工業化社会を迎えた他の西ヨーロッパなどの先進工業国と対比しつつ、日本における調査研究との対比を行いたい。

5. 農村地域の地方町・リンブルク町

Ⅱ章で取り上げた研究対象地域、リンブルク（Limburg）地域にはそう大きな都市は存在せず、先の二つの村に近い都市としては、リンブルク地域内の唯一の上位ないしは中位中心都市・リンブルク町があり、ラーン川沿いにあるリンブルク町（Limburg an der Lahn）と呼ばれる。この町は人口3.3万の自治体・Stadtgemeideであり、筆者の調査集落・ナウハイムからは6kmに位置し、ごく近い。（なお、この地域外にはなるが、すぐ北に隣接してジーゲン市Siegenがあり、2015年現在の人口は10万で、上位中心都市の地位を占めている。ツェーンハウゼン（Zehnhausen bei Rennerod）からは33kmほど離れており、ツェーンハウゼン村はちょうどリンブルク町とジーゲン市の間に位置することになる。）

ここでは、1977年、1994年、2004年の観察と、Meyer-Kriesten（2002）の説明および市のホームページなどを利用してリンブルク町の都市機能構造を概説しておこう。

中心集落である旧市街リンブルク自体の人口は約1.8万であり、周辺に2,000人前後の人口を有する7集落と一緒になって最小の自治体Gemeindeを形成し、Kreisstadt（郡の中心都市）という役を果たしている。西に隣接するラインランド・ファルツ州の地方町・ディーツDietz・人口1.2万とも連接し、双子都市として機能しているともされ、同じく北に隣接するハダマHadama（人口1.2万）、東に隣り合うルンケルRunckel（人口9600）も地方町・田舎町Stasdtgemeindeであり、それらは相補って全体として中位中心機能を果たしていると考えられる。

リンブルク町は上位中心地機能の一部をもった中位中心で、2000年には、合計35,566人の人口を有し（2015年現在；34,255）、4,599haの市域面積をもつ。

町中心部は約806.7haで（ここだけの人口は18,000）、その残りは市町村合併した旧村アールバッハAhlbachなど（他、Dietkirchen、Eschhofen、Lindenholzhausen、Linter、Offenheim、Staffel）、それぞれの人口は1.2千から3千の集落に分かたれる。それら旧村のうち遠いものは町中心部から約6、7kmの距離にあり、遠くなるにつれ農村的な色彩が強くなる（図4-9）。

リンブルク町の経済は多様である。この町の経済は、まず小売り商業における中心性の高さ

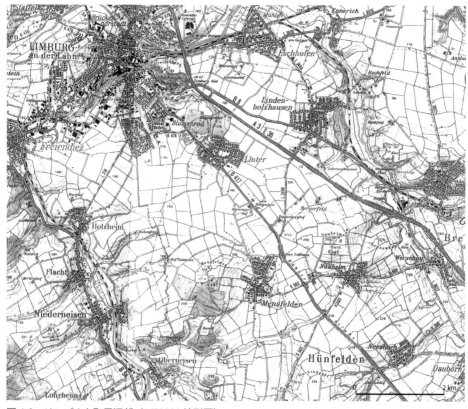

図4-9 リンブルク町周辺部（1/50000 地形図）

と多くの工業企業の進出によって特色づけられている。町・中心集落には木組みの家々があり、ドーム（主教会）がそびえ、文化機能と上位中心の CBD 機能も存在し、それは旧中心部からリンブルク駅間に広がっている。都市計画の上では、アウトバーン A3 号線のリンブルク南出口に近いところに開設された高速鉄道専用線、新幹線 ICE リンブルク南駅（Limburg Süd）には、新しい都市地域が整備され、将来の都市構造に好影響をもたらすであろうと期待されていた。ただ、新しい駅の立地は都市中心部とは競合するにはならないだろうから、明らかに別の機能が一極に成立し、二極の成長が期待されようと Meyer-Kriesten（2002）は指摘していた。なお、駅が開設されたのは 2002 年であり、その後 15 年が経った現在の様子を Googlemap で確認すると、駅舎と駐車場がある以外は、地籍測量役所 Amt für Bodenmanagement の公共施設や駐車場のあ

Ⅳ　住宅地域としての農村地域　　　　　　　　　　97

公共利用地
- 市役所など市の行政用地
- 学校、幼稚園、その他教育用施設
- 病院、老人ホーム、養護施設など健康関係施設
- 文化施設、教会、美術館・博物館など
- 駅

住宅地
- 都市内の住宅地域であるが、一部に商店や事業所も混じる
- 主に集合住宅
- 主に一戸建てないしは二戸型住宅

業務地区（商業・サービス業）
- 業務専用地区で上階に住宅がある場合、ない場合
- 業務を含む地区で上階に住宅のある場合ない場合
- 住宅地域内の副中心地
- 大規模商業施設
- 高価なサービス施設、私的な管理機能施設で、上階に住宅のある場合とない場合

商工業用地
- 商工業用地で製造業が主である地域
- 商工業用地で面積の大きなサービス施設

緑地とスポーツ施設
- 公的な緑地
- 墓地
- スポーツ施設

その他
- 鉄道用地
- その他

- その他の施設地

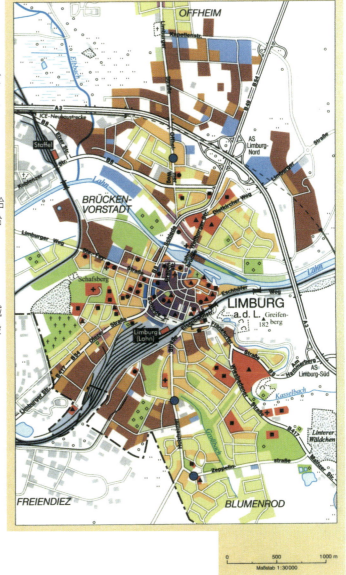

図 4-10　リンブルク町の 2000 年における土地利用区分図
　　　　　　　　　　　出典：『ドイツ・ナショナルアトラス：村落と都市』S.59.

るレストラン、マクドナルド、ケンタッキーなど少数の商店・サービス施設が立地しているだけであり、都市化予定地と思われる空き地が広がっており、旧市の中心部と競合するサービスセンターになるような印象は受けない。

　Meyer-Kriesten（2002）の土地利用図（図4-10）を見ると、旧市街は直径400mの半円の南側部分であり、円はラーン川で切られ、この半円の円周部をかつては市壁が囲い、一方、直径部がラーン川となっていた。町とラーン川対岸とを結ぶ「古いラーン川橋」Alte Lahnbrücke には見張り塔・市門が橋の上、ちょうど中洲部分に置かれており、まさにラーン川が市壁の役をになった存在であったことを今なお物語っている（写真4-33）。この旧市内の核をなす城館は12世紀末に初めて建設され、1130年、1230年、1310年に市壁とともに再建設・拡張され、町の都市権も1216年には取得されたとされている。この城館と隣り合うドーム Limburger Dom（写真4-34）とも呼ばれる聖ゲオルグ St. Georg 教会も1180年から1190年頃から建設が始まったとされている。そのドームと後背の城館は、聖俗の権力が同時に同所にあった証であり、その城館下には大きな粉挽き小屋がある。いかにも中世の権力の具体的な建物がワンセットそろっているような気分になる。これらは小高い丘の上にあり、権威の象徴が高みにあって町を見下ろしている形になっている。

　このドームと城館を取り囲む旧市街には、漆喰壁と木組みの建物で、ライン・シーファーのスレート屋根（一部に壁にもスレートが用いられる）を載せた伝統的な建物が多く残され、ドームや城館の風景とともに、中世都市の雰囲気を色濃く醸し出している。自動車交通は制限されており（住民のみ自由通行 Anliegendefrei）、実質的に歩行者天国である。木組みの家屋は、狭い道路に上に向かってせり出すように建てられているものも多い（写真4-35：穀物市広場から塩小路を望む）。木組みの家屋は、丁寧に保存され、1階を改装して大きなショーウィンドウを持った商店などになっていることも多く、その際には改修したショーウィンドウ周囲にも同じような木組みを配し、大窓を囲い込むような工夫がしてある。こうした町の景観保全・維持、修景の結果、観光客も多く訪れている。なお、この伝統的風景は日本人の多くにも好まれているようで、訪問日本人観光客のWeb上での報告もかなりの数現れているし、なによりも日本画の大家・東山魁夷（1984）も1971年にこのドームの朝、夕の風景を描いている。

　なお、この旧市街の西半分は上階に住宅機能をもった商店・サービス施設であり、狭い小路にもオープン・カフェーが随所に設けられ、観光客が楽しめるような工夫もされていた（写真4-36：穀物市広場）。また、これらの旧市内の小道は古い歴史的な通り名が残されており、日本の城下町の町名にも似ている。すなわち、いわば塩小路 Salzgasse、魚市広場 Fischmarkt、穀物市広場 Kornmarkt、肉屋小路 Fleischgasse など商業機能が通り・広場の名称に示されていたりする。レス

トランやホテルも少なくない（写真 4-37：塩小路からリュッチェに向けて）。また、この旧市街に新たに建設された建物は、伝統ある木組みの家屋の雰囲気に合わせて漆喰と濃いめの茶の木組みを表面に出したり、ドームに使われている朱色を入れたり、屋根材スレートの黒いライン・シーファー（頁岩）を思わせる配色をして旧市街の雰囲気を保持している（写真 4-38：Fahrgasse）。鉄筋コンクリートの建物でさえ、そうした配慮が見られる（写真 4-39：Roßmarkt）。ここは 2017 年のストリートビューを利用すると、建物を減らしながら空間が広げられている様子がわかる。なお、旧市街の東側は、ドームがあり、公的機関の立地が多い。この公的機関などが多い東部以外の市壁が廻らされていた旧市内は、建築物密集地区が多く、道路に面して建物があるだけでなく、裏庭部にも建築物が設けられていることが多い。

また、1977 年、2004 年の写真を Googlemap の写真やストリートビューと比べると、その後も継続的にこうした密集地区では建物を減らし、道路を拡幅したり、広場を設置したりしながら景観保全と両立させている様子がわかる。都市のシンボルとなりそうな広場・Domplatz がドーム前にはあるが、聖的であり、俗的・市民的な広場としては新広場・Neumarkt と穀物広場があるのものと考えられる。これらが上手に市民的な行事に利用されているのであろう。また、旧市庁舎は魚市広場にあり、現在は市の文化博物館となっている。

リンブルク町でも、このように市壁に囲まれた旧市街に、広場、教会、市庁舎がセットになって存在していた。

その旧市街の外側、すなわち市壁外の堀の部分であったことを示すような通り名・グラーベン通り Grabenstraße の外側から駅までの地帯には近代的な建物も多く建設されており、リンブルク町駅との間には新広場が設置され、狭隘な旧市街の小道や広場に代わって現代らしい市場風景がある。なお、1977 年には、この新広場は緑も少なく、整備も不十分な印象を受けたが、2004 年には街路樹も大きく育ち、豊かな広場景観を醸し出していた（写真 4-40）。この地区には、とくに新市場周辺は最も賑やかな商業地区になっており、金融機関、スポーツ用品店、H&M、C&A などの大型衣料品店、チェーン型百貨店 Karstadt などもあるし（写真 4-41）、市民会館も置かれている。なお、この地区の主要道路も一方通行道路であり、新広場周辺の商店街も歩行者天国化されている。

住宅地や商工業用地が郊外へと拡張されているが、基本的には住宅地が多く、商工業用地は、駅周辺と町北側の農地との境の地帯に多い。また、Googlemap を併せて利用して現況を調べてみると、郊外のラーン川岸には Kaufland という郊外型中型スーパーがあったり、ホームセンターなどの大型商店もある（土地利用図・図 4-11 では大型商業施設として示されている）。また、Mix Markt、PENNY-Markt など小型スーパーやディスカウント店は、商業サブセンターの中核をなしており、REWE、Aldi、EDEKA などの小型スーパーも旧市街にはなく、いずれも郊外部にある。

リンブルク町では、郊外化した旧農村集落すべ

写真 4-33　Alte Lahnbrücke

写真 4-34　Alte Lahnbrücke からドームを望む

てが連担市街地に呑み込まれているわけではない。この中心集落・町は、1971 年から 1974 年に周辺 7 つのかつての Gemeinde 旧農村集落と合併したが、この地図中に示された町の郊外化部分のなかには、農村集落はなかった。ただ、リンブルク町中心部に近いかつての農村集落のオッフェンハイム Offenheim の南側だけは土地利用図中の最北部に示されているが、ここにはスーパーが 2017 年現在 3 店舗あるし（土地利用図ではここも大型商業施設として示されている）、地図中にはないが同じく旧市街に近い農村集落、リンター Linter にも、リンデンホルツハウゼン Lindenholzhausen にも、スーパーがあり、それらの立地位置は、道路パターンなどから推定すると、必ずしもかつての集落核ではなさそうである。なお、この土地利用図中の地名、ブルーメンロード Blumenrod は、かつては農地も多かったであろうと推測されるが、もともとの中心集落地区内

写真 4-35　穀物市広場から塩小路を覗く

IV　住宅地域としての農村地域　　　101

写真 4-36　穀物市広場

写真 4-37　塩小路からリュッチェに向けて

写真 4-38　ファールガッセ

写真 4-39　ロースマルクト

写真 4-40　ノイマルクト（新マルクト広場）

写真 4-41　ヴェルナーゼンガー通りの Karstadt

の一部であり、農村集落が郊外化した地区ではない。

　現在の町 Stadtgemeinde 全体はわからないが、この地図化された範囲内では、農村集落核に存在したであろう昔からの商店が生き延びて近隣中心になっているかどうかはよくは判断できなかった。ただ、地図中に示されている副中心は当然農村集落核でもないし、新しい商業施設も昔の農村集落核にあった商店などが生き残ったものではないことは確実である。これら周辺商業施設は、(多分、両大戦間以降に郊外化した地帯であろう) 郊外部の人口定着に併せて成立してきたものと推察されよう。たとえば、土地利用図のラーン川北側の Offenheimer Weg の近隣センターの場所には 2017 年現在は地方のスーパーと軽食店があるだけであり、旧市街南側 Holzheimer Str. にある近隣センターには、現在、Penny-Mart というスーパー1軒、レストラン2軒、パン屋が1軒あり、同じ通りの最も南にある近隣センターには、スーパー・Mix Markt と文具店、貯蓄銀行窓口のコンプレックスとパン屋とパソコン販売店、そして通りの向かいには郵便局とドラッグストアーがある。この程度のサービス施設しか立地していないので、ボンやケルンの副中心とは大きく異なる。ボンの近隣中心の最も小さいものに相当する程度であると考えてよい。

参考文献

桜井明久 1989.『西ドイツの農業と農村』古今書院.

桜井明久・高橋・手塚・村山・菊地 1998. パリ大都市圏近郊外縁部における農村の景観とその変容. 高橋伸夫・ジャン・ロベール＝ピット・手塚　章編著『パリ大都市圏―その構造と変容―』東洋書林. 162-189.

櫻井明久 2013. ドイツ、リンブルク地域における 1970 年代以降の農地利用変化. 駒澤地理 49；11-34.

櫻井明久 2014. ドイツ、リンブルク地域における農村集落景観変化. 駒澤地理 50：1-28.

ハート著, 山本正三・桜井・菊地訳 1992.『農村景観を読む』大明堂. 232/233.

東山魁夷 1984.『東山魁夷小画集ドイツ・オーストリア』新潮文庫.

ブライアント、ジョンストン著，山本正三・菊地・内山・櫻井・伊藤訳 2007.『都市近郊における農業―その持続性の理論と計画―』農林統計協会. 8-18.

マッサー、スイデン、ヴェーゲーナー著、村田　武・横手・石月・田代・横川訳 1994.『21 世紀ヨーロッパ国土作りへのシナリオ』技法堂出版. 126.

山本正三・北林・田林明編著 1987.『日本の農村空間』古今書院.

Böltken, F. und Stiens, G. 2002. *Siedlungsstruktur und Gebietskategorien*,『ドイツ・ナショナル・アトラス：村落と都市』(Nationalatlas Bundesrepublik Deutschland; Dörfer und Städte. Mitherausgegeben von Klaus, F., Hahn, B. und Popp,H., Spektrum Akademischer Verlag Heidelberg・Berlin,) S. 30/31

Böhm, H. u. Mehmel, A. 1998. *Das Vorgebirge - Suburbanisierung einer Gartenbaulandschaft -* , Stiel, E. (Hersg.)Die Stadt Bonn und ihr Umland. 2.Aufl. Arb. z. Rhein. Landeskunde, H.66,S.99-124.

Born, M. 1974. *Die Entwicklung der deutschen Agrarlandschaft*. Wisssch. Buchgesell., Darmstadt.

Born. M. 1977. *Geographie der ländlichen Siedlung 1*, Tübner Studienbücher, Stuttgart

Bossmann, M. Kleefeld, K.-D. u. Grunert, J.1998. *Der surburbane Raum im Südwesten von Bonn*；Stiel, E. (Hersg.)"*Die Stadt Bonn und ihr Umland*" 2.Aufl. Arb. z. Rhein. Landeskunde, H.66,S.151-164.

Ellenberg, H. 1990. *Bauernhaus und Landschaft in ökologischer und historischer Sicht.* Stutttgart.

Gormsen, E. und Schurmann, H. 1989. *Struktureforschung und Plannung im ländlichen Raum*, Berichte zur deutschen Landeskunde, Bd. 63, H.2, S.385-408.

Harversath, J.-B. und Ratsny, A. 2002. *Traditionelle Ortsgrundrissformen und nuere Dorfentwicklung*.『ドイツ・ナショナル・アトラス：村落と都市』前掲書

S.50-53.

Harversath, J.-B. und Ratsny, A. 2002. *Bauernhaustypen*. 『ドイツ・ナショナル・アトラス：村落と都市』前掲書 S.48/49.

Hänsgen, D. und Hantzsch, B. 2002. *Deutschland auf einen Blick*. 『ドイツ・ナショナル・アトラス：村落と都市』前掲書 S.10-11.

Henkel, G. 1993. *Der Ländliche Raum*. Tübner, Stuttgart

Henkel, G. 2004. *Der Ländliche Raum*. 4. erganzte und neue bearbeitete Auflage, Studienbücher der Geographie, Gebruder Borntröger Verlagsbuchhandlung, Berlin・Stuttgart.

Klaus F., Hahn, B. und Popp, H. 2002. *Dörfer und Städte ― eine Einfürung*. 『ドイツ・ナショナル・アトラス：村落と都市』前掲書 S.14-25.

Laux, H.-D. und Zepp, H. 1998. *Geoökologische Grundlagen, historishe Entwicklung und Zukunftsperspektiven*; Stiel, E. (Hersg.)"Die Stadt Bonn und ihr Umland" 2.Aufl. Arb. z. Rhein. Landeskunde, H.66.,S.99-124.

Laux, H.-D. 2001. *Bevölkerungsentwicklung*.『ドイツ・ナショナル・アトラス：人口』(*Nationalatlas Bundesrepublik Deutschland; Bevölkerung. Mitherausgegeben von Gans*, P. und Kemper,F.-J. Spektrum Akademischer Verlag Heidelberg・Berlin), S. 38/39

Meyer-Kriesten, K. 2002. Klein- und Mittelstädte：Ihere Funktion und Struktur『ドイツ・ナショナル・アトラス：村落と都市』S. 58.

Sacks, K. 2002. *Zentrale Orten und Entwicklungsachsen*.『ドイツ・ナショナル・アトラス：村落と都市』前掲書 S.34/35.

Sakurai, A. 1985. *Land Use Transformation in the Village of Nauheim, Limburg Basin, West Germany*, Sci. Rep. of Geoscience, Univ. of Tsukuba, Sec.A,6;47-81.

Sakurai, A. 1987. *The Changes of Agricultural Land Use in the Limburg Region, West Germany (I)*. 宇都宮大学教育学部研究紀要第一部 37；63-88.

Sakurai, A. 1988. *The Changes of Agricultural Land Use in the Limburg Region, West Germany (II)*. 宇都宮大学教育学部研究紀要第一部 38；65-84.

Stiens, G.2002.*Vom Stadt-Land-Gegensatz zum Stadt-Land-Kontinuum*.『ドイツ・ナショナル・アトラス：村落と都市』前掲書 S.36-39.

http://www.limburg.de

https://de.wikipedia.org/wiki/Limburg_an_der_Lahn

V
ケルン・ボン大都市圏郊外部の空間構造

1. ドイツにおけるケルン・ボン大都市圏

　大都市ケルンのドイツにおける位置、すなわちドイツの都市システムの中の中心都市ケルン（2015年現在人口106万）は、図5-1の模式的な階層構造図（Blotvogel 2002、図5-1の1995年）上では、ベルリン（2015年人口352万）、ミュンヘン（2015年人口145万）、ハンブルク（2015年人口186万）、フランクフルト（2015年人口73万）に次ぐドイツ第5位の位置を占めている。なお、この図では都市規模が人口そのものではなく第三次産業で比較しており、縦軸は第三次産業従事者数である。ケルンはフランクフルトより順位が低いとされているが、これは第3次産業人口の規模で中心性を求めたからで、ケルンは大都市の割には工業人口が大きいためであろう。

　これらケルンより上位に位置づけられた4大都市は21万から23万の第三次産業就業者をもち、これらに続いてケルンがあり、比べうる同等クラス11万から17万の都市としては他に、デュッセルドルフ（2015年現在人口61万）、シュトゥットガルト（2015年現在人口62万）が、さらにはライプツィッヒ（2015年現在人口56万）、ドレスデン（2015年現在人口54万）が続くように示されている。

　それら諸大都市より少々小さめの地方中心・第三次就業人口6万から9万の都市には、ニュルンベルク、ボン、カールスルーへ、ブレーメンがあり、さらにそれらに次ぐ地方中心都市は、5万前後の都市で、エッセン、ドルトムント、ミュンスター、マインツ、ヴィースバーデン、キール、ポツダム、マグデブルク、ケムニッツェ、ハレとなるという。そして最低次の地方中心都市には、ケルン周辺でいえば、アーヘン、コブレンツ、トリアーが入ってくる。

　なお、第二次世界大戦前には、ベルリンはロンドン、パリにも対比しうる世界都市、メトロポリスであったが、国も、この首都ベルリン自身も東西に分割され、西ベルリンは後背地を失ったため、地位を大きく後退させた。その代わりに、各地方の中心都市はバランスよく成長し、いわば多極分散型国土が形成されるに至った。この間ケルンは順調にドイツの大都市としての地位を保ってきた。なお、旧西ドイツの諸都市が順調に成長しているのに対し、旧東ドイツ地域の諸都市の成長が抑制されている様子が見てとれよう。

　ケルンはそれ自体も大都市であるし、より大きな4大都市と比べても、大都市圏の連合としてのライン・ルール大都市圏の最大都市であり、ほ

V　ケルン・ボン大都市圏郊外部の空間構造

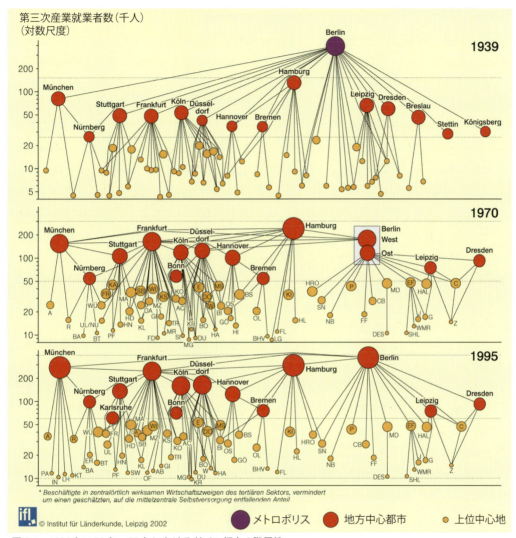

図 5-1　1930 年、70 年、95 年におけるドイツ都市の階層性
　　　　　　　　出典：Blotevogal 2002.『ドイツナショナルアトラス：村落と都市』S.43.
　注）都市名の省略文字は、出典文献 S.172/173 参照。

ぼ同等の都市格のデュッセルドルフもすぐ近接して立地していることからもドイツでは重要な大都市圏の中心の一つであることは明らかである。また、その大都市圏では、デュッセルドルフがルールの主都市であるのに対し、ケルン・ボン大都市圏の中心がケルンとなっているともいえる。

2. ケルン・ボン地域

　このⅤ、Ⅵ、Ⅶ章で紹介しようと思うケルン・ボン大都市圏は、一般的には、広くはライン・ルール大都市圏（Metropolregion Rhein-Ruhr）・人口約1000万の一部と言われる（図5-2）。ライン・ルール大都市圏は、ドイツの国土計画上の地域であるが、行政的にはノルドライン・ウェストファーレン州の中心都市地域を指し、その影響圏はノルドライン・ウェストファーレン州全体がそれに近いであろう。ただ、ここには、アーヘンとその周辺地域は入ってはいない。

　このライン・ルール大都市圏を三分し、ルール大都市圏（ドルトムント、エッセン、デュイスブルク、ボッフム、ゲルゼンキルヒェン、オーバーハウゼン：人口517万）、デュッセルドルフ大都市圏（デュッセルドルフ、ノイス、メンヒェングラードバッハ、ヴッパータール：人口290万）、ケルン・ボン大都市圏（ケルン、ボン、レーバークーゼン：280万）と考える見方もある（図5-2）。当然、この三つの大都市圏は明確に区別されるわけでもないが、この考え方だと、ケルン・ボン地域は独立した形になる。この分類・区分のケルン・ボン大都市圏は、ケルン県ないし行政管区 (Regierungsbezirk) に近いが、この県にはアーヘンが入ってくるが、先のケルン・ボン大都市圏にはアーヘンは入らない。

　行政区分上では、ケルン・ボン大都市圏はノルドライン・ウェストファーレン州のケルン行政管区 Regierungsbezirk に相当し、その人口は442万となる。ここにはアーヘンが入っている。

　筆者は、このケルン・ボン大都市圏の中、ボン市で合計3年生活し、その周辺地域を見ることができた。必ずしも研究的姿勢でこの地域を調べたわけではないが、ここで生活し、見聞できたこと、感じたことをもとに、文献を引き、入手可能なデータを付し、Googlemap や Opentopomap (https://opentopomap.org/) を利用し、各市町のホームページなどで近年の様子を確認しながら、都市を含めた北西ヨーロッパの構造を考える手がかり・事例として考えてみたい。すなわち、この地域の事例から、集落以上の中心地・都市とその周辺の構造とそれら地域の階層性を考えてみたい。

　なお、このケルン・ボン地域は農業地域としては、とくに平地域、ケルナー・ブフト（ユリッヒアー・ベールデを含む）は気候条件もよく、レス土壌が覆う地力にも恵まれた自然環境のよい農業地域であり、比較的経営規模にも恵まれた資本主義的な農家が比較的早くに育ってきた地域である。加えて、貴族農場などに系譜をもつ大規模農家も併存した地域でもある（石井1986）。これら地域は伝統的には耨耕作物の割合の高い、畑作と家畜飼養を行う商業的な混合農業地域であった。ただ、複雑なことには、ケルンとボンの中間、フィレ丘陵斜面とライン河谷斜面には、ブドウ栽培の伝統をもつ村々もあり、そこでは産業革命期から蔬菜栽培や果樹生産、苗木生産などに重点を置いた園芸農業も発展した（佐々

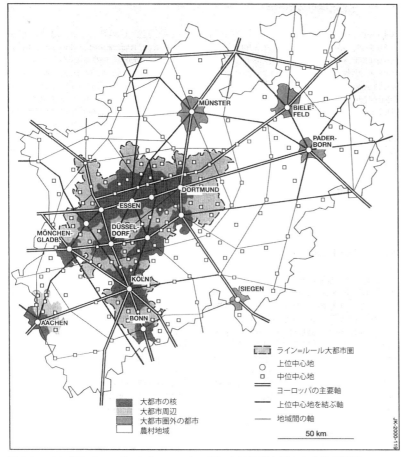

図5-2 ノルドライン・ヴェストファーレン州における都市圏と中心地の階層
出典：Zehner 2001

のベルギシェス・ラント と左岸の南側のアイフェルは、中位山地の典型であり、降水量も多くなり、地力も乏しい草地農業地域か森林となる。

なお、ケルン西部の地域では、とくにフィレ丘陵地域を中心に褐炭の露天掘りが行われ、それに隣接して大きな火力発電所が設けられ、ドイツの重要なエネルギー基地となっている。そのために、エッツヴァイラー Etzweiler のハンバッハ Hambach 採掘場、グラツヴァイラー Grazweiler の大規模採掘場は最長幅10km、長さ10km に及ぶような広がりを、およそ300m もの長さの自動採掘機を利用して採掘し

木 1976)。そこでは、比較的経営規模の小さい農家が存在し続けてもいる。レーム Rhöm の資料（桜井 1989、第1章の付図参照）から見ると、1960年時点ではケルン市近傍の経営規模は50ha 層が中心であり、その郊外になると20〜50ha 層が中心を占めつつ園芸農業の5ha 以下層も混じる地域に相当していた。なお、ライン右岸

ている。こうした採掘には数か村、集落が丸ごと移転して行われたものもある。こうした採掘跡は人造湖として残されたり、植林地として自然に戻すことなどが行われてきた。自然破壊、環境問題にも繋がりかねない事業ではあったが、こうした大規模事業が可能であったのは、零細農家が少なく、大規模経営の多い結果、関係地主が相対的に

は少数であったこともあったであろう。それは、ケルン周辺の都市化についても予想されることである。

　集落形態でいうならば、平野部では、高密な不規則の集村が一般的であり、集村とは別に大規模経営でもあった孤立荘宅も所々に併存していた。集村は四側型か三側型の中庭を取り込んだ農家が密集していることが多かった。山地地域には小型の集村か小村が多かった。

　ドイツには、それどころか北フランスから西ドイツにいたる北西ヨーロッパの中心部全体でも、一般にすれば中世起源の都市が多いが、このライン・ルール大都市圏では、また、ケルン・ボン地域では、産業革命期以降に成立した歴史の新しい都市がかなりの数に上る。それらは、中世に起源をもち、産業革命期に発展したケルンなどの大都市の周囲にできた衛星都市であり、その核には田舎町 Flecken や大型の集村があることもあるし、そうした古い農村集落の間に全く新たに成立したニュータウンもある。さらに重要なのは、この地域の集村が核になって、産業革命から1960年代まではゆっくりと、それ以降は急激に郊外住宅地域が拡張してきたことである。この結果、これらかつての農業集落は衰退傾向は示さず、伝統ある田舎町も決して衰退はしていないし、それ相応に機能を続けている。

3. 大都市圏の地方町

　ケルン・ボン地域の中核となる都市は、ケルン・人口100万、ボン・人口32万、レバークーゼン・16万（図5-3、図郭外）である。それら核の都市の影響下の連担郊外部の郡には、ライン・エルフト郡、ライン・ノイス郡の一部、ライン・ジーク郡、ライニッシ・ベルギッシェ郡があり、ケルン・ボン大都市圏人口は、300万となる。これら都市の影響下にある農村地域は、平坦なツュルピッヒァー・ベールデの平野部だとおおよそ1.5〜2.5kmの間隔で集落があり、それら集落の周囲には、交通条件などによって左右されながら新興の住宅地区が存在する。これらもともとの農村集落はそれなりの大きさに適した間隔で分布していたものと思われるが、都市化が及んだ現在では現在の地形図からは間隔の規則性は簡単にはわからない。しかし、少なくともそれらかつての農村集落は、いわば、ナウハイムやツェーンハウゼンと同様である。先の章で説明したように、現在の都市への近接性のよい集落は大きな住宅地区を持っているし、けっして農家だけではないし、農家が全くなくなったわけでもない。こうした集村と同時に、貴族経営に由来するような大規模農場も分布し、それらのなかには城館 Burg を冠するものも少なくない。一方、園芸農業地域は集落が連続するといえるほどの密度になっている。逆にベルギッシェス・ランドやアイフェル山地に入ると農村集落は小型になり、家屋密度も低くなりがちである。しかし、その核の周囲の住宅地は都市への近接性などでさまざまな大きさになっている。

　ここでは農村集落と農業の話を離れ、それら住宅地を伴って成長しつつある農村地域のサービス

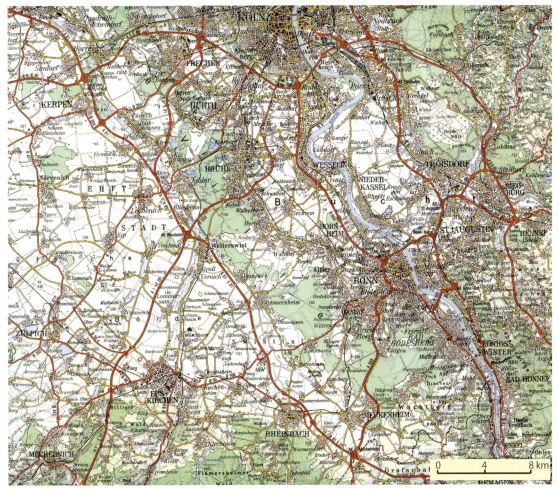

図 5-3　ケルン・ボン大都市圏の地勢図

センターたる地方町・田舎町はどのようであるかを検討することとしたい。同時に、ボン市の影響が強いであろうこれら地方町とリンブルク町とを対比しつつ考察してみよう。

1）　バード・ミュンスターアイフェル
Bad Münstereifel

この町は、オイスキルヒェン郡に属する地方町 Stadtgemeinde であり、2015 年現在、人口は 1.8 万を数える。ボン市からは約 30km 西南西にあり、郡の中心都市・オイスキルヒェン町のすぐ南

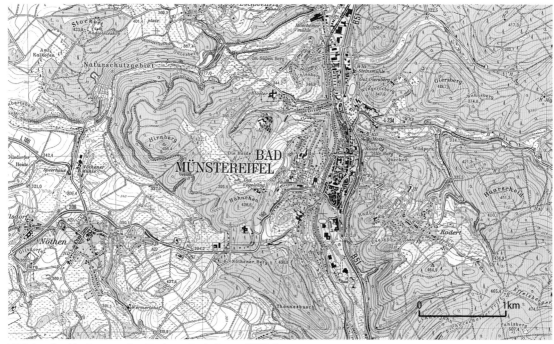

図 5-4　バード・ミュンスターアイフェル（1/25000 地形図）

に接する町であり、中心集落はアイフェル山地の谷の出口すぐ奥という位置を占めている（図 5-3 では Euskirchen から南南西に伸びる国道の南端部分）。ケルン・ボン大都市圏の直接的影響圏の最外縁部にある中心的な地方町と考え、その様相を見てみよう。

14 世紀から続く中心地・町としての中心集落の人口は現在の自治体 Gemeinde 人口 1.8 万人よりもっと少数で、2015 年現在でも 4007 人でしかない。この中心集落の市壁に囲われた核は、1/25000 地形図（図 5-4）や Opentopomap でみると、東西約 250m・南北 500m 程度で（なお、人口の割に市壁が囲う範囲は広いが、密度はオイスキルヒエンやラインバッハと比べ低く、緑地がかなり含まれていた）、エルフト川 Erft の谷底部に南北に広がる長円形に収まる。この中心集落は 9 世紀初めに作られた修道院を核に発展をはじめ、市も開かれたが、14 世紀に都市権を得て整備されていった。1969 年には、周辺 14 旧市町村 Gemeinde が合併して新自治体 Gemeinde となっている。この新しい町は 51 もの集落や小村からなる。

この中心集落・町の核は現在も集落の北東の一部・城館部分以外完全に市壁に囲まれ、市門も、

北側端のヴェルター門 Werther Tor，南東端のオルヒハイマー門 Orchheimer Tor，南西端の市門がよく残されている。市壁の南端部分にはその壁を利用して建設された民家もあったり，市壁の一部をなすような形の住居建物もあり，中世の町の造りを彷彿とさせる（写真5-1）。市壁内旧市街のうち，北部は教会と修道院，駐車場などもあって，さらにはエルフト川を挟んで通りが確保されているため比較的ゆったりとしている。しかし，この教会のある中心広場に隣接して旧市庁舎があり，ここよりも南側はとくに，伝統ある木組みの家屋も多く残され，密集している（写真5-2）。こうした建物密集地区は通りに面して建物が連続してあるだけでなく，裏庭部にも建築物があることが多いが，市壁に囲まれた範囲は都市規模に比べて広く，周辺には公共的施設と同時に森林も含まれているところもあって，南半部以外，全体としては市壁内の家屋密度は高くない。

なお，ドイツ国鉄駅（オイスキルヒェン駅を経て，ボンに通じる起点駅のひとつ）は市壁すぐ北側で，市壁の外に位置している。こうした古い都市景観が残っているため，非常に小さいながらも，もしくは小さいが故に中世の佇まいを持つシックな田舎町として有名であり，その景観がライン・ルール大都市圏など比較的近い地域から多くの観光客を呼び込んでいる。

また，こうした田舎町の景観を好む人々がこれら古い建物を購入し，修復しつつここに住まうことを楽しんでいるようであり，そうした中には，ガラス加工をして，その手作りの土産品を売るなどしていることもある。全体とすれば、この旧市街の中心部の主要通りの沿いの多くがレストラン、カフェー、ホテル、土産物になりそうな小物品店など観光関係施設が多く、路上にはオープンカフェーが展開されていた（写真5-3）。土産物探しを兼ねた買い物の楽しみを提供していると思われる宝飾店、帽子屋、洋品店などは今もある。現在の Googlemap では、2004年にあった Biomarkt の存在は確認できなかったが、旧市街中心部にも今も小さなスーパーもあり、旧市街すぐ外側にも ALDI がある。また、旧市街の道路は実質的には歩行者天国である。

商業施設の集積は、この旧市街の北、駅よりもさらに1km北の51号線沿いに、大きなスーパー REWE があり、その周辺に家電店などそれなりの郊外型店舗がある。

なお、市域のほとんどがアイフェル山地であるので、その谷間と緩斜面に草地が広がり、この牧草に依拠した草地農業地域になっている。

2) オイスキルヒェン Euskirchen

オイスキルヒェン町は同名の郡の郡庁が置かれた郡都 Kreisstadt・郡の中心都市で、人口5.6万を数える。1302年に都市権を得た伝統ある都市である。国土計画上は中位中心地であり、図5-2では、上位中心地ボンのすぐ西に位置する都市である。ケルンからは30km、ボンからも25kmにある。

オイスキルヒェンも中世に始まった市壁を持った町である。現在の1/25,000地形図（図5-5）で

写真5-1　バード・ミュンスターアイフェル市壁外から中を望む

写真5-2　ホルヒハイム通り

写真5-3　ヴェルターストラーセ沿いのオープンカフェ

も町全体が大きな円形道路に囲まれているような印象を受けるが、その北側の外周道路256号線は国道のバイパスで新しい道路であり、南の半円の環状道路・Eifelringなどもかつての市壁跡の道路ではない。市壁は、ずっと小さいもので、駅北側、旧マルクト広場 Alter Markt の南東隅の5差路を中心とするおおよそ半径120mから170mの円である。この市壁の内側にはザンクト・マルティン St. Martin 教会、旧マルクト広場と、その近くには旧市庁舎 Altes Rathaus らが囲い込まれており、駅は市壁のすぐ外側にある。市壁跡の道路には、北にはキルヒヴァル壁 Kirchwall、リュデスハイマー門の壁 Rüdesheimer Torwall があり、南に回ってディステルニッヒャー門の壁 Disternicher Torwall、新門の壁 Neutorwall などはいかにも市壁を思わせる通り名であり、市壁自体も残されている（Opentopomapで確認することができる）。ただ、東側のアム・カーレントゥルム Am Kahlenturm 付近は、教会 Herz Jesu-Kirche が建設されたためか、その痕跡はわかりにくい。

なお、この旧市街、市壁内の家屋密度は現在の様子から見ると中心部は表通りの建物と裏庭にも建築物が存在するほど高密度であるが、市壁に近い旧市街周辺部には公共用の建物や大きな建築物の配置も多く、現在残る市壁の内側にもう一つ古い市壁があったものと推定される。

Ⅴ　ケルン・ボン大都市圏郊外部の空間構造

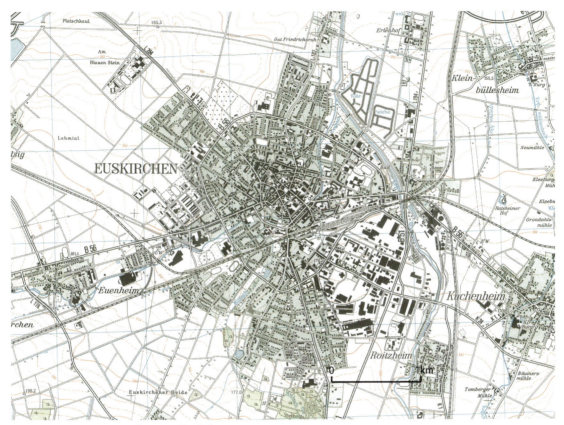

図 5-5　オイスキルヒェン（1/25000 地形図）

写真 5-4　オイスキルヒェン駅前バスターミナル

写真 5-5　ノイ通り沿いの中心商店街

オイスキルヒェンには22の集落Ortsteilがある。この町は人口は5.6万であるが、この町周辺のGemeindeから流入するものも併せ、商圏の購買人口は20万と見積もられている。また、人口もそれなりに多いので、市バスがStadtverkehr Euskirchen GmbHによって運営されており、VRS・ケルン・ボン広域交通連合のもとで、ケルン地域交通会社・RVK（Regionalverkehr Köln GmbH）らも協力して運営されている。ドイツ国鉄のオイスキルヒェン駅（S23・RB23でボンに通じ、RE12、22でケルンとトリアーに、RB24で同じくケルンに、RB28でデューレンDürenに通じている）前には、バスターミナルが設置され（写真5-4）、25路線もの発着がある。その多くはタクトプランで発着が行われている。

　2004年の観察や市のホームページ情報などから見ると、中心広場であるアルター・マルクト広場Alter Marktには市が立つし、オープンカフェーもある。賑わいのある中心商店街は、駅からこの広場までの通りで、駅前にはCommerzbank銀行や郡の貯蓄銀行など金融機関があり、商店街入り口にはスーパーとSaturnという大型電機店チェーンの店舗がある。さらに中心に進み、市壁の内側に入ると、教会Herz Jesu-Kirche前広場を通り過ぎたところからが宝飾・時計店などもあるノイ通りNeu Straßeが中心商店街であり、それなりに買い物客で賑わう（写真5-5）。ノイ通りNeu Straßeを140mほど進んだ交差点から北東に延びる脇道・ベルリナー通りがあり、その50m先に百貨店チェーンのカウフホーフGaleria Kaufhofが立地する（写真5-6）。大きな3、4階建ての駐車場もその隣接地に設けてある。ベルリナー通りの反対側、南西側40m先にはクロスターKloster広場があり、そこには大型衣料品店であるC&Aやシネマコンプレックスが立地し、市民会館などもある。ノイ通りのこの交差点をさらに70m進むと旧マルクト広場Alter Marktであり、市の伝統的な産業であった機織りのモニュメントが飾られ、市が立ち、オープンカフェーのテーブルと椅子があふれている（写真5-7）。このノイ通りとその周辺は歩行者専用であり、旧市内のほとんどが一方通行になっている。この円形の旧市街の東半分は公的な機関などの大きな建築物が多く、空地も確保されている。一方、旧市壁内の西側半分の地区では、建物は、密集し、道路に沿って途切れることなく連続する。それでも、裏庭が確保されていることが多い。

　なお、現状をGooglemapで確認してみると、旧市街にはスーパーはほとんどなく、市壁境にドラッグストアーDMがあるのみである。市壁すぐ外側でもある駅前にはREWEの大型店があり、大型電器店Saturnとともにshop-in-shop型店舗の中核を占め、駐車場も併設されている。一般には、旧市街を取り囲むかのように、新市街地にREWE、ALDI、Penny、Netto、EDECAなどが分散して立地しており、大型のスーパーであるRealも郊外南側にある。

　また、周辺集落のうち、オイスキルヒェンに近いかつての農村集落、たとえば、クッヘンハイムなど（Kuchenheim、Stotzheim、Flamersheim）にも、

写真 5-6 ベルリナー通りからカウフホーフを望む

写真 5-7 オイスキルヒェンのアルター・マルクト

スーパーマーケットが立地している。それらはもともとそれなりに大きな集落であり、しかも一般住宅が近年とくに増えた集落でもあるから、かつての農業集落の商業施設は多様で数が多いとは言えないが、クッヘンハイムには、たとえばパン屋、レストランなども生き残っている。

3） ラインバッハ Rheinbach

　ラインバッハは 2014 年現在、人口 2.8 万の地方町 Stadtgemeinde であり、国土計画上は中位中心地に位置づけられている（図 5-2 ではボンの南西の中位の都市になる）。オイスキルヒェン町に比べれば少々小さいし、後述のメッケンハイム町 Meckenheim と比べればずっと伝統ある地方町であり（図 5-6）、この町も 13 世紀に市壁で囲われた。その前後に都市権も得たとされる。他の諸都市同様、周辺の集村、9 旧自治体 Gemeinde を合併しての現在の人口となっている。この町からはアイフェル山地からケルンへのローマ時代の水道路跡・導水管が発見されている。1890 年頃の人口は 2000 でしかなかったが、1971 年には 2 万となって、ボンの仮首都としての成長に併せて、第二次世界大戦後の成長が著しい。

　Bossmann ら（1998）によれば、第二次世界大戦後、多くのボヘミア地方のガラス職人が故郷を追われ、この町に居住することになり、ガラス工業が興隆したという。その証として、旧市街市壁南側近くにガラス博物館があり、この町の重要な産業としての地位を確保していることを示している。また、その職人の養成機関として、1948 年ガラス工芸学校が設立され、その後大規模に整備されたこととも相まって、ラインバッハのガラス工業中心地としての名声はますます高まった。

　なお、中位中心地としてのこの町の中心地機能には、ガラス工芸学校の他、簡易裁判所、刑務所、近年拡張された病院もあり、ギムナジウムも 3 校あり、学校町でもある。

　ラインバッハ駅からは S23・RB23 でボンへ、

写真 5-8　ヴァーゼメア市門と塔

写真 5-9　一方通行のハウプトシュトラーセ

オイスキルヒェンへと通じる。駅前にはバスターミナルは設けられていないが、P&R（パークアンドライド用）駐車場が設置され、駐輪場もある。

　市壁は、直径250m前後であり、北側は取り壊されてその外側が半円形のグラーベン通りGrabenstraßeとなっており、南側はヴァーゼメア門Wasemer Tor（写真5-8）の市門と塔、ヘクセン塔Hexenturmという塔を東西に結ぶ直線的な壁であった。駅はこの市壁の北側の外にあった。

　町の中心はこの市壁に囲まれた旧市街であり、その起源は中世で、不規則な道路網によく表れている。1980年代に行われた都市再開発の結果、町は魅力を取り戻した。中心商店街・ハウプト通りHauptstr.の地区（写真5-9）は、一連の歴史的な建築物がまとまってあり、木組みの古い家屋も多く残され、またそれと景観をそろえたような新たな建物も建設され、全体に質の揃った町の景観を作っている。再開発では、ハウプト通りを一方通行にして、道路両側に広い歩道を付けるという作り替えによって（写真5-10）、交通の負荷を減らし、町の魅力を増すことができた。この旧市壁内は家屋密度は高く、道に面しては建物が連続する。裏庭相当部にも建築物は多いが、最近でも密集地区を再開発し、駐車場などを作る努力がなされている。

　また、B266号線のバイパスの建設で中心部の通り抜け交通を回避することができた。市の中心部周辺にあるさまざまな駐車場に分散的に駐車させるようにするシステムが工夫され（dezentral

写真 5-10　それなりに賑わうハウプトシュトラーセ

Parkleitsystem)、また ダインツァー広場 Deinzer Platz には地下駐車場ができてさらに状況は改善され、町内の旧農村集落の住民には中心部に来やすくなり、町全体の重要な中心として維持されてきている。

旧市街では、とくにハウプト通りが中心商店街の軸であり、多くはないが高級買い回り品店や衣料品店もあり、生活必需品である肉屋やパン屋などもある。また、銀行 Raiffeisenbank などもあり、主教会である St. Martin 教会もその前に広場を備えた形でこの通りに面している。その意味では昔の田舎町の小売商店が生き残っているような印象である。しかし、郊外東側にはホームセンターなどの大型商業施設が集まっている。一方、スーパーは旧市街にはなく、Netto, Lidl, Aldi, Hit Markt などはすべて新市街地にある。また、周辺の旧農村集落にも現在ではスーパーの進出はなく、生鮮食料品店などもないようである。ラインバッハの場合は、この旧市街周辺の郊外化が著しいが、そこにはもともと農業集落はなかった。また、周辺の農業集落は郊外化して住宅地も増えてはいるが、新たな商業施設を呼び込むほどではない。

なお、旧市街のすぐ北、駅の北には、バイパ

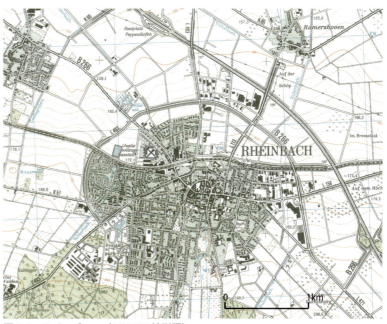

図 5-6　ラインバッハ（1/25000 地形図）

ス B266 までの間に専門大学校 Fachhochschule Rhein-Sieg の分校の立地も見込まれる地区がある。この施設は 1991 年 7 月のボンの首都移転に伴う周辺自治体への支援策の枠組みによるものであるという。この専門大学校の設置には、その専門領域を科学技術者と、ガラス、陶磁器、鉱物原材料などに中心をおく材料科学の二つとし、新しい都市開発を期待し、居住地域を少々と、とりわけ新しい未来型中小企業の立地も期待されている。そのために中小企業のためのテクノロジーセンターも設置されており、そして新たな中小工場と、専門大学校、ガラス専門学校との間の協業的発展も期待されている。

なお、市域の北半分は平野部であり、大規模な

畑作型経営地域に相当し、南半分はアイフェル山地となって、牧草に依拠した草地農業地域になる。

4） メッケンハイム Meckenheim

　この町の名は、文献には853年に初出し、1300年以降に市壁を作ったとされるが、実質的には長いこと一つの城館があっただけであったらしい。この町は1636年に、初めて都市権を与えられた。1800年頃の町の地図を見ると、スウィフト川 Swift から引水して町の周りを水路で囲んだ長四角の囲郭集落であり、現在のミューレン通り Mülenstr. とクロスター通り Klosterstr. が東西の掘り割りであったようである。その掘り割りの内側に市壁があったとされている。ナポレオンの統治時代には都市権が失われ、1929年に再び都市権を回復した。

　しかし、その集落内の多くは農家であったようで、何世紀もの間、農業都市の性格をもっていた。1832年には市壁が取り壊されたとされている。現在も、集落核の部分にはかつての農家の納屋や家畜舎とおぼしき建物が裏庭に配置されている屋敷取りが見られ、道路に面する母屋部が近代的になったのであろうと考えられるものある。

　Bossmannら（1998）がこの町についても紹介しているので、これを基に、観察などで補いながら説明していこう。彼らによれば、19世紀半ばから苗木生産、果樹生産が導入され、この地帯で広く重要な農業部門となり、現在も「リンゴの町」、「メッケンハイムの果樹街道」とか「苗木畑の町」と呼ばれているという（図5-6の地形図中、郊外部の日本での広葉樹マークに似た均等にマークしてある箇所は、果樹園ないしは苗木畑 Baumschule である）。現在もボンに通じる街道沿いでは果樹生産物の直売が行われている。もっとも古い苗木生産会社は、1848年に遡るという。これらの苗木生産企業は近隣地域ばかりでなく、ドイツ中、また近隣諸国にまで輸出していた。

　1960年代に Meckenheim-Mehr メッケンハイム・メールという新都市建設がこの町の成長の推進力となった。70年代には4つの旧行政村を合併したと同時に、ボンの急成長下でとりわけ人口増加が著しかった。1970年の人口8,000は、1980年に17,700になり、人口はこの間に倍増した。2015年現在の人口は2.5万で、中心の旧町は15,500程度である。

　この町では、事務職員または公務員の75％が、かつての首都ボンへ通う郊外衛星都市であった。ニュータウンに進出してきた主な施設には、連邦刑事局（Bundeskriminalamt；首都移転後の現在も施設は所在するが、もともとヴィースバーデンに本省が置かれていたし、現在もそうである）があり、1981年に就業者1000人を雇用する政府機関として設けられている。また、コッテンフォレスト工業団地は、A61とA565のアウトバーンに近く、面積137haで、200企業が進出している。

　1987年の数値では、73％・7,317人がボンへの通勤・通学者であったとされる。ラインバッハへの通勤者ははっきり少ない。ラインバッハへの通学・通勤者700人のうちの60％は教育のため

の、つまり通学（ラインバッハにはギムナジウム3校とガラスの専門学校がある）であった。

メッケンハイムの旧市内中心部・ハウプト通りHauptstr.は、1974年以来循環道路の一部になった。70年代末・80年代はじめには、大規模な町の再開発がなされた。この中心道路を環状の一本道の一部とし、人口増加や、駐車場、その他さまざまな施設対応のために、交通量を制限し、一方交通路に作り変えることなどによって根本的な交通制限を行うことになった。同時に、十分な駐車場を整備し、商業サービスの供給力を増大させたりして、施設を移転させたり、一軒ごとに修復し、近代化した。ここには毎日必要な肉屋などから衣料品店など中くらいの消費財まで買える店がそろっている。

このハウプト通りへは、まずDB駅舎から始まるバーンホーフ通りBahnhofstr.沿いに進み、2軒の中型スーパー（写真5-11）と大型靴店があり、市役所も置かれているところを抜け、駅から250mほどで円形交差点があり、ほぼ直進するとこのハウプト通りに至る。先に説明したように、ここは循環型道路の一方通行路であり、ハウプト通り自体は北側へ向かう交通だけが許されている。逆に走れるのはこの通りの西側を走るクロスター通りKlosterstr.で、商店やサービス店舗はすべてハウプト通りにのみ立地している。この通りは一方通行にはされたが、道両側に広い歩道が設けられ、カフェーやレストランの前にはテーブルや椅子が備えられている（写真5-12）。また、車道が広く取れる箇所は駐車スペースも確保されている。この通りのほぼ中央部には、教会・St. Johannes der Täuferがあり、その周囲には広場がある。この通り沿いにある商店・サービス施設を2017年現在のGooglemapを利用して見てみると、北側から順に、スーパーのNetto、タトゥーショップ、ピザ屋、美容院・床屋、自動車学校、運送会社オフィス、レストラン、肉屋、書店、ピザ屋、薬局、美容院、洋服仕立て直し、自転車屋、ドラッグストア、香水屋、皮革製品、NKD（衣料品チェーン店）、美容院、ピザ屋、レストラン、婦人服店、コピー屋、保険代理店、宝石店、ピザ屋、ピザ屋、貯蓄銀行、レストラン、レストラン、歯科医院、不動産屋、靴屋、花屋、スポーツ用品、菓子店、医院、郵便局、日焼けサロン、パン屋などであり、かなり多様性に富んでいる。この商店らが連なる部分に入って100mあたり、メルラー通りとの交差点の西側、いわば交差道路のようにマルクト広場が設けられ、通常は駐車場として利用されている。この主要道路ハウプト通りそのものもこの周辺では拡幅されている。

興味深いことに、この通りは宝石店などまである小さな町の中心商店街であるとは言え、同時に昔からの果樹農家も通りに面して残されており、2004年にはそこで果樹類を中心に農産物の直売がなされていた（写真5-13、5-14：現在の様子をGooglemapで確認すると、建物はそのまま残されているが、商店としては経営はされていないようである）。なお、こうした農家を含め、主要道路沿いには連続して建物が隙間なく続くが、裏庭がたっぷり確保されている。リンブルク、オイ

スキルヒェン、ライン バッハの市壁内の旧市 街密集部と比べ、裏庭 はたっぷりと取れてお り、密度はかなり低い。

この中心商店街は メッケンハイム全体に とって重要な中心で あったし、今もそれな りの地位を占めてい る。なお、この商店街 には駅に近い入り口の ところだけに Netto と いうスーパーが立地し ているが、通りの中心 部にはスーパーはな い。従って、スーパー は駅周辺に 4 店舗集 中した形になっている

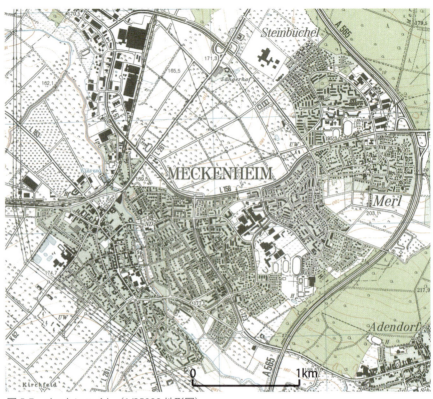

図 5-7　メッケンハイム（1/25000 地形図）

写真 5-11　メッケンハイム駅近くのスーパー

写真 5-12　一方通行のハウプトシュトラーセ

が、いずれも中規模のものでしかない。

なお、このメッケンハイムの集落周辺部は、戸建て住宅地区となっている。

5） メッケンハイム・メール地区

1962年にメッケンハイム・メール開発公社が設立され、都市開発が行われることになった。メール Merl は1969年まで独立した自治体 Gemeinde であったが、この年メッケンハイムと合併し、その部分地域 Ortsteil の一つとなった。人口は現在おおよそ 5,200 とされている。

メールのかつての農村集落核には村広場（Dorfplatz）と司教のいない礼拝堂があり、その周辺には文具店、薬局などの商店やレストラン、ホテルもあり、貯蓄銀行 Kreissparkasse の現金自動支払施設も存在する。礼拝堂しかないことからも推定できるように、昔からそう大きな集落ではなかったであろうに、それなりの中心性が維持されていると言えよう。なお、農家の伝統的な建物も数軒残されている。

また、幹線道路沿いの新興住宅地区にはスーパーの EDEKA、ALDI も並ぶように進出・立地している。

一方、このメッケンハイムとメールの両集落間にできたニュータウンでは戸建て住宅がもっとも卓越した住まい方である。とくに市の郊外では、普通の庭付き戸建て住宅 (freistehende Einfamilienhaus) が卓越している。同時に、さまざまな形で集合化した多世帯住宅もある。開発途上では、旧市街である中心街・ハウプト通りにはそれなりの商業があり、最初にできたニュータウン住民の需要にも応えることができた。しかし、その後新住民のための商業・サービスセンターが計画的に設けられ、Neu Markt（新しいマルクト広場）と呼ばれている。このノイ・マルクトは、ちょうどもともとの中心集落核メッケンハイムと集落核メールとの中間に位置し、メッケンハイムの郊外拡張部・メッケンハイム東 Meckenheim Ost、中央西 Mitte West とメールの拡張部中央東 Mitte Ost との間に位置し、中心部・Zentrum 地区と呼ばれている。

Googlemap で現状を確認してみると、中心になるのは Netto、Lidl、Hit-Verbrauchermarkt などのスーパーやドラッグストアーなどの大型小売店舗と貯蓄銀行、美容室などサービス施設、その中心に設置された駐車場である。また、教会も、警察署もここに置かれている。ノイマルクトの南には、中・高校とスポーツ施設などが設置されて、全体が Neue Mitte（新中心）と呼ばれ、いわば近隣センターとなっている。この近隣センターは、メール住民だけでなく、広くメッケンハイム Meckenheim 全体のための施設になっており、旧市街のハウプト通りの商店街と相互に役割分担しているものと考えられる。

また、メッケンハイム全体としてスーパーの進出状況を見ると、DB駅・メッケンハイム駅周辺に4軒、ノイ・マルクトに3軒、シュタインブッヘル Steinbuchel 地区に2軒、メール集落 Ortslage Merl に1軒、工業団地に近いもう一つの DB 駅メッケンハイム工業団地駅 Meckenheim

写真5-13 ハウプトシュトラーセ沿いの農家

写真5-14 ハウプトシュトラーセ沿いの農家

Industriepark に1軒となっており、スーパーではないがシュタインブッヘル Steinbuchel には A565 のインター出口に郊外型店舗の進出がみられる。他、もとは農家であったであろう自然食品店がメッケンハイム駅の南側 K62 沿いに立地している。

参考文献

石井素介 1986.『西ドイツ農村の構造変化』大明堂.
桜井明久 1989.『西ドイツの農業と農村』古今書院.
佐々木博 1976. ケルン・ボン近郊 Vorgebirge の野菜栽培. 地理学評論 49-1：
佐々木博 1986.『ヨーロッパの文化景観』二宮書店.
Blotevogel, H.H. 2002. Städtesystem und Metropolregion, 『ドイツ・ナショナルアトラス：都市と村落』S.40-43.
Bossmann, M. Kleefeld, K.-D. und Jörg Grunert. 1998. Der surburbane Raum im Südwesten von Bonn；Stiel, E. Hersg. *Die Stadt Bonn und ihr Umland* 2.Aufl. Arb. z. Rhein. Landeskunde, H.66.,S.151-164.
Zehner, K. 2001. *Stadtgeographie.* Klett.
http://www.bad-münstereifel.de
https://www.euskirchen.de
www.meckenheim.de
http://rheinbach.de/
https://de.wikipedia.org/wiki/Bad_M%C3%BCnstereifel
https://de.wikipedia.org/wiki/Euskirchen
https://de.wikipedia.org/wiki/Meckenheim_(Rheinland)
https://de.wikipedia.org/wiki/Merl_(Meckenheim)
https://de.wikipedia.org/wiki/Rheinbach

VI
地方都市・ボンの空間構造

1. ボン市の概要と歴史

1) 概要

　ボン市は2015年現在、人口は31.8万人の上位中心都市の一つであり、かつて「ドイツ連邦の首村"Bundesdorf"」と揶揄された仮首都時代当初ほど小さな町ではない（1939年の人口は10万；図6-1、5-1参照）。しかし、1991年に首都はベルリンに移ることが国会で決められ、第二次世界大戦後ここまで成長してきたこの都市が安定して成長を続けられるかは、課題となっている。実際に、国会がボンからベルリンに移ったのは1998年であるが、首都移転後も、Bundesstadtという副首都の地位を与えられ、結構な数の省庁、政府機関が残され、加えて、ドイツポスト（Deutsche Post AG：郵便・ロジスティック事業）本社、ドイツテレコム（Deutsche Telekom AG：電話・インターネット）本社が置かれ、国連機関など国際関係施設が誘致されたり、大学の拡充が図られたりして公的な支援がなされている。そのため、地域全体の経済活動はバード・ゴーデスベルクの飲食店やカフェーのような地域的なサービス関係の一部を除き、明白な衰退傾向は見られず、全体とすれば予想より十分に活発な経済状況であるようにみえる。また、ライン右岸に、トンネルを多用して直線的にケルン・フランクフルト間を結ぶ高速鉄道路線が新設され、ボン市旧中心部から8km離れたジークブルク・ボン Siegburg/Bonn 駅が長距離鉄道交通の幹線駅になった。このため、ライン左岸ルートを走り、ボン中央駅に停車していたIC、ICEの列車本数はかなり減少し、国土幹線ルートとしてのボン中央駅は相対的には地位を低下させた。これもボン発展のための阻害要因になりそうではあるが、田舎好きのドイツ人、ボン市民はそう慌ててはいないようにみえる。

2) 歴史

　まず、市の地理と歴史の概要を主に Laux 他（1998）の説明をもとに、概説しておこう。
　もともとボンは小さな町であり、産業革命前には1.2万人の人口しかないライン川沿いの小さな地方中心地であった（図6-1参照）。産業革命期には、工業ではなく、保養都市（別荘、隠居所）として、さらには大学都市として、緩やかに人口が増大していった。このかつての小都市、田舎町としての様子は、現在もマルクト広場 Markt に置かれた旧市庁舎の小ささによく現れている（筆者にとっては、最も親しみのわく市庁舎であり、小さくも、整っていて美しいと思うが。写真6-7

参照）。

　なお、ドイツの多くの大都市、中都市が産業革命期に爆発的に大きくなったのと比べ、ボン市は成長はゆっくりで、第二次世界大戦後に仮首都になってから、ちょうど他のドイツの工業都市の急成長が止まった頃から、もしくはそれら大都市の都心部から郊外への人口流出を迎えた段階から、ボン市の成長が加速されたように感じられる。そのことは、ドイツの都市の中では、ボンの大きな特色であろう。

　また、かつては行政上の地位も高くはなく、交易の拠点でもなかったし、河港も整備されてはいなかったから、工業の発展もみられず、目立った立地企業としては日本でもグミーで有名な1920年創業の菓子メーカー・ハリボー（HARIBO：Hans Riegel in Bonn）くらいであろう。

　ボンは、ケルトの地名 Bonna が、ローマにも引き継がれたことから来ているとされる。旧市内の中心部北側に、おおよそ紀元後40年のころローマの城館 castra Bonnensia が作られた。8世紀には、都市的な集落 vicus Bonnensis が成立し、804年には villa Basilica と呼ばれるようなものになり、Münster 教会に修道院が設置された。10、11世紀になると civitus Verrona と呼ばれ、修道院を核として市壁に囲まれた市場町が形成されてきた。

　その後ケルン侯（選帝侯の一人・ケルン大司教）が、ケルン市民層との対立の中、ケルン市を追われた形で、1180年前後からボンに居館をおくことになったという。こうして、都市としての機能と役割を得たボンは、市壁に囲われていなかった集落部 oppidum Bonnense をも加えて拡張し、市壁で囲い込んで、18世紀までの都市構造の基礎を作ったとされている。

　このため、交易都市、ヨーロッパ全体へ向けての顔を持つ中心地としての役をケルンが引き続き持ち続けた一方、ケルン侯の居館の置かれた地方行政上の中心としてボンは機能していた。しかし、ナポレオンの占領で、1794年にはこの地方首都の機能も失われた。

　1814年にはボンはプロイセン領となったが、この際にも重要な行政中心地にはなれず、1887年になってはじめて郡中心としての都市権が認められた。また、1887年にプロイセンの王・Friedrich Wilhelm III が大学を設立し、その後第一次大戦までの間、ライン・ルール地域に発生した金持ち達の隠居地としても注目され、発展していった。この背景には、ドイツ・ロマン主義の思想的影響があったとされており、その「ライン・ロマンティック」の影響のもと、ライン川に沿ったバード・ゴッデスベルクやバード・ホーネフも同じように別荘、隠居所・保養地として発展していった。

　ボン旧市内の南および南西部、とくにポッペルスドルフ通りと、コブレンツ通り（今のアデナウワーアレー）は、その中心で、典型的な例でもあり、高級住宅地として発展した。この帝国成立から第一次世界大戦までの間の発展は、ボン市のもっとも活発な成長期の一つで、第二次世界大戦直後にも相当するとされている（図6-1参照）。

第二次世界大戦後、ボンは仮の首都として発展をはじめた。仮の首都としては、まず議会と政府機関がボン旧市街と、いわばかつての隣町、バード・ゴーデスベルクの間の地区に集められ、首都機能整備が1960年代に本格的に始まった。1970年代に入ると、より強力に首都整備が進められた。首都移転時の1990年代はじめの首都機能関係の就業者は、政府・政党関係機関で42,500人であり、外国大使館関係が約5,000人、政党関係機関が9,300人にのぼり、そのほか、代表機関・ロビスト、新聞など報道関係者が1,200人で、合計は58,000人となった。

首都機能喪失後のボンを簡単に検討しておこう。ボンはいわば副首都として、16省庁のうち7つが残された。これらの結果、政府、議会関係のうち14,000人分の就業機会を残す形になった。また、国際的活動機関として、EU、UNOの諸機関や低開発地域援助関係機関などの機関が招致された。さらに、学問研究のため、ボン大学との協力関係も強化され、未来経済型の都市としてのボン、環境都市、文化都市モデルとしてのボンが目指された。また、ドイツ郵便会社、ドイツテレコムの両本社が置かれた。

2. ボンの都市構造

Dollen（1988）は、1/50,000の地形図の上に、ボン市の市街地化の進展の様子を地図化している（図6-1）。

この地図から、まず、ボン市街が、長いこと1810年までの建築地に限られていたこと、したがって、旧市街は13世紀に作られた二度目の市壁内にとどまり続けていたことがよくわかる。30年戦争の際に補強された稜堡（Bastion：図6-4参照）すらも1810年にはまだ都市域には入っていない。市壁内の旧市街は道路に面して軒を連ね、裏庭も少ない高密度な市街地であり、近年空き空間を設ける努力をしつつも今も高密である。

なお、この1810年までの建築地は、かつての農村集落部分をも示している。

1810年から1865年までに拡大した地区は、旧市街南の地区とポッペルスドルフ宮殿への通りに沿ってと、稜堡内である。稜堡内は、旧市街の拡張部であり、それ以外の地区は先に説明したような隠居所・別荘として新興富裕層が住宅建設を行った地区であり、温泉保養地としても評価されはじめたバード・ゴーデスベルクにもこうした地区がみられ、それらはいずれも現在の高級住宅地の核になった。この地域の建築方式は、公的な施設などに利用される大きな建築物は前庭を置いたりして、セットバックして建てられている。一方、高級な一般住居が建てられているところでは、道路に沿って3階建て程度の建物が連続しているが、裏庭がたっぷりととられている。道路も比較的広い並木道になっているところも多い。

この時期は、他の多くのドイツの大都市では、産業革命が始まる時期だが、ボンは工業は発展せず、その時期に大都市で経済的に豊かになった層が別荘や隠居所として高級住宅が建て始められた。

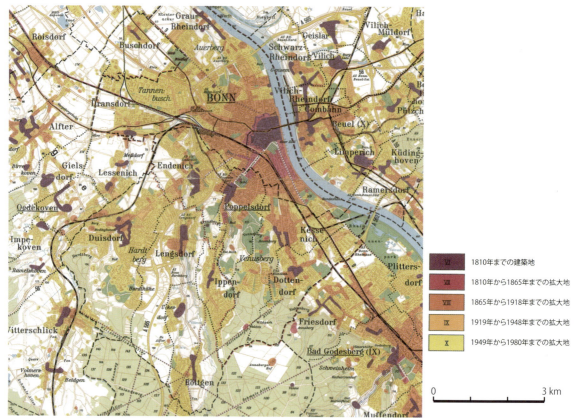

図6-1　ボンにおける都市化の進展

出典：Dollen1998 付図の一部による

　ついで、1865年から1918年まで、第一次世界大戦までに市街化した地域はかなりの範囲になり、旧市街の北側は現在ではアルトシュタットAltstadtとさえ呼ばれ、市内では古い建物が残されている地域である。このアルトシュタットと呼ばれる地区は、4階建て程度の家屋が道路に面して軒を連ねている。裏庭は確保されているが、高級住宅地と比べ狭く、広い裏庭ができたブロックでは、家屋が道沿いから延伸する形で拡張され

ていたり、裏に表とは別の区画を設定して、そこを使った建物があったりもする。この地区では1970年代以降、質のよくない建物が再開発され、一方、ファサーデなどが優れた建物は修復工事が行われている。

　また、この時期の旧市街の南、南西の地区の先の高級住宅地の拡張部は、同様に質の高い住宅地へ発展した地域に相当しよう。この地域では比較的広い道路に沿って建物が軒を連ね、裏庭はたっ

ぷりととられている。また、同様の質の高い住宅地は、温泉保養地としても評価されたバード・ゴーデスベルクにも広く展開した。

両世界大戦間に相当する1919年から1948年の間に市街化した地区は、先の1810年以降に市街化した地域に隣接する、もしくはそれらに挟まれた地区で、そう広い面積を占めてはいない。

周辺の都市権を有していた都市には、北東8kmのジークブルクSiegburgと西南の10kmにメッケンハイムMeckenheimないしは15kmにラインバッハRheinbachが、また北西18km、ケルンとの間にはブリュールBrühlがあり（図5-3参照）、1810年以前にはケーニッヒス・ヴィンターKönigswinterとヘンネフHennefは小都市、ないしはFleckenであった。図6-1の範囲では、1810年以前の建築地はそれら小都市以外、かつての農村集落に相当した。

この図が作成されて以降も市街地は拡大しているから、現在の都市地域のうち、第二次大戦後に急激に市街化した地域がほとんどを占めていることがよくわかる。これは、他のドイツの都市同様、自動車交通時代に入ってからの都市の面的な爆発的拡大が大きいためであり、同時に、仮首都として、その後の本格的都市整備によって市街地が急拡大したことも重なっている。この第二次世界大戦後の市街地拡大の大きさは、後述のケルンの都市域拡大の図（図7-2）と対比してみてもよくわかる。

この第二次大戦後の住宅地には戸建て住宅が出現し、街路に接して中層の住居を設け裏庭を持つというタイプ以外の、日本でよく見るような戸建て住宅が庭の中に置かれる屋敷取りがごく普通に見られるようになる。ただ、住宅を囲う塀はないか、非常に低いものなので、開放感が溢れている。また、戸建ての代わりに、二世帯の建物が一壁を共有する建て方も多いし、タウンハウスのような建物も出現し、比較的狭い前庭と奥に大きな裏庭持つようなタイプもよく見かける。当然ながら、日本のいわゆる「団地」風に、大きな区画に置かれた多世帯の中層共同住宅もあるが、多くはない。

Kuls（1988）は、ボンの都市構造を単純化した地図を作成している（図6-2）。これによれば、ボンは、旧市街のボン中心部・Cityを市の中心とし、ライン川の対岸のボイエル、かつての隣町バード・ゴーデスベルク、隣の大きな農村集落であったデュイスドルフに副中心が形成されており、旧市街ボンとバード・ゴーデスブルクの中間地区と南部地区などに政府地区を整備した。また、大学が旧市街に隣接した南東部、南西部にそして少々旧市街から離れた南部などにキャンパスを持つ形になっている。

また、Töpfer(1988)は、1966年以降もボンの業務中心地区が旧市街に集中していること、ますます集中してきたことを指摘している。さらに、W.-Apfelbaum(1998)も、商業・サービスセンターの空間構造を示している（図6-3）。

もしこれらの中心がそれぞれ平均的に人口をサービス圏に取り込んでいるとしたら、地区中心は3箇所であるから、10.6万人、近隣中心は27箇所なので1.2万人、上位の中心が近隣中心も兼

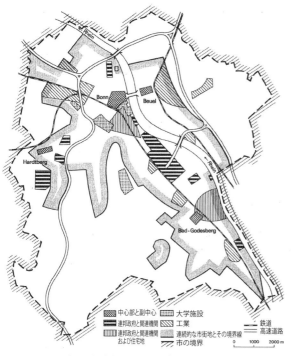

図6-2 ボンの都市機能地域モデル
出典：Kuls 1998

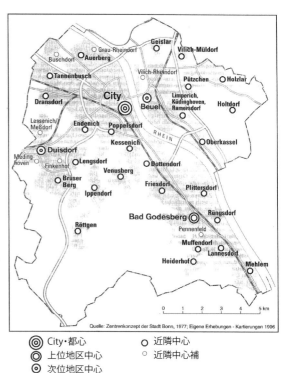

図6-3 ボンの階層別中心地
出典：W.-Apfelbaum 1998

ねるとすれば、中心1と副中心3を含んだ31箇所で割ると平均人口は1.1万人になる。

彼女は、そのボンの大きな三階層、すなわちCityと副中心、近隣中心のいくつかについて、商業施設とサービス機関の分布を調査している。この中心・副中心のモデルは、Kulsの都市構造モデル中心・副中心とも一致する。また、興味深いことは、これらの近隣中心と副中心は、先の図6-1の都市化地域Zuwacks・建築地Bebauungを示す地図に示されたであろう農村集落の核にも一致するものが多い。図6-1のオリジナル全体と図6-3を対比してみると、27箇所あげられている近隣中心のうち、旧農業集落もそこにあったのは、22箇所であり、4箇所は農業集落間に新たに成立したであろう集落拡張部にできた近隣中心であり、1箇所は旧農村集落にすぐ隣接して成立し、しかもその隣接した旧農業集落には近隣中心を補完する中心が存在している。急激に市域を拡大したボンでは、旧農業集落が近隣中心の役を担うことが多かった。

ここでは、中心部たる旧市街中心部City、三つの副中心（地区中心）の例としてボイエルを、そ

して27箇所ある近隣センターの例としてメーレム Mehlem とエンデニッヒ Endenich の様子を丁寧に見てみよう。

3．旧市街の中心・City

ここでは、まず Grotz(1998) を引用し、筆者の観察を加えながら、1990年代末から2003年辺りの旧市街中心部・City の様子を概説してみよう。

この中心部はボン大都市圏における最高の中心であり、ノルドライン・ウェストファーレン州の地方計画の中でも上位中心・Oberzentrum と評価される中心地で、高い中心性を有する都市機能が集積し、広い商圏・影響圏を持っている。

この Grotz の対象調査地区は、市壁に囲まれた地域（図6-4）のうち、南部であり、市壁内面積の三分の二程度の範囲である。すなわち、この市壁で囲まれた地域のうち、1970年代までに行われた路面電車、通り抜け幹線道路が移設された中心部バイパスともいうべきオックスフォード通り、トーマス通り、駅前通り、居館前通り Hofstr.、ラートハウスガッセに囲まれた地域である（図6-4、5）。

全体として、ここには、1996年には、約600の小売商店があり、640の私企業のオフィスがあった。小売商店舗面積は121,000m²、小売商店の約三分の一は店舗規模150m²以下で、一方、大規模な系列型百貨店 Galeria Kaufhof、大規模衣料品店（現在の店舗名でいえば、H&M、C&A、ZARA、Karstadt、SinnLeffers、TK Maxx など）は店舗面積全体の40％を占めていた。小売商店に勤める専業就業者数は4300人を数え、小売商店のうちチェーン店の割合はおおよそ50％で、新しい店舗ほどこれが高かった。

商圏には31万人のボン市人口だけでなく、市を取り囲むライン・ジーク郡 Rhein-Sieg の3分の2（人口約60万）とアールヴァイラー郡 Ahlweiler-Rheinlandpfalz の9％の人口が商圏人

図6-4　ボンの階層別中心地

出典：Grotz 1998

図6.5　ボン旧市街の商店　　　　　　　　　　　　　　　出典：Grotz 1998

口に数えられていた。

　買い物客の56％は自家用車でこの中心部に来ており、中心部にはその周辺をあわせて4000台の駐車場が提供されていた。来訪客のうち公共交通機関を使う人は39％で、利用者の居住地域によってこの来訪交通手段の使い方は大きく違う。

　中心部の歩行者天国化は1968年からであり、ドイツ国内の中でも早かった都市の一つで、首都機能充実のためにも地下鉄を含む公共交通の整備も並行したので、中心部は空洞化をすることなく順調に機能を保持し続けてきたように思われる。

　ここでは、主に商業機能とオフィス機能の分布図をもとにして、各地区の都市機能の特色を見ておこう。

1）　ミュンスター広場（図6-5のA）周辺

　ボンは、修道院を中心として成立した集落（Stiftsiedlung）であり、ミュンスター教会・修道院の周囲には、当然修道院長であり領主でもあった屋敷もあり、その周囲には金持ち層が住んでいた。いまもケルン侯居館跡・ホーフを利用するボン大学本部の前の地区は、比較的大きな土地

区画になっており、かつて金持ち層がこの地区に居住してきたことを示している。マルクト広場（B）西側の、とくにシュテルンガッセ入り口周辺の商店街の地割りとは大きく異なる。

郵便局の土地（図6-5のA北西縁）は、この主席主祭の宮殿跡である。この郵便局は、1998年には、商業施設との併用になり、今や郵便局の受付窓口のみ残されている。この広場の行事のうち目立ったものの一つは、クリスマス市であり、暮れの賑わいの中心となる。また、謝肉祭でもここがその行列の最後の重要な見せ場になる。

ミュンスター広場 Münster Platz（図6-5 図中A）の周囲の建物は、第二次世界大戦の戦災で大きく破壊されたが、多くが再建されて、100年前の商店・事務所の建物の形を現在もなお維持している。百貨店・カウフホーフも80年代はじめに昔風のファサードを維持するように建て替えられた。カウフホーフは百貨店であるが、特段高級商品が取り扱われるわけではなく、それなりの多様な品揃えの百貨店である。なお、食料品コーナーは一般の食品スーパーよりは少々高級な日用食品がそろっており、中心部の食品スーパーのような役も果たしている。他の商品についても中心部の専門店と特段異なることはない。むしろ中心部にある専門店には、より高級で、幅広い品揃えの商店も少なくなく、百貨店の特色はつかみにくい。カウフホーフのように、通りを貫通してたり、建物が大きなブロック全体を占める大型の建物がこの広場の周辺には多い。ミュンスター広場の北西奥は一番買い物客で賑わうシュテルン通りへの

写真6-1　ミュンスター広場北西端奥

出口部でもあり、ここは小さな小売商や飲食店が多く、オープンカフェーも見られる（写真6-1）。一方、このミュンスター広場以外の旧市内でも、一般的には通りに面して建築物が占める建て方であり、その多くが裏庭を持ち、裏庭相当部分にも建築物が建てられている建物密集地区もある。

歩行者天国化されず今も一方通行の一般道として利用されているアム・ホーフ通りとヴェッセル

写真6-2　カイザー広場

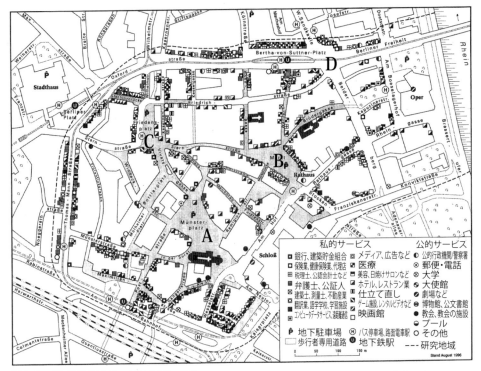

図6-6　ボン旧市街のサービス店舗・施設　　　　　　　　　　　　　　　　　出典：Grotz 1998

通りWesselstr.は、広場とミュンスター教会の裏手になるが、この少々中心から離れた通りの東側は、新たに再開発でビルが建設され、ビル内を通り抜けるギャラリーを設け、しゃれた感じのブティックや小物店とオフィスが置かれ、市内の中では目を引く都市再開発例があった。

さらに東側、旧ケルン侯居館・Hofとその前庭・Hofgartenと、ポッペルス宮殿とを結ぶ通りへと続くカイザー広場Kaiserplatzは、道の東西が並木道でその中間には緑の芝生もあり、カフェーも多く、歩道はオープンカフェとしても使われている（写真6-2）。

レミグイス通りRemiguisstr.(図6-5のA‐B間)は、中心繁華街のマルクト広場とミュンスター広場とを結ぶボン旧市内で一番歩行者交通量が多い通りであり（図6-7）、1968年に市内でははじめて歩行者天国化したところでもある。通りに面した建物は3から5階建てで、かつては居住用にも使われていたが、1990年代以降は住居用には使われなくなった（図6-8）。この通りには、高級買い回り品から、喫茶店、チョコレート専門店、種苗屋まである不揃いな通りである。また、テント型の立ち食い店・テイクアウト店なども立地している。こうした不揃いな特色はいかにも新興の

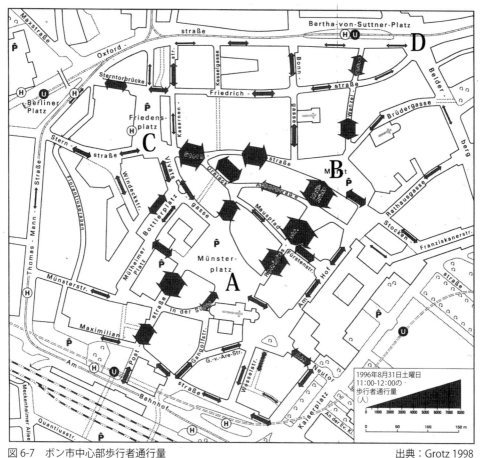

図6-7　ボン市中心部歩行者通行量　　　　　　　　　　　出典：Grotz 1998

地方都市らしいものであろう。

　マルクト広場 Markt に通じるこのレミグイス通りと交差するアーヘン通り Acherstr. は、もともと中世初期の市壁跡の道であるという。この通りは、少々大きな多層階の文具専門店などもあるが、その他は食器、刃物などの日用品を販売する小規模の間口の狭い専門小売商が多く密集しており、サービス店舗はほとんどない。

2) マルクト広場周辺

　マルクト広場 Marktplatz（図6-5のB）は、もともとは修道院を核とした市壁を巡らした宗教集落の外側に位置し、その旧市壁の門前にあった市民的な広場に由来するとされている。また、かつてのローマ時代の駐屯施設のあった場所であり、ミュンスター教会とライン川を遡る商業路との交差点に1000年頃にできた市場であり、宗教的

中心としてのミュンスター広場に対抗する市民の広場としての役を果たしてきた。この広場も、1244年に新たな市壁で囲い込まれた。その際に、ケルン侯は市民に商業の権利を保障し、これがボンの地域中心地として成長さ

写真6-4　マルクト広場、市庁舎前

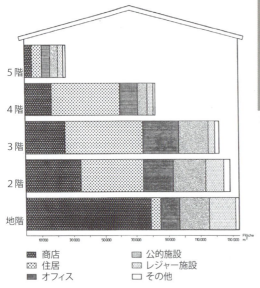

図6-8　ボン中心部建物の階別利用（1970年）
出典：Dollem 1988

せる基礎を提供した。また、1597年には、ケルン侯とケルン市民との対立が激化し、とうとう居館（Hof：現在のボン大学本部の建物）をボンに移させることになったという。これがボンの行政機能中心の獲得の経緯である。

　この広場は、現在、ミュンスター広場同様、全体が玄武岩などの天然石を約12cmのサイコロ状に細工したブロックを砂の目地で止めながら組み合わせて作る鱗模様の敷石畳としてる。（地下を作業するときにはこの天然石のブロックは剥がされるが、工事後には同じ石で敷石畳に戻される。このため、路面は凹凸もあり、自動車、自転車には不便であろうが、風情もあるし、結局はエコであろう。小さな工事跡がアスファルトでつぎはぎになることはない。こうした石畳が、都市景観を配慮するいずれの街でも次第に増やされている。）旧市庁舎近くの広場東3分の1は、オープンカフェーやイベント会場として利用されることが多

写真6-3　マルクト広場からシュテルン通りを望む

VI 地方都市・ボンの空間構造　　135

写真6-5　食料品店露店のあるマルクト広場

写真6-6　焼きソーセージ店のあるマルクト広場

いブロックである（写真6-3、6-4）。広場真ん中の3分の1は、日曜以外の毎日朝から夕方7時くらい（土曜日は午後2時頃）まで、露天商が色彩豊かな果物や野菜など生鮮食料品を中心に商うテント施設が設けられ（写真6-5）、市場らしい賑わいのある華やかな雰囲気がある。とくに土曜昼前後と毎夕方の賑わいは、いつでもちょっとしたお祭り気分になれる。同時に、焼きソーセージを売るスタンドなどもここにある（写真6-6）。その南側にはオープンカフェーもあり、シュテルン通りSternstr.の出入り口に近い部分は広場自体が狭くなっており、両側の小売商店も建て混でいるので、歩行者道路としてのみ利用されている。

1738年にはこの広場に市庁舎Rathausが新たに建てられた（写真6-7）。これがボンの市庁舎のシンボルとして生き続けたが、ボンが西ドイツの首都であった時代には、この庁舎が首都である都市中心のシンボルにもなったから、この庁舎前では、ドイツを訪問した賓客、たとえばドゴール、ケネディもドイツ国民に向けにここで演説を行っている。実質的な市役所は環状道路・ベルリナー広場のStadthausに移転している。

マルクト広場、とくにその南側、南西側の狭小

写真6-7　ボン市庁舎

で、同じような狭さで区切られた地割りは中世的な商工業者の伝統を引き継ぐものであり、ミュンスター広場の周りの大きな地割りを含む地区とは違っている。この地割りの狭いこの地区では、裏庭も狭く、裏庭部には建築物が建っていることも多い密集地区である。

19世紀終わりにはこれらの商店街は既に4, 5階建てになっていた。しかし、1944年に空襲で焼け落ちている。1970年代にも衣料品店が多かったが、現在でも、南側では大型の衣料品チェーン店 ZARA が中核を占め、地上階には飲食店も多く、上階にはさまざまなサービス施設が集まっている。映画館も広場北側にある。1970年代には2件の映画館があったが、現在は1件のみである。また北東側は、旧市庁舎寄りには、高級レストラン、ホテル、薬局などもあり、昔の市庁舎前広場の雰囲気を長く残してきた。

ブリューダー通り Brüdergasse は、これまでの中心部の道と違って、上階は当然であるが、一階からも一般住居があり、商店も高級買い回り品や衣料品はなく、個人オフィスが多い。マルクト広場にきわめて近いにもかかわらず、ここは小さな都市の時代を思い起こさせる雰囲気である。図6-8は1970年におけるボンの City 部の階層別利用構造であるが、賑わいのある商店街などでは上階も商店であったり、その商店の倉庫であったりするが、近年になるにつれ、住宅として利用される上階の割合が小さくなり、通りによっての差が大きくなってきているようである。この通りでは近年、飲食店も多くなってきた。

道幅も広く、交通量も多いベルダーベルク通り Berderberg Str.・国道 B9 はオペラ劇場のある街区やケネディー橋などとの間の大きな切れ目になっている。人通りなどはこの通りを挟んで急に少なくなる。ケネディー橋は1949年に作られた。この橋の前の橋は、1898年にできた鉄橋であり、これが1945年にナチスの国防軍の退却時に落とされた。この橋は、ボイエルやライン東岸の地域の通勤者にも使われるが、まだまだ狭く、市内交通の隘路になっている。

3) フリードリッヒ通り Friedlichstr. とボン小路 Bonngasse

図6-5のDを通り、旧市街を取り囲むベルリナー・フライハイト Berlinerfreiheit からオックスフォード通り Oxfordstr. に至る道は幅が広く、自動車交通が最も多い中心街へのアクセス道路、ないし中心を通り抜ける迂回路でもあり、路面電車と市内バスの重要な駅がある。この通りが中心部とその外側を大きく隔てている。この大きな通り周辺は商店は少なく、駅前とともに、オフィス中心の通りになっている（図6-6参照）。なお、戦後における旧市内の再開発では道路用地を確保しながら再開発が行われ、現在でもボン旧市内の道路は狭いが、このオックスフォード通りだけでなく、小さな道でも着実に広げられてきたのである（図6-9）。

この内側にあるフリードリッヒ通り・Friedlichstr. は一方通行の自動車道路であり、同時に歩行者道路としてもフリーデンス広場（C）に抜ける道である。

Ⅵ 地方都市・ボンの空間構造

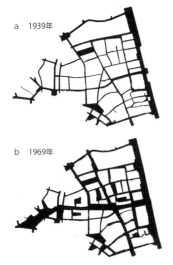

図 6-9 ボン中心部の 1939、1969 年の交通用地
出典：Dollen 1988

狭い道ながら、第二次世界大戦まではラインを渡る橋へと抜ける重要な通りで、ここに車も路面電車も通っていたとされている。この通りを路面電車が通ったとは信じがたいほど狭い。この通りは、密度は低いが、家具インテリア関係、コンピュータゲーム、手工芸材料などさまざまな小売商と飲食店が軒を連ねている。

この通りを、歩行者道路として好まれているボン小路 Bonngasse とヴェンツエル小路 Wenzelgasse が横切っている。この二つの横丁 gasse には、中心部を特色づける衣料品店、スポーツ用品、ブティック、宝飾店があるのに、フリードリッヒ通り Friedlichstr. にはない。また、同時に、事務所、公共機関関係もない。今後は中心街としての価値が高まることが期待される。上階には住居もある。

この二つの小路 gasse は、マルクト広場と公共交通機関の重要な結節点であるベルタフォンシュットナー広場 Bertha-von-Suttner-Platz（D）へ通じる道（図 6-5 の B-D 間）である。ボン小路 Bonngasse には、ベートーベンの誕生の家がある。ここには、日本からもたくさん訪問者が訪れる。また、イエズス会の教会もある。これら小路の 3 階からは一般的には住居である。医用・衛生用品、エコと健康を前面に押す靴店、帽子屋、仕事着など特徴のある小売商が多い。

4）シュテルン通り

シュテルン通り Sternstr.（図 6-5 の B-C 間）は、ボン最大のショッピング通りである。長さは 150m 程度で幅も 10m 前後の狭い通りだが、1970 年から歩行者天国化して、歩行者通行量が非常に増加した。商店に模様替えされた間口の狭い小さな家並みと次から次に変わっていく多様性の魅力で歩行者を惹きつける（図 6-5 参照）。

マルクト広場側は 5 階建て、逆・西側は 3 階建て程度である。背の高い建物の一部は美しいアール・ヌーボー風のファサーデを持っており、1900 年から第一次世界大戦頃にできたものだとされる。小さな建物の幅はしばしば 4〜6m しかなく、三枚分のショーウインドウの店（ライン地方風三枚ガラスの店）が多く、その 1 枚分は入り口もかねて内部に切れ込み、ショーウィンドウを広めに確保することも多い。アール・ヌーボー風の店のなかには、北へ伸び裏通りへ抜ける

シュテルン・パサージュもある。1970年代にはそう美しくはなかったが、2004年には魅力あるパサージュになっていた。これらシュテルン通りにあるのは小さな商店だが、上階はほとんど倉庫で、今や使われていない。その結果、この通りにはサービス施設の立地もないし（図6-6参照）、まとまった床面積を確保することが難しいのでオフィスも立地していない。同じ理由で、商店の種類も限られており、面積の割に売上額が大きいような宝石・貴金属、眼鏡屋、ブティック、衣料品店のようなものが集中している。これらの小規模の商店は、間口5mで、60〜120m^{2}であると、家賃は1990年代末には、月、m^{2}当たり135〜210DMであったそうである。もう少し大きな単位120〜260m^{2}の店舗では、少し安くなって80〜135DMであった。1995年来の小売業の不景気で、家賃はm^{2}当たり15〜20DM安くなったという。

　この通りは狭くて短い通りであるが、間口の狭いさまざまな高級な専門店があり、歩行者天国化され楽しく散策ができる。ファサードも古い伝統的な構えである。それらが街の親密さを醸しだしている。同時に空き店舗もないし、ケルンほどではないにしても、それなりにそろった高級買い回り品店が続いている。こうした点が地方都市の規模に見合った中心商店街として賑わう要因であろう。

　このシュテルン通りSternstr.の先にバス交通の要の一つ、停留所が集中するフリーデンス広場Friedensplaz（図6-5中C）があるが、さらにここを通り抜けて環状の幹線オックスフォード通りOxfordstr.へと抜けるシュテルントーア・ブリュッケSterntorbrückeという短い通りは1993年になってやっと歩行者天国化された。ここには飲み屋、オフィスが多く、旧市街北部への出入り口になっている。

　Cityを廻る環状道路の一部、オックスフォード通りとベルリン広場は、歩行者にとっては東西交通の障害にはなるが、都心部を迂回する自動車にとっては重要な通り抜け道路の一部であり、路面電車とバスの停留所が設けられている。この通りの北側には再開発で市役所Stadhausが作られた（1973〜77年）。市役所は体積でいえば330,000m^3、面積34,400m^2、高さ72m（ミュンスター寺院より9m低い）の大きな近代的ビルで、市職員1,700人が働き、930台の駐車スペースがある。この建築物は、旧市街地近くにあるにしては大きすぎるし、旧市街の落ち着きある雰囲気とは大きく異なる。今も景観上は賛否両論ある。

　路面電車の駅のあるベルリン広場側にはかつては歩道橋があり、このオックスフォード通りの広い通りの両側を結んでいたが、2000年以降に撤去され、歩行者に優しい造りになった。30年戦争時の市の稜堡に沿う堀と町側には壁が今もそれとわかるように残っている。

5）　フローレンテイグスグラーベンとミュンスター通りの間 Florentiusgraben-Münsterstraß.

　1244年にできた市壁、市門・シュテルントーアと稜堡の壁とを比較すると、400年もかかって、

このわずか60～100mの距離を、この都市が成長したことがわかる。中世以降の都市発展というのは随分ゆっくりしたものであったというか、ほぼ成長が止まっていたのだということになる。1860年には、ボンの人口は2万であったが、それまではこの稜堡の壁で都市は守られてきたのである。この間の都市の成長も実にゆっくりしたものであった。

1996年時点で、これら旧市街全体に住んでいる人は5900人で、その6年前には6200人であった。住民の多くは周囲の道路沿いに住んでおり、多くは、学生で、世帯の90％は一人世帯で、子供のない世帯であった。外国人の割合は23％で、増える傾向にあった。

シュテルン・トアー市門の南西側はボトラー広場Bottlerplatzであり、その門自体が古めかしい雰囲気を持つが、東側にあるかつての郵便局の建物、広場を占めるプラタナスなどの大木、配置された噴水や池も加わって、落ち着きある雰囲気が作られており、C&Aがこの広場に面している。

ミュンスター通りは事務所関係が断然多く、小売店は一階におかれることもあるが、連続はしておらず、分散している。

ポスト通りPoststr.も歩行者の多い小売商店街であるが、花嫁衣装、ミシン屋、革製品、パソコン、目立つ施設（タバコ屋、マック、H&M）など特色あるものが多い。この通りのミュンスター広場に近い角に市のツーリスト・インフォメーションもある。

写真6-8　ボン中央駅前バス乗り場

6)　ボン駅周辺

ボンの中央駅には駅前広場はなく、ポスト通りは駅舎で終わる形になっており、ドイツ国鉄のプラットホーム、地下鉄駅に通じる地下道もある。この地下道入り口は「ボンの穴（Bonner Loch）」と呼ばれ、この地下道とそれを取り囲む広場は1979年の完成時から議論があり、景観上も、社会的にも問題があるとされている（エルファディング他．2012.）。商店側の利害も絡み、歩行者・駅利用者などへの安全確保の調整も難しく、しばらく議論が絶えないであろうとされてきた。この中央駅にはドイツ国鉄関係では、IC、ICEやRB2路線とS23が利用でき、公共交通諸機関の手による路面電車・地下鉄は6路線が利用でき、バスも40路線が集中している。この地区には、一般商業施設とともに、飲食店、旅行社事務所、ホテル、銀行、映画館などのサービス施設が多い。なお、バス乗り場（写真6-8）のある広場は、とくに広場名はなく、交通案内施設やキオスクの

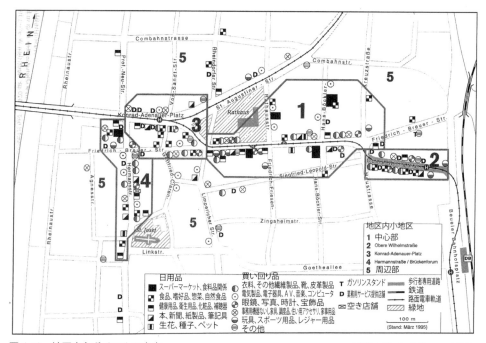

図 6-10　地区中心ボイエルの商店　　　　　　　　　　　　出典：W.-Apfelbaum 1998

入った建物もあるが、マクシミリアン通りと駅前通りに挟まれた地区となっているに過ぎない。

4. 副中心・ボイエル

　副中心（地区中心）は、ボンには3箇所ある。このうち、一番大きなのは、バード・ゴーデスベルク（2015年現在、この地区人口72600）であり、ここは約200年前には田舎町 Flecken と呼ばれる存在で、その後隠居地・保養地の中心として順調に発展をはじめたようである。現在も、古い中心市街地を再開発し、立派な中心地を形成している。また、デュイスドルフは、三つのうちでは一番小さいが、かつての農村集落を核に、オイスキルヒィン方面行きの駅が置かれていたこともあって、ボンへの通勤人口が生まれ、かつての商業サービスを拡充したような地区（地区全体はハルトベルク Hardberg と呼ばれ、2015年現在の人口は33000）である。W.-Apfelbaum(1998) は、これらの3副中心をすべて調査している。ここでは、筆者自身が数ヶ月間生活したことがあるボイエルを選び、その中心の構造を W.-Apfelbaum(1998) の資料を用いながらみてみたい。

　ボイエルは2015年現在、周辺地区人口は66000のボン市内の1地区 Ortschaft であり、旧ボン旧市街とはライン川を挟んだ対岸、右岸の

VI 地方都市・ボンの空間構造

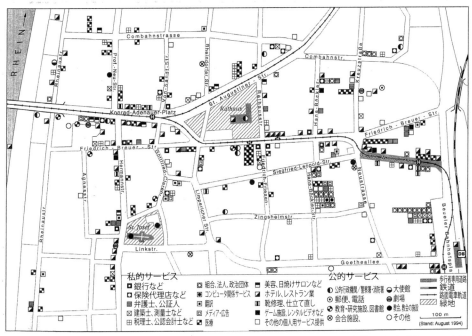

図6-11　地区中心ボイエルのサービス店舗・施設　　　　　　　出典：W.-Apfelbaum 1998

集落である。ボンの近隣中心人口の平均値が1.2万であるから、その5～6倍の大きさになる。地区中心であるから、それだけ近隣中心より大きなサービスが集積していることが予想される。この地名は、12世紀に文献に上がっているという。このボイエルあたりでは、5世紀から7世紀の間に、ラインドルフなど（Rheindorf, Vilich, Beuel, Limperich）、洪水被害が避けられる地帯に集落が作られたのだという。それら集落は現在も集落名、地区名として残ってきた。これら集落がそれぞれ近隣中心であり、ボイエルはそれらの上位にあることになる。また、ボイエルは1673年には浮き橋でボンとの両岸を結ばれ、1702年頃には

ボンの対岸集落としての稜堡（Bastion）が築かれたという。1784年の大洪水で壊滅したこの集落は、1875年には都市的集落として再生したのであるという。そして1895年にはボンとの間は、立派な橋梁で結ばれ、そこに1902年には路面電車が走った。

W.-Apfelbaum（1998）は、ボイエル全体の商業施設数を159とし、売り場面積を13,148m²としている。商店数では中心部・Cityの約4分の1、26.5%であり、売り場面積ではCityの1割程度、10.9%である。彼女は、ボイエルの商業施設の分布を大きく5つの地区に分けて説明している（図6-10、6-11）。

第一の中心部は、ボンとボイエル駅とを結ぶボイエルの主軸道路フリードリッヒ・ブロイアー通り沿いの地区であり、市役所 Rathaus（ボン市からみるなら市役所出張所とでもいうべきものであろう）もあり、その前にはマルクト広場（Markt Bonn Beuel）も設けられる。通りに面しては、衣料品店をはじめ、さまざまな種類の買い回り品店・専門店も多い。しかし、日用品店も少なくなく、買い回り品店とちょうど同じ割合程度の構成になっている。また、スーパーマーケットもこの地区全体で 4 軒ある。2017 年現在のスーパーの様子を Googlemap で確認してみると、一番大きなスーパーは横道に入ったところにある ALDI で、Netto も横道に入った場所にあり、Alnatra、REWE はメインストリートを占める。また、ドラッグストアーの DM もある。これら中小スーパはいずれも駐車場はないか、きわめて小さい。この調査時点 1995 年も、現在も、それらの位置には変化がない。通りに面する建物は多くが 3 階建てか 4 階建てであり、地上階の一般住宅は非常にまれで、上階は一般住宅が多い。この地区のサービス施設の分布をみると、フリードリッヒ・ブロイアー通りには金融機関の立地が多く、南側に Deutchbank、Sparkasse KölnBonn、Commerzbank、Dresdner Bank が、北側には Volksbank の支店がこのブロックに集中している。この通りの中央部分、Rathaus 向かい、路面電車とバス停駅・Bonn-Beuel Rathaus にある薬局・Apotheke Zur Alten Post の建物には、医院が複数あるようで、隣接地には薬局がある。また、映画館も 1 軒ある。この地区は 1814 年以前からの集落部であったようであり、古い集落は大通りとラートハウス通り交差点を核に、南北に伸びていたようである。しかし、この地区の外観からは昔の農家建物は確認できなかった。Googlemap の航空写真で見ると、とくに北側には、通りに母屋を置き、奥に中庭と母屋以外の建物を置くような屋敷割の敷地が認められるから、そうした伝統も引き継ぐものがある可能性もあろう。

　第 2 地区は、ドイツ国鉄のボイエル駅に近いフリードリッヒ・ブロイアー通りの入り口部分・オーバー・ウィルヘルム通り Obere Wilhelmstraße であり、1995 年のこの地図では小規模であろう食料品店や衣料品店が多かった。迂回路が確保しやすく、道幅もそう広くなく、交通量も多くなかったため、ボイエル地区ではここだけが歩行者天国化していた。しかし、現状を Googlemap で確認してみると、食料品店関係では魚屋が 1 件あるだけで、商店は少なくなっている一方、ホテルやレストランが生き残っている。この通りの西端にあるドクター・ヴァイス広場 Dr. Weis-Pl. に面するカフェーは、歩行者天国の良さを生かしてオープンカフェーを設けている。この通りには医院なども少なくない。また、多くが 3 階建てで、2 階からは一般住居である。全体の雰囲気でいうなら、もはや繁華街ではなく、場末的な町である。この街区裏は近年再開発され、良好な住宅地として整備されつつあるようである。

　第 3 地区は、ボイエル駅に行くフリードリッヒ・ブロイアー通りとザンクト・アウグスティン、ジー

クブルク方面に行く通りと、それぞれ方面への路面電車路線が一緒になった地点、コーンラード・アデナウワー広場を中心とする地域である。この地区にもこの地図が作成された 1995 年時点では食料品店など日用品店と買い回り品の衣料品店などが混在していた。しかし、現在では、レストラン、カフェーなどが多くなっている。また、金融機関としてはここにも貯蓄銀行 Sparkasse KölnBonn がある。この地区は、とくに通り北側は場末型の商店のような印象を受ける。

　第 4 の地区は、ケネディー橋の袂の南側に広がる地域で、ヘルマン通り Hermannstr. に沿った地区であり、橋の袂に建つ大きなビル・Brückenforum がキーとなる施設である。この建物は、劇場を核にした施設であり、商業施設としては地上階のメイン部分のスーパー・Aldi、衣料品、食料品店、カフェー、中華料理店などが入り、そのほかコピー業者やオフィスもある。この地区は面積は広くないけれど、コンパクトで中心性も高いように思われる。しかし、通りを南に行くと、はじめは婦人服店、子供服店、靴店などがあるが、次第に肉店、パン屋などの食料品店など日用品店が多くなり、ホテルやレストラン、医院、美容関係などサービス施設が多くなり、急激に場末的になっていく。また、この通りには地上階でも一般住宅が多く混じり、それらはせいぜい 3 階建てでしかない。なお、この南端にはザンクト・ヨゼフ教会があり、そのさらに南は大きな病院施設がある。

　第 5 地区はこれらの 4 つの中心地区以外の周縁地区である。この周縁地区には一般消費者向けでない特殊な商店が多く、店舗形式を取っていないものもあるようである。サービス機関は商業施設以上にさらに広範に分布しており、この周縁地域に属する地区に分布するものには、ホテル・レストラン、組合などのほか、事務所、税理士、弁護士、建築士、翻訳業、医院などが多い。これらは、多分、住居との併用である可能性も高い。

　以上のように、副中心であるボイエルでも、まるで田舎町のリンブルクや地方都市のオイスキルヒェン、ラインバッハにみたような商業、サービス機関が多様な立地をしている。ただ、ここではシンボリックな中心としての広場、教会、市庁舎の存在の印象は薄い。さらに、具体的には、衣料品店はあるが、ドイツでも有名なチェーン衣料品店はないし、時計店はあるがそれほど高級感を持った店ではないし、映画館はあるがあまりぱっとしたものではない。それでも一セットのそれなり都市機能を備えた中心街がある。また、市壁に囲まれていた旧市街もなかったので、建物は道路に面してのみ建設されており、裏庭がほとんど確保されている。

5. 近隣中心としてのメーレム Mehlem とエンデニッヒ Endenich

　W.-Apfelbaum(1998) は、ボン市内の近隣中心地については、三つの事例を挙げて説明している。一つはもともと農村集落の核がなく、1974

年以降、急速に住宅化が進んだニュータウンとも呼ぶべきブリューザー・ベルク Brüser Berg（人口 7,200：2014 年）、第 2 は、第一次世界大戦前から保養地として発展をはじめていたオーバーカッセル Oberkassel（人口 6,900：2014 年）であり、第 3 はもともとブドウ栽培に中心をおく農村集落が核になっていたであろうメーレム Mehlem を報告している。ここでは、旧農村集落との関係を見るために、このメーレムと、文献資料はないが筆者が 2003/04 年に 10 ヶ月を暮らしたエンデニッヒにおいて、その近隣中心機能と役割を丁寧に見てみることにしよう。

なお、筆者自身は、先のボンの図 6-1、都市化時代地図における旧農村集落を核にして発展してきたであろうポッペルスドルフ Poppelsdorf、エンデニッヒ Endenich、イッペンドルフ Ippendorf には 2003、04 年滞在時に研究室があったり、住まいがあったりしたので、それらの集落の商業施設の様相を観察することができた。また、1994、95 年にもボン周辺の同様のタイプの旧農村集落を結構丁寧に観察するチャンスを持てた。それらの知見も踏まえて、都市近郊のかつての農村集落核が発展したタイプの郊外集村の商店・サービス施設の分布を考えてみる。

1）メーレム

ここでは、著者も観察することができたこの

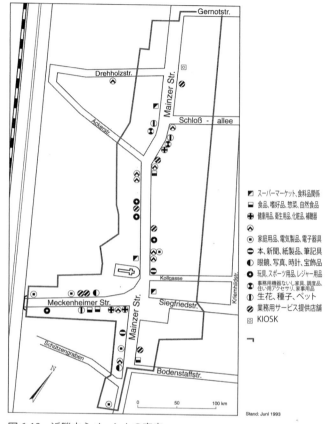

図 6-12　近隣中心メーレムの商店

出典：W.-Apfelbaum 1998

メーレム Mehlem を取り上げて、W.-Apfelbaum の作成した 1993 年の商店・サービス施設分布地図（図 6-12、6-13）をもとに近隣センターの様子を検討しよう。

メーレムの集落（2015 年現在人口 8900。ボン市の近隣中心人口の平均の 70％程度となるか。）は、ライン川左岸にそって走る国道 9 号線の旧道であったであろう通り・マインツアー通り

を核に展開する集落で、ザンクト・ゼヴェリン教会当たりを中心に、メッケンハイマー通りとの交差点周辺がもともとの農家家屋があった地区であろう。また、この教会の斜め向かいは少々広めになっており、金融機関の駐車場にも活用できる広場であり、木立や植え込みもある広場としても利用されている（写真6-9）。

メーレム全体の商店数は41（1993年）、売り場面積は2014m²で、ボン中心部Cityと比べ、商店数で6.8％、面積で1.7％となる。

商店の種類別分布をみると、この1993年時点では教会隣と向かいにスーパーマーケットがあり、それを挟んで2軒の食料品店があり、交差するメッケンハイマー通りにも2軒の食料品店がある。

2004年には観察しただけで丁寧な調査は行っていないので、現在の様子をGooglemapで確認しながらみてみると、かつての教会周辺のスーパーは、パン屋（レストラン兼）と郵便局に変わっていた。マインツァー通り北端にはEdekaがあり、食品スーパーは3軒から1軒に減少した。その他、教会を中心に肉屋、パン屋、ケーキ屋、薬局、衣類販売、花屋、家具などもある。サービス施設も併せてみると、床屋、美容室、喫茶店、レストラン、ホテルなど小規模な、しかも多様なサービス施設が一通りこの教会周辺部・この調査地区に集まっている。ただ、商店には高級品店はなく、洋服店でも、下着など日常的な衣類であった

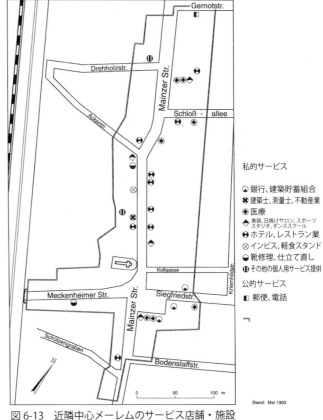

図6-13　近隣中心メーレムのサービス店舗・施設
出典：W.-Apfelbaum 1998

り、趣味的な婦人服店で大規模な店ではない。全体とすれば、レストラン・ホテルが多い印象を受ける。ただ、金融機関も立地しており、教会周辺にはSparkasse KölnBonn、VR-Bank(Volks- und Raiffeisenbanken in Deutschlandの略)の支店や、Deutsche Bankの自動預け払い機もあり、それなりの中心施設がそろっているといえる。しかし、公的なサービス施設は郵便局だけであった（1993

写真 6-9　マインツアー通りの教会近くのサービス・商業施設

年には地区の北端にあったが、現在では教会脇に移され、KIOSK 兼用となっている）。

　建物はせいぜい 3 階建てないし 2 階建てで屋根裏部屋のあるような低層の一般住宅も間に挟んでいるし、昔の農家風の木組みの家屋さえみられる。それらの低階層の建物の一部が商店・サービス施設になっているのであり、間口すべてを商店やサービス施設にしているだけではなく、地上階の半分をそうした施設にしている例もある。

　また、商店・サービス施設の中にはこの調査がされた 1993 年以降の変化が大きい印象を受ける。

　なお、教会周辺の地区が古い農村の集落核であったであろうことは、敷地利用の仕方にも現れている。それは、農家母屋部が道路に面して建てられ、裏庭部には附属建物がある事例を見受けるからである。通りからは気づきにくいが、附属建物の一部はかつての納屋や畜舎であった可能性も高い。そうしたことを考えて観察すると、メーレムの旧農村核は、鉄道線路と新しい国道の両者で分割されている。

　この地区は、筆者が生活したエンデニッヒ Edenich やポッペルスドルフ Poppelsdorf（2014 年現在人口 6200 と市内の他の地区 Ortsteil より小さいが、地区内に大学施設もあり、オフィスもあって昼間人口はかなり多い）と比べ、日用品を扱う店の割合は低い。それは、筆者が生活した地区は都心部・City が近く、高級買い回りの需要を満たす必要性はより小さく、食料品を含む日用品の需要が大きかったためであろうと推察できる。

　また、2 ヶ月生活したイッペンドルフ Ippendorf（2014 年人口 7200）などと比べると、この地区の商店街の規模は大きく、日用品店舗の数も多く、人口規模の大きなエンデニッヒや昼間人口も多いポッペルドルフと比べ、商店やサービスは貧弱であり、商店・サービス施設の構成は住民の昼夜間の人口数が反映されるものと理解できる。なお、イッペンドルフには 2004 年当時には（2017 年現在 Googlemap では確認できない）、洒落たバルカン料理店があり予約客で賑わっていたが、かつては都心部でしか見られなかったであろうレストランが郊外部の住宅地区に立地することはよくあるようで、逆に、伝統ある中心部のレストランは中心部から消えることも多い。

2）　エンデニッヒ

　エンデニッヒ Endenich は、人口が 2014 年現在 12,000 で、旧市街からも約 3km と中心部に近い、かつての農村集落を核とした住宅地域である。この近隣中心地区の人口はボンの近隣中

写真 6-10　キルメスの子供用遊具

写真 6-11　キルメスでの立ち飲み

心の平均人口規模に近い。この集落中心には St. Maria Magdalena 教会があり、その近く西側に、現在、一方通行路で環状をなすフローンガッセ Frongasse・ポストラールガッセ Postralgasse・エンデニッヒヤー通り Endenicherstraße の環状の通り周囲と、南西に延びていくエンデニッヒヤー通りに沿って商店が集まり、その周囲に古くからの家屋が集まっている。なお、このエンデニッヒの旧農業集落部はこの一方通行路とその道路に取り囲まれた教会周辺の地区であり、それは、通りに面した連続する建築とかつて納屋や畜舎に利用されたかもしれない建築物が付帯している裏庭からも想像される。この集落はすでに古くからボン市の郊外であり、1904 年にはすでにボン市に合併されている。また、この集落は作曲家ロベルト・シューマンが、自殺未遂後の 2 年間を過ごした療養施設のあった地としても知られ、その療養施設は現在シューマン記念館となって残されている。

両大戦間にも古い集落核の周囲に住宅地が広がったが、道路に沿って家屋を置き、奥に中庭を設ける形の住宅が一般的であり、2 階建て程度の戸建て住宅が連続するようなタイプの街になっている。第二次世界大戦後に住宅地は急激に拡張された。その中には、そう広くない前庭を置き、奥に主な庭を置くようなタイプの一般住宅がみられるようになり、住宅間にも間が置かれるものが多くなり、前庭は次第に広くとられ、敷地の真ん中に家屋を置くようなタイプも出現してきた。

このエンデニッヒには、小学校 Matthias-Claudius-Schule があり、この学校に隣接し、貯蓄銀行 Sparkasse 裏手に比較的大きな駐車場が用意されており、ここに駐車して近くの買い物も可能である。同時に、ここを中心に夏祭りなども行われ、祭り・キルメスには臨時の立ち食い店や遊戯施設が設置されて賑わう（写真 6-10、6-11）。

さらに、カーニバルの行列もこのエンデニッヒの住民だけでも行われ、ボン市内のメインの行列とは別の日時に開催される。そうした意味で、いかにも自治的組織の最小単位であることが感じられる。

2003・04年時点では、エンデニッヒ自営業者協会・Der Verein Selbständiger Handwerker und Geschäftsleute Endenich e.V. の調べ（同協会の名簿と買い物案内略地図）によれば、所属するのは庭師・芝刈り1、飲食・レストラン8、贈答品1、ガラス製品2、電気器具・ラジオ・テレビ1、暖房・衛生1、食料品（肉屋2、八百屋1）、家具1、弁護士・税理士・保険業9、旅行業1、衣類・靴3、銀行2、広告・グラフィック・イベント4、文化的サービス5、ドラッグ・家事用品など2、タバコ・くじなど3、医院など医療7、薬局2、自動車関連5、パン3、建築関連3、鍵1、葬儀・墓石4（集落南西に墓地 Friedhof Endenich が所在するためである）、花1、書籍1、コンピュータ関連3、印刷・コピー2、自動車学校1、趣味・スポーツ3、美容室・床屋3であった。なお、パン屋、レストランなどの中には自営業者としてこの組織に加わっていないものもそれなりの数あるようである。たとえば、パン屋には筆者が行きつけであった Bäckerei Elmar Klein GmbH、Bäckerei & Konditorei Grühn などが入っていないし、レストランでも Bodega 2、Baku なども漏れている。

このため、明快な商店やサービス施設の件数は正確にはわからないが、非常に多様な商店とサービス施設がこうした近隣中心の、とくに昔から農村集落の核に分布、立地していると言えそうである。

それら自営業者以外に、食品中心のスーパーマーケットとして Kaise's（2004年次。店舗裏に50台前後の駐車場あり。2017年には経営は Netto に変わっている。）は中心部の重要なキー店舗の一つであり、Biomarkt Bonn（駐車スペース15台前後。2017年現在閉鎖中。）がある。なお、通常時は客の多くは商店にもスーパーにも徒歩で来店している。また、金融機関としては貯蓄銀行 Sparkasse KölnBonn と郵便銀行 Postbank があり、現金支払機施設 Volksbank Bonn Rhein-Sieg がある。この Postbank は郵便局との併設である。これらは旧農村核にあるか、すぐその隣接部にある。

なお、コンビニはドイツではみられないが、その長時間営業役を果たすのが一般的には Kiosk であり、主要駅などに設置されているが、同時に大きなガソリンスタンドには24時間営業の売店が併設されていることも多く、ここエンデニッヒでも国道56号沿いのシェル石油のガソリンスタンドが24時間営業をしていた。ドイツ人全体は、24時間営業する小売店が必要だとは思っていないようである。

なお、旧集落核とは別に、国道56号線に沿っては、郊外型大規模店舗のディスカウントスーパー ALDI（駐車スペース120台前後）と NORMA（駐車スペース45台前後）や大型靴店 Renno（駐車スペース30台前後）などが進出している。

これら二つの事例からみても、こうした近隣中心は人口の大きさと商店街の大きさ、Cityや副中心や主要通り抜け道路へのアクセスの良さなどで商店もサービス機関の構成も異なるが、それぞれそれなりの地域中心としての機能がそこに置かれており、その地域中心のシンボルとしての教会や広場があることも印象的である。

6. 郊外ショッピングセンター：ショッピングセンター・ザンクト・アウグスティン

行政上のボン市内には郊外型ショッピングセンターはない。しかし、隣接する町・ザンクト・アウグスティンのショッピングセンター（Einkaufszentrum Sankt Augstin）はボン市中心部の北東5kmにあり、これは近郊衛星都市・ザンクト・アウグスティン町中心部に1975年に立地したショッピングセンターである。この町は人口5万で、さらに東に隣接するジークブルクSiegburg町は人口4万の中世起源の伝統ある田舎町であり、近年では新幹線駅も設置され、両市ともボンの発展とともに成長した発展の著しい地域である。ザンクト・アウグスティンはまさにボンの新興衛星都市ともいうべき存在で、田舎町ジークブルクとボン市内の副中心ボイエルとの間、もともとの農業集落のなかった地区に成立した。このショッピングセンターはボンの郊外の衛星都市・ニュータウンにできた新しい中心施設、商業施設であるといえよう。この施設は、HUMA Einkaufspark Sankt Augustinと呼ばれている。アクセスはボン・ジークブルク間Bonn・Siegburgを走る路面電車のザンクト・アウグスティン中央Sankt Augustin Zentrum駅に接して、ショッピングセンターHumaがあり、同時に、もともと2000台以上の駐車スペースも用意されていた。店は、月曜日から土曜日の10：00から20：00が営業時間であり、売り場面積42,000m^{2}程度である。この面積は、ボン旧市内の中心部の小売り面積の半分以下であるが、十分に脅威的存在であったはずである。また、駐車場がこれだけあったが、同時に、路面電車も利用可能で、1976・77年留学時にはこうした形でドイツの地方都市でもショッピング施設が大規模化しながら進出し、ショッピング行動が郊外化するのではないかと考えていた。このショッピングパークには広場も設けられ、マルクトと呼ばれていた。さらに、近隣施設には市役所・City Administration Sankt Augustinも、Bonn-Rhein-Sieg University of Applied Sciences / Campus Sankt Augustin、Rhein-Sieg-Gymnasiumといった教育施設もあった。その意味でも、ここはニュータウンの新中心なのである。

しかし、1977年のこうしたニュータウンのショッピングセンター建設後も、ボン旧市内の中心商店街も副中心、近隣センターもそれなりに健闘し、それぞれの役を果たしてきたようである。しかし、2017年秋には、このHUMAに隣接して、郊外型大型スーパー系列店Realをキーテナントとし、SB Warenhausを含め、先のショッピング施設を拡張する形で再オープンが計画されて

いる。

参考文献

エルファディング・浅野・卯月 2012.『シェアする道路－ドイツの活力ある地域づくり戦略－』技法堂.

春日井道彦 1999.『ドイツのまちづくり』学芸出版. 171-175.

Dollen, B.v.d. 1988. Die Bonner Altestadt - zur Genese ihrer Bausubstanz, Mayer,E., Fehn, K. und Höllermann, P.-W. 1988. "Bonn Stadt und Umland" Arb. z. Rhein. *Landeskunde*, H.58. S.105-124.

Grotz, R.1998. Die Bonner Innenstadt (City); Stiel, E. (Hersg.) "Die Stadt Bonn und ihr Umland" 2.Aufl. Arb. z. Rhein. *Landeskunde*, H.66, S.47-58.

Kuls, W. 1988. Bonn als Bundeshauptstadt, Mayer,E., Fehn, K. und Höllermann, P.-W. 1988. "Bonn -Stadt und Umland-" Arb. z. Rhein. *Landeskunde*, H.58, S.5-18.

Laux, H.-D. und Zepp, H. 1998. Geoökologische Grundlagen, historishe Entwicklung und Zukunftsperspektiven; Stiel, E. Hersg. "Die Stadt Bonn und ihr Umland" 2.Aufl. Arb. z. Rhein. *Landeskunde*, H.66, S.99-124.

Thieme, G. 1988. Bonn als Universitätstadt, Mayer,E., Fehn, K. und Höllermann, P.-W. 1988. "Bonn Stadt und Umland" Arb. z. Rhein. *Landeskunde*, H.58, S. 45-61.

Töpfer, H. 1988. Die Entwicklung der Bonner Geschaftsraßen 1966-1981, Mayer,E., Fehn, K. und Höllermann, P.-W. 1988. "Bonn Stadt und Umland" Arb. z. Rhein. *Landeskunde*, H.58, S. 127-140.

Ulrike, G. und Ulrich, J. 2002. "Einkaufszenren － Konkurrenz für Innenstädte －"『ドイツ・ナショナル・アトラス：村落と都市』(*Nationalatlas Bundesrepublik Deutschland; Dörfer und Städte*. Mitherausgegeben von Klaus, F., Hahn, B. und Popp,H., Spektrum Akademischer Verlag Heidelberg・Berlin) S. 144-147.

Waldhausen-Apfelbaum, J. 1998. "Innerstädtische Zentrenstrukturen und ihre Entwicklung, Das Beispiel der Stadt Bonn" Arbeiten zur Rheinischen *Landeskunde*, H.68.

https://www.bonn.de/
http://www.sankt-augustin.de/
https://de.wikipedia.org/wiki/HUMA_Einkaufspark_Sankt_Augustin
https://de.wikipedia.org/wiki/Endenich
https://de.wikipedia.org/wiki/Bad_Godesberg
https://de.wikipedia.org/wiki/Beuel
https://de.wikipedia.org/wiki/Bonn
https://de.wikipedia.org/wiki/Duisdorf
https://de.wikipedia.org/wiki/Sankt_Augustin

VII
大都市・ケルンの空間構造

ここでは、2003/4 年の筆者の観察と Blenck (2001) や Dumont（2001）らの文献を中心に、それを含む『ケルン・アトラス』(Wiktorin, D., Blenck, J., Nipper, J., Nutz, M. & Zehner, K. (Hrsg.) 2001. "Köln -Der topographische Atlas-" Emons.) とその多くの地図資料などを利用して、ケルンの都市としての概要とその空間構造について説明しよう。

1. 都市化の歴史

1) ケルン市の概要

ケルン（Köln）は人口 106 万人（2015 年）、大都市圏人口で 300 万の中心都市・大都会である。

Blenck（2001）によれば、この大都市も、1801 年頃には人口はわずか 4 万でしかなく、その人口すべてが旧市壁内に住んでいた。しかも旧市壁内はすべて建物で満たされていたわけでもなかった（図 7-1）。ところが、産業革命期に、急激に成長し、市壁を壊し、その範囲を遙かに超えて成長していった。2001 年になると、1801 年の市域であるケルンの旧市街（アルトシュタットと呼ばれる）には、現在のケルンの人口の 4,6％、4.7 万人が住んでいるに過ぎなくなった。この 200 年間で、都市の部分地域 Stadtteil である City・都心は、昼間人口が多く、夜間人口が少ない大都市のごく小さな一部に成り下がった。近隣の村も大農場も、大都市ケルンの一部・郊外と

図 7-1　1808 年のケルン地形図
出典：『ケルン・アトラス』Emons 2001　S.145.

なり、都市に併呑されてしまった。こうした郊外にケルンの人口の86.9%（88.4万人）が住まい、旧市街に隣接する近郊部・Neustadt（6.9万人）と Deutz（1.7万人）に大都市圏人口の8.5%が住んでいる。一方、よく考えてみると、旧市街・都心に住む人口は、1801年当時とそう大きくは異ならないことは注目に値しよう。ただ、1801年には市壁内がすべて建物に覆われていたわけではなかったのであるし、建物も高層化されたものがそう多くなかったから、人口密度はかなり低下したであろうと予想できるし、その空間の多くが、商業やオフィス機能の空間へと利用変化し、居住スペースの拡大にも利用されているということなのであろう。一方では、職人仕事に基礎をおいたであろう工業の面積は減少したであろう。

2) **ケルンの歴史**

　ケルンはローマ時代、紀元前1世紀後半にライン左岸より内陸側丘陵地を都市壁で囲うことによってできたローマ都市、コローニア・アグリッピーナとして始まっている。その名、コローニア・植民地がケルンの名称の起源であることは有名である。紀元313年には、対岸ドイツと架橋で結ばれてさえいる。

　その後、ゲルマン人侵入とノルマン人

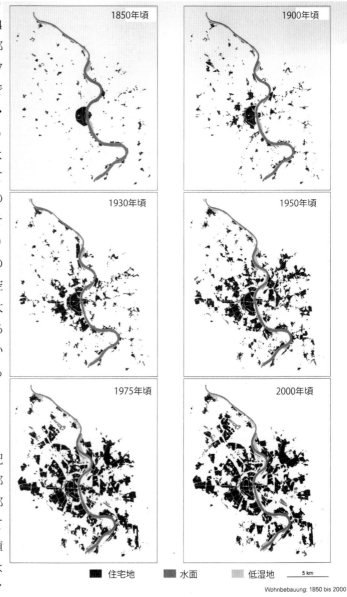

図7-2　ケルンの都市化（居住用地の拡大）

出典：Nipper 2001

侵入で都市は衰退した。しかし、9世紀にはケルン大司教の司教座都市ながらも商業機能を核に修復され、発展が再開された。富裕な商人からなる市民層とケルン大司教との対立抗争が、1074～1106年頃深刻化し、市民層が大司教をボンに追放し、大司教はボンに居館を置くことになった。

1106年には2度目の市域拡張・新市壁建設がなされ、市域は3.36km²になった。

1180年には、3度目の市域拡張・新市壁建設が行われ、市域は4km²となった。ケルンはハンザ都市の重要な地位を占め、当時のパリを超える大都市になった。しかし、市壁内には農地なども十分確保されており、その後1881年まで市域の拡張はなく、都市はその大きさ、広さを維持してきた（図7-1）。なお、1815年から1846年の間に中世の市壁は強固にされ、その周囲外側には広狭二重に要塞（FortとLünette）が作られた。こうした都市を守るとともにそれを押し込めようとする市壁は、1881年からは撤去された。

3） 都市の拡大・生活圏の変化

ケルン市民の生活圏は産業革命直前、市壁のあった時代1801年頃には、すべての都市機能、生活（労働、買い物、行政、教育、保養、教会を通じての宗教生活）そして住まいは、アルトシュタット・旧市街の中で行われていた。働くことも住まうことも、ほとんど、同じ屋根の下で行われた。都市も、徒歩30分で行けた範囲であった。1801年頃の徒歩交通都市は30分圏、半径2km圏であり、ドームから市門までがそれに相当した。

1900年頃の馬車鉄道交通都市になると、都市圏は4km圏に広がり（図7-2）、ドームからニッペスNipps、エーレンフェルドEhrenfeld、ズュリュツSülz、バイエンタールBayenthal、カルクKalkまで達することになった。1930年頃の市電交通都市になると、7km圏にさらに広がり、軍事環状線まで都市が広がった。

1960年の自動車交通都市時代になると、都市圏は25km圏になり、ケルンからほぼボン、デュッセルドルフにまで広がった。

つまり、交通の進歩が都市を拡大させただけでなく、都市機能を大都市圏内に空間的にバラバラに分散させたのであり、工業、商業、業務、文化、保養、住居の機能を大都市圏内の各所に立地、集中させたのである。

1801年には今日の都市面積の3％が住居用に使われていたに過ぎなかったが、今日では28％の面積が住居用に使われている。住居地域では次第に社会的なセグレゲーションが進行し、200年前には、金持ちも貧乏人も、互いに知り合いであり、近くに住み、時には同じ家に住んでいたが、都市の拡大に従って、高級住宅地も形成されたし、一方で貧しい人たちが集まる地域もできた。こうした居住地の質的な空間分化は、交通の発達で市域が広がった1890年に始まっており、地価に応じて、社会的にもさまざまな住宅地が成立した。

4） 産業革命期以降の計画的住宅建設と路面電車

ケルンは1860年頃に工業化が始まるが、この工業化が住宅建設をもたらし、その建設によって

写真 7-1　ポルツのゲルマニアジードルング（図 7-3 の b）

写真 7-2　フォーゲルスザング（図 7-3 の d）の住宅景観

都市は新しい構造を成立させていった。それまでは、住宅作りは個人的で、比較的短期的な判断でなされ、既存の都市に連接した形で拡大されていたが、計画的で、統一的な視点を採用して、都市域は拡大され、建設事業や既存の集落の核を考慮の上、住宅地の建設が行われるようになった。

1881 年に市壁を壊して以降は、ケルンのノイシュタットに、専ら個人的な投機的な資本によって、賃貸住宅が建設された。建設者は家賃を期待し、その結果、かなりの高密度になってしまった。すなわち、この期の住宅は数階建てで、隙間なく軒を並べた建て方（Hofüberbauung）だったとされている（図 6-3 a、Dumont S.141、『ケルン・アトラス』 S.158、S.159 を参照）。こうした建て方では、住民生活の健康上問題であったため、その後居住空間を考慮し、地下室利用を制限したり裏庭空間の確保などを工夫することによって衛生状態を改善し、「長屋型賃貸住宅」（Mietskastenbebauung）との呼ばれるものが工夫された。これらはバイエンタール Bayenthal、エーレンフェルド Ehrenfeld、ニッペス Nippes、ミュールハイム Mülheim、カルク Kalk のような工業地域に多い。

工業の企業は労働者と事務職員のために住宅を建設することになった。それは、従業員に恵まれた条件の住居を提供し、工場に引きつけておくことが目標となったからである。住居を安定して提供することによって、政治的な騒乱事件が引き起こされる危険を少なくすることも期待された。

こうしたいわば社宅には、しばしば野菜栽培用の庭や小家畜のための畜舎も付いていた。その事例には、フンボルト・グレンベルク Humbold/Gremberg に ある Humbold-Colonie（1873 年建設）があり、ミュールハイム Mülheim には Carlswerk-Siedlung（1874 年建設）が、ラーダーベルク Raderberg には Siedlung-Wilhelmsruhe

写真 7-3　ビッケンドルフ（図 7-3 の c）の通り側から　　写真 7-4　ビッケンドルフ（図 7-3 の c）の裏庭側から

（1889 年建設）が、ポルツ Porz には Germania-Siedlung（1899 年建設、図 5-3 b、S.141 参照、写真 7-1）がある。

　1877 年にはケルンで最初の馬車鉄道の会社が設立された。これが今日のケルン市営交通企業に発展するもとになる。この新しい交通手段は、1902 年には電化され、非常に大きな変化をもたらし、市域の面的な拡大の前提条件となった（『ケルン・アトラス』S.88、S. 89 参照）。

　環状の郊外部でどんどんと外側に向かって住宅が広がっていく地域では、とくに市電路線に沿って広い回廊となり、ヒトデ状に活発な都市拡大が起こった。1895 年に設立された共同の住宅建設は、まずはエーレンフェルドなど（Ehrenfeld、Kettenberg、Mülheim、Niehl、Nippes、Sülz）といったケルンの郊外に限られていた。

　これらの建設の後、イギリスから新しい都市開発のアイデア・「田園都市」がもたらされ、これが 20 世紀の有名な都市思想の一つとなった。ケルンにおける「田園都市」の刺激による開発事例として、企業と住宅建設のための共同体による住宅地建設、ビィッケンドルフ Bickendorf の Kleinwohnungskolonie（1914 年、図 5-3 c、『ケルン・アトラス』S.141 参照、写真 7-3、7-4）などがある。

　1930 年代はじめの世界の経済危機では、ケルンの住宅政策が転換され、長期の失業者に都市周辺部の住宅を供給するという考え方になった。この考え方は、自宅に大きな庭畑を設け、半分農民のような生き方をしてもらうというものである。この都市縁部住宅地・Stadtrandsiedlung でケルンで有名なの事例にはホーヘンハウス Höhenhaus とポール Poll の住宅地、ハイマーズドルフ Heimersdorf の Stallagsbergsiedlung、フォーゲルスザング Vogelsang（図 5-3 d、『ケルン・アトラス』S.141 参照、写真 7-2）の住宅が

ある。

5） 自家用車時代の都市爆発と戸建て住宅

第二次世界大戦後、「田園都市」の考え方は、生活必需品の供給状況が悪かったことが理由で、ある時期まで続いた。しかし、自動車交通革命のはじまりと共に、ヒトデ状、樹枝状に伸びた市電沿線のあいだの地区が、戦後の最初の大規模住宅開発地域として注目され、開発された（図7-2参照）。

6） 自動車交通都市における大規模団地

道路を造ることによって国は都市域、住宅地の確保を促進することになり、これにより、1960年代半ばに公共近距離交通の整備の課題は住宅建設問題から解放されることになった。

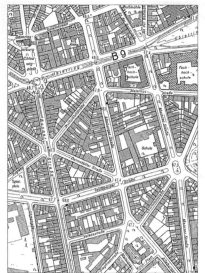
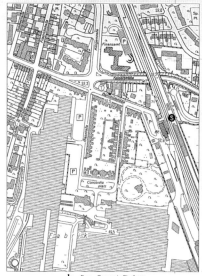

図7-3 時代のごとの住宅地

出典：Dumont 2001
a ケルン・ジュードシュタットの都市化初期の建築
b ポルツのGermania-Siedlung
c ビィッケンドルフのKleinwohnungskolonie
d フォーゲルスザング
注）オリジナル1/5000を縮小（約1/9400）。

「高密で絡まり合った都市性」という新しい都市像ができ、高速道路に沿って村のような農村的な郊外空間に、さまざまな土地区画で、密度の高

い建築物のある、広いまとまった面積の集落が作られた。この例にはシュタムハイム Stammheim の住宅（1962）など多くの事例がある。ケルン北部では1920年代に計画されたニュータウン建設がはじまり、いくつかのまとまりを持った核として、ハイマースドルフ Heimersdorf、ゼーベルク Seeberg、コーアヴァイラー Chorweiler（ケルン市の1地区で、2015年人口13,800。1922年に都市計画家シューマッハー F. Schumacher が提案し、1957年に再計画化され、1970年代に開発された典型的な住宅地）ができた（『ケルン・アトラス』S. 143参照）。このコーアヴァイラーのS-Bahnの中心駅 Köln-Chorweiler には、地区市役所分室、新教と旧教の教会、中心的広場（Liverpooler Platz）とスーパー Aldi、Rewe、Nettoやマックなどの飲食店、衣料品チェーン店・H&Mなどのさまざまな商店、銀行、貯蓄銀行も設置されている。

7）　大量輸送交通機関の整った都市の高密度化

住宅市場が満たされ、大規模団地の評判が悪くなるにつれ、1970年代の初めから新しい住宅地像が現れた。州政府の呼びかけにも応じて、公共交通機関に沿った地域が再び住宅地として優先されるようになった。この時期になると、高水準の住宅地が郊外にできた。

たとえば、1972年から1984年までにできた（　）内のような地域の住宅である（Bayenthal, Whonzentrum Westhoven, Wohnpark Lövenicher Hof in Lövenich, Stadtdorf Braunsfeld）。また、古い村の核の周辺に住宅地を作った例もある。

平行して、旧市内の再開発も行われた。たとえば、1978年に行われたケルン南部の Stollwerck-Siedlung（『ケルン・アトラス』S. 158参照）がそうである。

住宅地の供給が量ではなく、質の時代になって、公園・緑地の確保や近郊農業の保全も重要な目標となり、近郊農業でいうなら、都市住民のための諸施設（摘み取り農園、乗馬関連施設）の建設・設置などが配慮され、注目されていった。

図7-4をみると、農地が次第に、しかも1930年以降急激に減少し、代わって住宅地が順調に増加し、しかも1950年以降の増加が大きいことなどがわかる。一方で、公園等が近年急激に増加しているし、意外なことに森林までもが増加している。なお、市南東端の広大な交通用地はケルン・ボン空港である。

8）　工業地域

工業地域は、もともとは旧市内に住居とは区別がつかない形で混在したのであろうが、産業革命以降は、ケルン近郊の鉄道路線にそって開発された（図7-4）。第二次世界大戦後は、ケルン市北側ライン川沿いのニールにフォードの工場などを核として広大な工業団地が形成されており、ライン川に沿ってはゴドルフに港湾施設に関連する石油精製施設、同じく河港を利用したヴェッセリング北の地区には化学工場などが立地している。ライン右岸にも工場が随分できている。

9) オフィス地域

　業務地区のうち、商業施設を中心としないオフィス中心の地区については、観察調査がしにくいためか、『ケルン・アトラス』にもまとまった分布図としては示されてはいない。すなわち、後述する中心部 City の中心商店街を含む多くの商店街の上階の多くもオフィスとして利用されているから、このオフィス街だけの分布は景観観察では容易に明確にできない。

　しかし、こうした中心部のオフィス以外に、一つはケルンの環状道路・ホーエンツォレラーン通り、とくにカイザー・ウィルヘルム・リングなどが一般住宅からオフィス空間としてますます転用されていることが指摘されている（『ケルン・アトラス』S.66/67 写

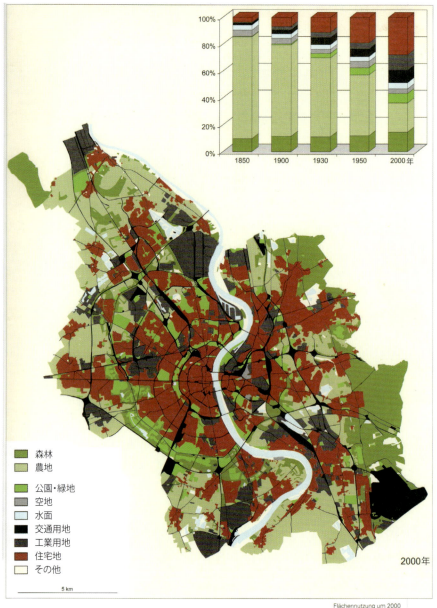

図7-4　ケルンの土地利用構成変化と現在の土地利用（2000年）

出典：Sinton 2001

また、放送事業者のオフィスは環状道路沿い北側にメディア・パーク Mediapark があり（写真7-6）、ここにラジオ、テレビ局が4局集まっている。また、その地区に近いケルン駅・ドーム西側には WDR の諸施設が集中しており、また旧市街外側の南にはドイチュヴェレがある。

2. 中心地の階層構造

本節では、『ケルン・アトラス』掲載されている Zehner（2001）の説明を軸に、自身の観察結果を交えて、ケルン市の中心地の空間構造を説明したい。なお、『ケルン・アトラス』には、この中心地の構造に関わる多くの参考になる地図と説明があるので、併せて利用していくことにする。

ケルンの都市中心の伝統的シンボルである旧市庁舎 Rathaus Köln は旧市壁に囲まれた旧市街地のほぼ中心に位置し、現代の中心のシンボル、主教会・ドームの南300m にある。この旧市庁舎は、立派な塔をもっており、美しいファサードとともにケルンの有名な建築物の一つであり、12世紀中頃に建設されたドイツ国内の最古の市庁舎であるとされている。この前の広場が旧中央広場 Alter Markt で、カーニバルの催しの重要な中心であり、露天商がたつホイ広場など、他の旧市内のいくつかの広場とともにクリスマスマーケットが行われたりと、現在も市の重要な中心としての役を果たし、オープンカフェーなども多く、訪問客・観光客も多い広場である。この広場周辺には

写真7-5　ホーエンツォレラーン通り

真7-5）。ここは並木のある大通りであり、地上階は商店も多く、上階は高級住宅としても好まれようが、高い家賃が支払えるオフィス空間となる傾向がある。

また、保険業はケルンでは重要な事業であるが、これもこの環状道路沿い、とくにその北部、先のカイザー・ウィルヘルム・リング周辺に多く立地し、同時に、市の南西部にオフィス・パーク（Verwaltungspark）・ケルン南があり、ここに6企業の大きなオフィスがある。

写真7-6　メディア・パーク

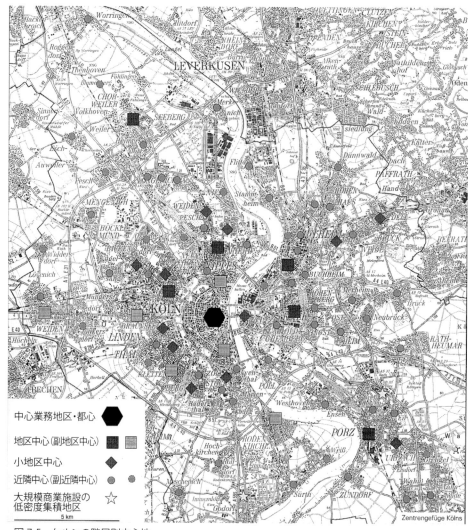

図 7-5　ケルンの階層別中心地

出典：Zehner 2001

6階建て程度の高さのそろった建物が軒を連ねている。

　ただ、ケルンは伝統あるヨーロッパの大都会の中では珍しく旧市街中心部すぐ近くに、しかも

ドーム近くに主要駅が置かれたため（1859年）、旧市庁舎とは別にショッピングなどについては新たな都市中心が発生・発展し、この主要駅・ドームと新しい広場・ノイマルクトとの間に新しい中

心、中心商店街が成立した観がある（図7-6参照）。

　すなわち、ケルンの中心部・Cityにおける中心商店街は、駅建設以降から、ケルン中央駅・ケルン大聖堂の西側のすぐ南から始まるホーヘ通りHohe Str.とシルダーガッセSchildergasseを経てノイマルクト間にいたる通りである。したがって、古い時代には中心であったであろう旧市庁舎とアルター・マルクトからは西に100mほどの南北の通りがホーヘ通りになっている。

　この中心商業地は近年大きく変化を示している。再開発による建設でノイマルクト・ギャラリー、Bazar de Cologne, WDR-Arkadenらが街の魅力を増大させ、新たな購買客への刺激となって、ケルンの中心部は内外消費者を魅了する重要な中心地になってきている。

　来訪者にとっては、ドーム、博物館、多くのローマ時代からの教会などのみるべきものも近くにあることも重なって、ケルンの中心部はドイツの、ケルンの、世界に向けたショーウィンドーであり、ここがケルンを印象づけることになる。

　この中心的な商店街とともに、市内には12の副中心（地区中心）がある。この副中心はその潜在的な影響圏、地区の中心地である。その下に、12の小地区中心があり、57箇所の近隣中心・近隣副中心がある形になっている（図7-5）。もし、地区中心、近隣中心がケルンの人口を均等に引き受けるとすれば、12の地区中心とすれば8万人、近隣中心は1.4万人（小地区中心を含んだ72箇所で人口を割ったもの）から1.1万人（すべての中心、すなわち中心と副中心を含めての13箇所を加えた85箇所で割ったもの）となる。ボンのそれらと比較すると、近隣中心は同じ程度の人口に推定されていることになる。

　北のアイゲルシュタインEigelsteinとそれに続くノイザー・シュトラーセNeusser Str.と、セヴェリンシュトラーセSeverinstr.とそれに続くボン大通りBonnerstr.は、そのまま延長すると旧市街の中心部につながるようなものだが、ここも重要な副中心で、各々独立したものとして示されている。対岸のドイツDeutzも中心部に連なる第3の副中心であるが、ドイツDeutzは技術市役所とケルン・アリーナ（現Lanxess Arena：競技場兼多目的ホール）の建設によってその独立性が高まったとされる。昼、中心部に働くサラリーマンたちはケルン・アリーナの諸行事の前後に、買い物先としてこの地区になだれ込む。

　ケルンの中心から3～5km離れた当たりに19世紀に郊外化した地区の副中心・地区中心がある。ニプスNippsのノイサー通りNeusser Str.、エーレンフェルドEhrenfeldのフェンロー通りVenlor Str.などであり、1980年までは十分に魅力的で、地区を越えて買い物客が集まるほどであったが、それ以降は地位が低下してきている。「衣料品店の増加」と「チェーン店化」がサービス構造の単純化・平板化を招いている。空き店舗の増大と商店・事業所の不安定化が中心機能の質的低下をよく表している。この地域周辺の地域経済の危機も周辺人口の際だった購買力低下に影響している。この地区中心の後退的な現象は複雑で、駐車スペースの少なさ、専門店やディスカウント

写真7-7 ボラーフ広場のホーヘ通り入口方面からドームを望む

写真7-8 ノイマルクトからシルダーガッセ入口、地下鉄駅入り口を望む

ストアのような魅力あるアンカー店の少なさもこの地域の経済活性化の阻害要因であろう。

なお、こうした地区中心や近隣中心は、共同体的なバックグラウンド形成にも影響を与えている様な気がする。実際、ケルンの地区中心には、カーニバルの行列を主催する地区も多く、近隣中心もその役を担っているところが多い（『ケルン・アトラス』S.119参照）。

そうした中で、いくつかの地域では、この地区中心周辺の工場施設の廃業による空き地が大規模小売店の進出のチャンスを与える形になり、再活性化の出発点になる可能性もある。

多くの地区中心の小売業の危機は明らかで、新たに出現した地区中心ヴァイデン Weiden（Rheincenter；1972年開設）、コールヴァイラー Chorweiler のショッピングセンター（1976年開設）との競合にもさらされている（図7-9参照）。さらには、この30年間に魅力を大きく高めたケルン周辺の中都市フレッヘン Frechen（2015年現在、人口5万）、レーバークーゼン Leverkusen（2015年現在、人口15万）、ブリュール Brühl（2015年現在、人口4.4万）などとも競合している（図7-10参照）。

ケルン郊外部の工業団地などに併設された大規模商業施設・ショッピングセンターについては、Gohrbrandt（2001）が『ケルン・アトラス』の中で詳細に説明している。

3. 旧市街における中心商店街・中心業務地区

ケルンの中心業務地区の基本的骨組みをなすのは歩行者天国化の始まったときにもすでにホーヘ通り Hohe Str.（写真7-7）とシルダーガッセ Schildergasse（写真7-8）で、交通の大きな結節点であるケルン中央駅・ドームと市内交通の重要な結節点・ノイマルクトの両地点を結んでいる。

Ⅶ 大都市・ケルンの空間構造

図7-6 1990〜2003年のケルンCityにおける商業・事業所の主要な拡張

出典：Weiss 2001

　この地区の様子を、Weiss（2001）の説明を元に、筆者の観察を加えて説明しよう（図7-6）。
　この2つの通りは衣料品専門店、靴店、時計・宝飾店の割合の高さで特色づけられている。それらを埋めるような形で、テイクアウト店・立ち食い店があり、チェーン店の割合も高い（1996年時点でシルダーガッセで96.6％、ホーヘ通りで88.1％）。こうした特徴は、市場経済下における自然淘汰の結果である。歩行者密度の高さ故、立地イメージも高く、競争力も高くなる。売上高も期待できるし、それゆえ高い店舗賃料も期待でき、それを支払うこともできる店舗が集まる。チェー

ン店ならこれが可能であることになろう。

　なお、これらの通りは6階建て程度でそろっているが、間口が広い大きな建物はそう多くはない。間口の広い建物には家電量販店などが入っている。また、第二次世界大戦時に空襲で完全に破壊されてしまったので、旧市街ではドームや市庁舎などを除けば再建された古い建物はそう多くはない。しかし、アルミとガラス、コンクリートからなる近代的高層ビルもほとんどなく、ヨーロッパの近代都市としての落ち着きがあり、建物密度も高い。この最も重要なホーヘ通りとシルダーガッセは、ともに歩行者天国化されている（写真7-7～7-10）。

　この中心部は常にダイナミックに変化している。1970年代と1980年代初頭には比較的落ち着いた時期があったが、その後変化は急激に加速された。この変化は消費構造の変化と小売業の経営の変化の両者に密接に関わっている。

　シルダーガッセに沿った通りの新築・拡張はこの地区の魅力の明快な表れである。新しい商業・事業所面積の拡張は中心部周辺にも見られる。この例にはブライテ通り Breite Str. とノイマルクト Neu Markt 間の Olivandenhof, Neumarktpassage（1988年）の開設から始まり、その後もパサージュの拡大が続いている。これには廃店した百貨店 Hertie-Warenhaus の跡地にできた Neumarkt-Galerie（増築・改築型、16,000m^2、50店舗＋事務所）があり、1998年に完成した。これによって、かつての裏通りの主な土地利用であった駐車場、納入業者の荷物置き場、事務所跡地などの価値を高めることに成功した。Richmodis 醸造所跡には1996年にオフィスビル（新築中心型、1,240m^2、事務所＋住居）ができた。これと対比できるような経過で荷物センターに Minoritenhof（新築中心新型、販売面積6000m^2、7店舗＋事務所）が1996年にオープンしている。1999年には地下鉄ノイマルクト駅の地下中階に HUGO（拡張・改築型再開発600m^2、16店舗）ができている。このように中心部近辺には、1990年から2003年の間に、5箇所の主に新築による開発があり、4箇所の拡張・改築開発があり、2箇所で地下駐車場や立体駐車場が建設され、中心部の機能の充実がされた。

　中心商店街・業務地区には、サービス業を指向し、高価値で中流指向の（衣料品）専門的な小売業が、チェーン店に置き換わるような傾向があり、1990年代にもその傾向が進んだ。高級化に関しては、サービス価値の増加や有利性のために、有名ブランド店の進出があった。1996年にオープンしたシルダーガッセの衣料品店・GAP が専門陶器・ガラス製品・食器関係店に取って代わったし、靴の安売り店の Deichmann が、高価値でおしゃれな婦人服店に取って代わった。教養、趣味関係の電気製品や写真関係でいえば、1995年以降、それらの専門店は面積の広い店舗であるカウフホーフ Kaufhof のなかのチェーン店舗である大型電機店・Saturn やホーヘ通りの Media Markt、ルドルフ広場の Promarkt に取って代わった。

1990年代を通じ、衣料、靴、時計・貴金属、化粧品、ガラス・陶磁器、贈答品といった高級買い回り品の販売額は減少傾向にあった。1990年代には百貨店 Kaufhof と Karstadt が、Hertie は1997年に、Kaufhalle は1999年に閉店したし、儲からない自動車用品関連、DIY用品、ペット関連用品などの商品を扱う店も減少した。1980年代には遊戯施設、セックスショップ、100円ショップのような低額商品店が衰退した。2000年までには性風俗関係業（Erotic Center）も消滅してしまったとされている。家庭で食事を作らない人口が増えてきたため、外食関係の施設が増加している。歩行者天国道路に沿ったレストラン関係施設でいえば、「簡易軽食」は昼食時休み時間などに食事用に使う飲食商店であり、楽しみのために訪ねるレストランでもある。

自由時間の使い方の1つとしてのショッピングが重要になって、競争を激化させ、ますます商店を増大させた。来店客に消費の楽しみをその商店街の中で満たすように街も商店も変化していった。生活に直接必要ではない、高付加価値の部分を、衣料にせよ、靴にせよ付け加える。消費者を喜ばせることが重要になり、そのことによって購買を促す形になってきたのである。この華やかさを建物の周囲のショーウィンドーに実際のきらびやかなもの、ないしはモニター、大画面スクリーン、シミュレーションを使ったインテリアで演出した。ショップインショップ方式で、レストラン、乳児施設、着替え場、休憩所などをまとめて共同で利用できるように工夫したりもした（1995年の衣料品店 Bröcker のショップインショップ、1999年開店の C&A のショップインショップなど）。

この中心商店街でもそれなりに特色があり、ホーエ通りには若い女性向けのブティックのような衣料品店が多いし、シルダーガッセには靴や衣料品店や総合衣料品店（H&M、C&Aなど）、特殊な衣料品店（婦人服、婦人用下着、紳士服、スポーツ用品）が多い。

1950年代以降、中心商店街の西端ノイマルクトの150m西にあるミッテル通りには、高級な国際色豊かなモード店が集まってきた。紳士服の Herbert Stock、婦人服の Betram & Frank、子供服の Oilily などがそうである。中心部・歩行者天国地区からの近さと地価（店舗賃料）の安さがその理由である。1970年代からは、このミッテル通りの北100mのエーレン通りには、アンティーク、古着など、安い、もしくは代替的で、貴重な衣類や家具類の店が集まってきた。同時にこれらの通りには日常的な生活必需品店やレストランも多い。

これらの通りの地帯は、いわゆる「中心部の縁」と呼ばれる中心部の核から衣料品店を通って広がる周辺への移行地帯である。この地帯には専門的な小売商店が分布する。中心の歩行者天国地区から徒歩で到達できる近接性と店舗賃料の低さがこうした小売商の立地に影響を与えている。この典型例としては、本屋があり、図7-7に示されるよ

写真 7-9　シルダーガッセ

写真 7-10　ホーエ通り

図 7-7　都市中心周辺に分布する本屋と種類　　　　　　　　　　　出典：Weiss 2001

うに、中心核に近い位置に、歩行者天国に接して一般的な大規模書籍店が2店舗あり、同様な大規模書店はそのすぐ近くに2件あり、さらに周辺にさまざまな分野に特化した本屋が分布している。

4. 副中心の例

1) セヴェリン通り

　このゼヴェリン通りは、旧市壁の南門へと続く旧市内南部の地区中心であり、旧市街の建物の伝統を色濃く残す。通りは、商店街としての特色をもち、商店は決して都心部の中心商店街ほど高級であったり派手な感じはないし、他方新興商業施設のように目新しい商品があるわけでもない。通りは間口もそう広くはなく、不揃いな間口で、高さも5階から7階建てで不揃いである。しかも、商店の構成も多様で、地域住民のための商店街としての機能を果たしている。この通りは市門を超えさらに南にボン通りへと連なっている。

　商店・サービス機関の業種は多様であるが、食品を含む日用品の商店が多く、テレビから携帯電話までの幅広い趣味関連用品販売店も多く、レストラン・食堂の割合が大きく、衣料品店は少ない。これら商業・サービス機関には広い面積が必要ではないという共通する特色もある。また、チェーン店も少なく、個人経営の商店が多い。これは都心部や新興のショッピングセンターとは対照的である。この通りは、コミュニティ形成の核の一つになっているようであり、ここがカーニバル行列の基礎地域にもなっている（『ケルン・アトラス』S.118）。

　こうした旧市街の商店街は、他に市北側のアイゲルシュタイン通りにもあり、ここはトルコ系の商店や飲食店が集中して特色ある雰囲気になって

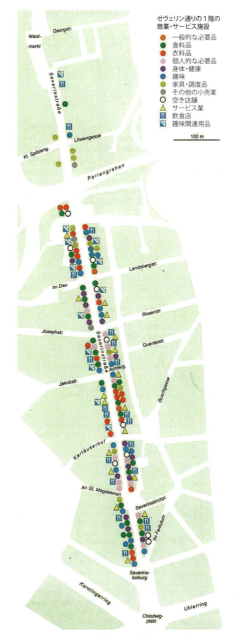

図7-8　ケルンの副中心・ゼヴェリン通り
　　　　出典：Gerhard 2001

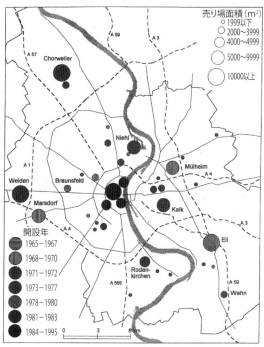

図 7-9　ケルン市内のショッピングセンターの分布と開設時期

出典：Glässer 他 1997

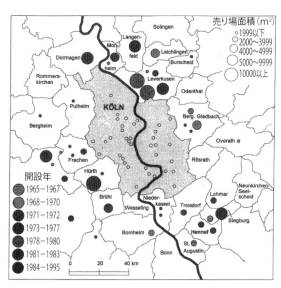

図 7-10　ケルン市外近郊のショッピングセンターの規模別分布と開設時期

出典：Glässer 他 1997

いる（『ケルン・アトラス』S.74/75）。

　旧市街の市壁外側にはエーレンフェルトのフェンロー通りが商店街をなしていて地区中心の役を担っている。この通りは、かつては路面電車が通っていた比較的広い通りであり、地階はさまざまな種類の商店（それなりの高級品店も含む）と食堂が連なっている（『ケルン・アトラス』S.70/71）。こうしたタイプの商店街が、市北部ではニップスに、東ではドイツのさらに東のカルク大通り周辺にある（『ケルン・アトラス』S.72/73）。

2)　郊外部、市外におけるショッピングセンター

　また、市の西側、アーヘン大通りのヴァイデン Weiden にはライン・センターというショッピングモールができ、百貨店カウフホーフ Galeria Kaufhof をキー店舗とした大規模なショッピングモール（衣料品の Wehmeyer、Rewe グループに属するというスーパーの HL などが入っている）が 1972 年に設立されている（図 7-9）。その後、1990/91 年、93/95 年に拡張され、売り場面積は 40,000m²、出店数は 180 店舗である。ここは 1,200 台駐車できる広い駐車場も作られているばかりでなく、路面電車と多くのバス路線の駅もあり、公共交通の便もよい（『ケルン・アトラス』S.76/77）。

このヴァイデンのショッピングセンターはケルン市内では目立って大きな施設であるが、ホームセンターの Realkauf、Porta、Viva や Toys"R"Us、食料品スーパーの Kaufland を核としてフレッヒェン・マールスドルフ Frechen-Marsdorf に、また、IKEA などを核にゴドルフ Godorf に、Wal-Mart などを核としてポルツ・アイル Porz-Eil などに、郊外の新たな企業団地内の大きな商業施設が立地している（図7-9）。

さらには、市外にもレバークーゼン、ヒュルト、ドルマーゲンなどにもこうしたショッピングセンターができており（図7-10）、それらの規模は先述のボン郊外のザンクト・オーグスティンのショッピングセンターを越えるものであった

(Gohrbrandt 2001.『ケルン・アトラス』S.78,79.、E. Glässer, M. W. Schmied, C.-P. Woitschützke 1997. S.244/255)。

5. ツェントロ Centro：より広域の商圏をもつショッピングモール

阿部や春日井（阿部 2001、pp.86-110、春日井 1999、pp.171-175）によれば、このショッピングモールはオーバーハウゼンの郊外 3km に 1996 年に作られたもので、売り場面積は 70,000m^2、店舗数 200、無料駐車場も 10,500 台を確保し、遠くオランダ方面からの買い物客にも応じようとした施設であるという（図7-11）。

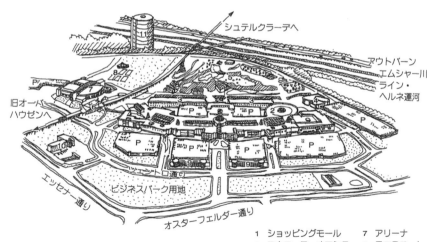

図7-11　ツェントロの鳥瞰図

出典：阿部 2001

アウトバーン A42 からも近いが、LRT も設置され、LRT 用路線道路はバスと共用されるなどの工夫もなされ、90秒に1台の公共交通が利用できると謳われ、訪問客の30％が公共交通利用者である。また、この施設は買い物向けだけではなく、いわば観光施設の役も果たし、訪問客の1割が観光客に相当するという。核となる店舗は百貨店カウフホーフ、高級衣料品・ジンレファース、オーバーハウゼン中心部から移転したC＆Aでこれら3店舗で30,000m^2 となる。この商業施設の特徴は衣料品店の面積割合の大きさ、飲食店の数であり、他の施設に比べ新陳代謝が激しく、入れ替わって変化している。開業当初の来客数は一日平均7万人であったという。商圏は広く、来客の20％がオランダから、5％がベルギーであったという。オーバーハウゼンの旧中心・マルクトに対し、ここはノイ・ミッテと呼ばれ、新時代の都市中心であることが主張されている。一方では、オーバーハウゼンの旧中心・マルクトの商業施設は寂れがちであり、その対策がさまざま考えられてきたが、上手くはいっていないという。近隣のミュールハイム、エッセン、ボッフム、デュイスブルクなどルール地域の諸都市の商業にも多大の影響を与えた。

　こうした大型商業施設の進出・立地による旧市街の中心商店街への影響は、日本ほど深刻ではないにせよ、急速でしかも重大であり、とくに旧東ドイツ地域では、統合後の変化が大都市周辺では急激である (Gerhardt, U. und Jürgens, U. 2002. 参照)。

参考文献

阿部成治 2001.『大型店とドイツのまちづくり』学芸出版.
春日井道彦 1999.『ドイツのまちづくり』学芸出版. 171-175.
Blenck, J. 2001. "Wo Kölner wohnen"『ケルン・アトラス』(Wiktorin, D., Blenck, J., Nipper, J., Nutz, M. & Zehner, K. (Hrsg.) 2001. "*Köln -Der topographische Atlas-*" Emons.) S.138.
Dumont, A. 2001. "Leitbilder des Städtebaus im Spiegel der Kölner Wohnbebauung",『ケルン・アトラス』(前掲書 S. 140-143.)
Gerhard, U. 2001. "Wo man sich noch Kennt - Die Severingstorasse - ".『ケルン・アトラス』(前掲書 S. 68-69.
Gerhardt, U. und Jürgens, U. 2002. Einkaufszenren ー Konkurrenz für Innenstädte ー,『ドイツ・ナショナル・アトラス：都市と村落』(Institut für Landeskunde, Leipzig (Hrsg.)2002. "*Nationalatlas Bundesrepublik Deutschland Bd.5* , Dörfer und Städte" Akademisher Verlag, Heidelberg・Berlin.) S. 144-147.
Gohrbrandt, E. 2001. "Shopping im irgendwo - Einkaufsstätten auf der Grünen Wiese -"『ケルン・アトラス』(同上 S.78,79.)
Glässer, E. , Schmied, M. W. , Woitschützke, C.-P. (1997) "Nordrhein-Westfalen" Klett-Perthes
Nipper, J. 2001. "200 Jahre Koln: entwocklung urbaner Grundstrukturen"『ケルン・アトラス』(前掲書 S. 23.
Sinton, J. 2001. "200 Jahre Flachennutungssturukturen"『ケルン・アトラス』(前掲書 S. 50-53.)
Zehner, Klaus 2001. "Die Zentren"『ケルン・アトラス』(同上 S.58,59.)
Weiss, G. 2001. "Von der Einkaufsstraße zum Erlebnisraum - der Wandel der City in den 1990er Jahren -"『ケルン・アトラス』(同上 S.62-65.)
https://www.rhein-center-koeln.de/

VIII
世界都市・パリ大都市圏

1. パリ大都市圏

　パリ大都市圏（イル・ドゥ・フランスで2014年現在人口1202万）は、中心都市パリ市（2014年現在人口222万）を中心とする大都市圏であり、ロンドン、ライン・ルールの大都市圏と並ぶヨーロッパにおける3大都市圏、ないしはオランダ環状都市圏（ラントシュタット）を含めた4大都市圏の一つである。

　筆者は、1993年から95年まで、高橋伸夫先生・ピット先生・手塚先生が主催したパリ大都市圏調査に参加させていただいた。その成果は高橋伸夫・ジャン・ロベール＝ピット・手塚章編著（1998）『パリ大都市圏―その構造と変容―』（東洋書林）にまとめられている。その際の経験を思い出し、この文献を引きながら、その前後経験することのできたケルン・ボン大都市圏と対比し、北西ヨーロッパにおける都市を含めた空間構造を考える材料を探してみよう。

　パリ大都市圏には、一つの明快で大きな核・パリ市があり、その周辺は東京大都市圏と比べ、急激に低密度の農村景観に遷っていく。これは、東京が、区部などで置き換えられるかもしれない核があるだけでなく、横浜や川崎など特別区をもつような大都市が連なって巨大な多核と密度の高い周辺をなし、途切れないかのようにその縁部が関東一円に広がっていくのとは対照的である。パリ大都市圏では、100km圏になってはじめてオルレアン、ランス、ルーアンなどの10万以上の都市が出現する。一方の東京大都市圏には100km圏内にも10万規模の都市が数多く分布している（高橋伸夫 1998c. p.283 図1、p.285 図3）。この大都市圏は、しばしばイル・ド・フランスに相当するものと理解されてきたが、その影響圏は今やイル・ド・フランスを超えるものと考えられつつある。

　また、デュッセルドルフやケルンなどを核とするライン・ルール大都市圏と比べ、パリ市の核は大きく、一つだけである点は、ドイツの多くの中心を持つライン・ルール大都市圏と、その南側三分の一であるケルン・ボン大都市圏と、大きく異なる点であろう。

　また、規模という点を考えてみると、先に説明し、対比しようとするケルン・ボン大都市圏の人口は約300万であり、大きさは四分の一になってしまう。中心核であるパリ市の人口は222万であるのに対し（パリの連担市街地はパリ市域を大きく超えている）、ケルン市は100万にちょっと足りない規模であるから、半分以下となる。大

都市圏もそれを形作る部分地域も異なるので比較もしにくいが、パリ大都市圏はケルン・ボン大都市圏の3倍から4倍の規模なのであろう。また、一番最近まで残った市壁の大きさを比べても、随分違う。

こうした規模の差があることに加え、パリはいわばフランス全土の中心でもあるから、さらにはロンドンとともにヨーロッパの顔でもあるので、大都市圏の規模も、核である都市の規模も随分異なっている。それを承知の上で、空間構造に目を向けながら両大都市圏を対比してみたい。そのことを通じて、北西ヨーロッパの都市、大都市圏を考えたい。

ここでは農村地域が見える最外縁部の地方町・エタンプ市とその周辺農村の考察から始め、周辺のニュータウン、そしてパリ市そのものへと話を進め、ケルン・ボン大都市圏と比較してみたい。

2. 最外縁部エタンプ市周辺地域の構造

エタンプ市は、イル・ドゥ・フランスの南部、エソンヌ市を県都とするエソンヌ県に属し、その県内南部の中心都市で、人口は約2.6万である。パリからはおよそ50km南南東に位置する古くからの田舎町である。ここでは、桜井他（1998b）をもとに、検討してみよう。

エソンヌ県は、パリ都心から12～60km圏に位置するが、パリ側の県境にオルリー空港があり、ここまではパリ市から連なる連担市街地が続く。県境を過ぎると、セーヌ川とその支流に沿った主要交通路と併行する部分は、いわばヒトデ状に連続する市街地が続き、それら主要交通路の後背には豊かな農村が展開しはじめる。パリに隣接するこれら連担市街地にあるコンミューンの多くは1.5万から3.5万程度の人口を持つ。セーヌ川に沿った工業地域を除けば、これらの近郊コンミューンは主に両大戦間に緑豊かな戸建て型の郊外住宅地として住宅地化が始まった地域が多く、かつての貴族や富裕層の郊外別荘やシャトーを細分して分譲するような形で住宅地開発が始まったようである。こうした地域では、かつての農村集落の古い核に、かつての農家の建物が修理されたり、改築されたりしながら残っているのであろうと思われる伝統的な集落核が明確に残っており、識別できる。

こうした主要交通軸に沿った連担市街地も都心から30kmのコルベイユ（人口4.9万：2014年）でほぼ終わりとなり、以遠には視覚上は広々とした農村地域が広がるようになる。新興のニュータウン、エブリーがニュータウンとして整備されたため、1993年調査時にはコルベイユは停滞気味であるように見えたが、その後も順調に人口が増えてきている。

このコルベイユ以遠に位置するエタンプ周辺の農村地域は、視覚的にはパリ大都市圏の直接的な都市化地帯とは受け取れないかもしれない。しかし、主要交通軸上に点々と連なる地方町や大型の集村を核に、とくに第二次世界大戦後発展した郊外住宅が展開し、広大な周辺の低密度の農村景観、大規模な穀物栽培景観とは好対照をなす。都市化

が進まない、郊外住宅の進出の少ないコンミューンは500人前後であり、一方、郊外住宅ができたコンミューンは数千の規模になっている。

　エソンヌ県の南西側にはボース平野が広がり、レス土壌が乗った豊かな穀倉地域であり、比較的平坦で波を打ったような台地である。この台地をセーヌ川の支流のエソンヌ川などが東側から侵食し、その谷沿いに大きな集落があり、それらの谷に主要交通路が形成されている。一方、ボース平野の台地上は1.5～2.5km程度の間隔で小型の不規則な集村が分布する形になっている（桜井他1998b、p.162、図2参照）。

1）モリニー・シャンピニー村とその周辺

　モリニー・シャンピニー村は隣のエタンプ市同様、台地上の集落より少々大きめの2つの集落を核とするコミューン・村であり、その核は沖積低地にある（図8-1）。その2つの集落モリニー集落とシャンピニー集落は、同じく谷に沿って立地するエタンプ市と連接する形で発展しており、南東の台地上には二つの小村と二つの大規模農場

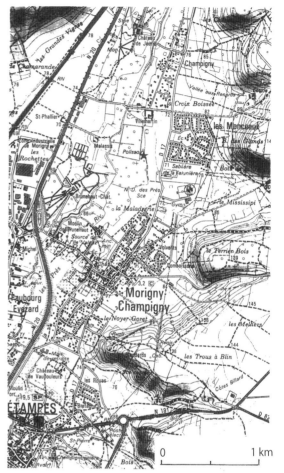

図8-1　モリニー・シャンピニーとその周辺（1/25000地形図）

出典：桜井他1998b

（孤立荘宅）が立地している。また、このコミューンには、北西の台地上、エタンプ市境に工業団地があり、ここには中型のスーパー ALDI を中心にショッピング施設も立地し、それらはエタンプ市など周辺地域住民とも共用されている。

写真8-1　シャンピニーの郊外住宅地とシャトー

写真8-2　シャンピニーのシャトー

　この村の大都市圏の位置は、筆者が景観変化を調べたドイツの二つの村とは随分異なり、直接的な都市化の影響が着実に及んでいる村である。この村は現在ナウハイム集落の4, 5倍の人口をもつが、戦後すぐには2倍前後でしかなかったから、パリ大都市圏の影響下、増加が著しかったことがよくわかる。もともとドイツのナウハイム集落よりは小規模な二つの集塊村があり、加えて二つの小村があったわけであるから、構造などは比較しにくい。ケルン・ボン大都市圏内の村落調査は詳細には行っていないが、都市化の条件などはボン市街地の農村集落や、それに接する農村集落と同様のような気がする。

　モリニー集落は、不規則な集塊村であり、古くからある商店、元農家、一般住宅が混在する中心部があり、新しい一般住居がその周辺を占めている。戦後開発された新興の郊外住宅は、計画的に造成されこの核周辺を取り巻くように立地する。シャンピニー集落は、モリニー集落より小型で、モリニーにもまして新興住宅の割合が高く、しかもより近年に開発された新しいもので、それらの住宅の個々の大きさも際だっている（写真8-1）。小河川周囲には、富裕層が利用してきたであろうシャトーもいくつか見られる（写真8-2）

　この村にある中心施設は、1988年のセンサスでは、教会、銀行窓口、貯蓄銀行、日用食料品店、カフェ、レストラン、タバコ屋、日刊新聞販売所、燃料店、小学校、薬局、歯科医院、看護婦駐在所であった。これら中心的施設は、93年調査時にも存在し、そのほとんどがモリニー集落核に立地していた。シャンピニー集落にも、二つの小村部にもこれら商業、サービス施設は存在していなかった。2017年現在、Googlemapでそれらを確認してみると、ほぼこの種の中心施設はすべて存在し続けているようであるが、銀行窓口は見当たらなくなり、燃料店も、すぐ近接するエタンプ市内にはあるが、村内の燃料取扱店舗としてあげられるているのは自動車修理場・運送会社などであり、正式なガソリンスタンドはなくなったようである。また、日用食料品店は、エタンプ市境の工業団地地区にできたスーパー以外は見当たらず、古くからの集落中心部からはなくなってしまったようである。ただ、集落核にパン屋（菓子店）がある。調査を行ってはいないが、この村では、パン屋や肉屋など古くからの伝統的な商店は少々減少しつつあるようだが、大都市圏であることもあり、通常の生活ではそう大きな問題にはならないように思えた。その意味では、ボン市内周辺の農村と同様で、集落核にある程度商業施設を

残しつつ、周辺に成立したスーパーやエタンプの大型スーパーにサービスを受ける形になっていることがわかる。

エタンプ市境の工業団地地区の商業施設としては、ALDIという中小スーパーがあり、それを核に郊外型の店舗として、肉屋、眼鏡店、家具店、靴店、自動車販売店、レストラン、カフェー（タバコ）などがあり、村全体とすればかなり多様な店舗があることになる。

なお、1988年にはこの村には34の農家があり、50ha以上の経営が18あった。また、専業的経営（経営者が農業専従である経営体）は16あった。モリニー集落にも、シャンピニー集落にも、こうした専業の農家は1993年にも見当たらなかった。また、世帯数からみた村全体の農家率は、1988年にも3％に過ぎず、農業就業人口率も5.1％に過ぎなかった。1988年にも土地利用の割合の上では80％が農地ではあるが、実質的には、この村は郊外住宅地といった方が妥当であろう。農場・孤立荘宅は2軒（304haの経営と285haの経営、図8-2）であり、小村の一方・ラモンタニューには1993年には9軒存在していた（桜井他、1998、p.180、図7参照）。これら農家は、穀物とテンサイ、ナタネ栽培に中心をおいた大規模畑作経営であった。

この地域では、こうした大規模畑作経営を行うためには、すでに大きな集村部には農家は立地できず、少なくとも家屋密度の小さな小村に立地し、50ha内外の農地を分散経営するような農家（桜井1998b p.181、図8参照）と、農家家屋に一

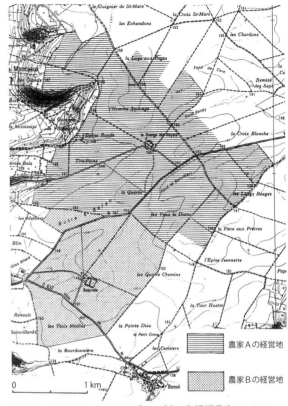

図8-2　モリニー・シャンピニー村の大規模農家 A、B の経営地

出典：桜井他 1998b

体化させた経営地を経営する大規模農家、いわば農場制の農家（図8-2）が農業を続けていることが多い。

なお、観察によれば、エタンプの西、サン・ティエール集落周辺には川沿いにクレソン栽培などもみられ、谷底部には園芸農家も少なくないし、谷底部や斜面の牧草地に依拠したであろう乗馬クラブなども見られ、河川沿いには大都市周辺部らし

い農業やかつてのシャトーの伝統を引き継ぐようなその都市住民向け関連産業も生まれている。

モリニー村の様子は、中心の地方町エタンプの人口が24000程度であるから、ケルン・ボン大都市圏でいうなら、母都市ケルンやボンからは少々遠いラインバッハ（人口28000）周辺やオイスキルヘン周辺の集落と同じ程度ということになろうか。しかし、村の核に商店などのサービス施設もそれなりに残っており、同時に、地方町周辺に郊外型の商業施設なども進出している。

2）エタンプ

エタンプ市はボース地方東部、エソンヌ県南部の地方都市であり、イル・ド・フランスの縁部南端にある。この町はパリからオルレアンへと向かうオルレアン街道沿いの宿駅的な町であり、河川交通上は、セーヌ川からエソンヌ川に入り、

写真8-3　エタンプ市街の洗濯場跡

ジュイーヌ川をさかのぼった河岸でもあった（図8-3）。川に沿っては、伝統的な洗濯場が維持され、親しみのある風景が残されていた（写真8-3）。

交通の要衝でもあり、鉄道駅も早くに設置された。オルレアン街道は現在国道20号線となって整備され、エタンプ市街地を避けて南側にバイパス道路として設置されている。郊外電車・RER（C線）の起点駅は、市内西端のエタンプのサン・マルタン駅であり、当然エタンプにも中心駅があり、ここからラッシュ時には20分間隔で、通常時でも30分間隔でパリ都心部へ乗り入れており、約1時間程度で中心部までたどり着けるし、そこから

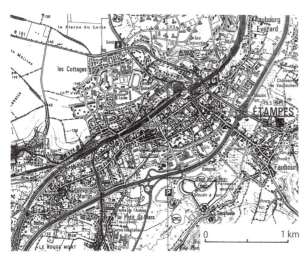

図8-3　エタンプ市（1/25000地形図）

出典：桜井他 1998b

写真8-4　エタンプのノートルダム広場

Ⅷ　世界都市・パリ大都市圏

写真 8-5　エタンプ市庁舎

地下鉄でパリ市内各所に通勤することもできる。
　2014 年現在の人口は 24,503 で、1960 年の人口は 13,515 であったから、この 50 年余で人口は 1.8 倍に増加した。モリニー村、ボアシー村など、もともと農村集落であったであろう周辺のコミューンと比べると、もともとそれなりの人口集積のあったエタンプは、1960 年以降比較的安定した人口増加を示しており、その郊外部のようなモリニー村は 1975 年以降人口増加が目立つようになり、ボアシー・ルセックは 1990 年以降の増加が大きい。
　エタンプは市壁をもった街ではなく、旧市街地は東北東から西南西に向かって走る旧オルレアン街道、ないしはエタンプ川に沿ってその北側に細長く展開する。細かく見ると、エタンプの中心以外に、その西には三つの集落があり、東側にもフォーブル・エヴェルツアルの集落が連接する。さらに、南側にはフォーブル・サン・ピエールの集落も連なっている。これら集落のうち比較的大きな 3 集落はそれぞれ教会、広場をもち、パン屋などいくつかの商店を伴う小中心地にもみえた。しかし、1993 年調査時以降も商店が減少しているようである。
　旧市街の中心は一方はノートルダム教会と隣接するノートルダム広場（写真 8-4）であり、もう

写真 8-6　市庁舎前広場の市風景

写真 8-7　バイパス沿いのカルフール（大型スーパー）

一つは市庁舎前広場である。これら広場周辺には宝飾店、ブティック、眼鏡店などの小売商が多いし、市庁舎前広場には小さいが美しい市庁舎（写真 8-5）と近くに郵便局などもあり、広場では市日には食料品や衣料品の露店市が開催されていた（写真 8-6）。この二つの広場を中心に多様な店舗が連続して立地していた。もう一つの核はエタンプ駅であり、駅前と旧オルレアン街道の交差点を中心に金融機関やレストランなどが多く分布していた。オルレアン街道沿いとこれら以外の旧市街地の商店は、2階建て、一部3階建ての町屋の中に点々と店構えをした店舗が分布するような形が多く、連続する商店街と呼ぶに相応しいのは先の二つの広場周辺だけである。旧市街のこれら商店は大きな駐車場を持たず、広場も駐車スペースが満足ではなかったが、そのすぐ周囲に駐車スペースが確保されてきたようである（たとえばノートルダム広場北東300mなど）。しかし、こうした努力にもかかわらず、これら旧市街の商店街は一般には寂れがちであり、駐車スペースもたっぷりある大型のスーパーマーケット（カルフール；写真 8-7）が進出した。

エタンプ市はオルレアン街道とエタンプ川に沿って展開する細長い町であったから、その旧中心に近いところ、広場の南約300mに用地が確保できた結果、このスーパーマーケットは容易にこの都市の新中心になってしまった観がある。

93年には、このスーパーマーケット以外に、町の北東側に1件 ALDI、先のモリニー村内にできた工業団地地区に進出した郊外型店舗群の中にも1件のスーパー Intermarche が進出していたが、93年の調査後、現在の Googlemap を確認すると、市の北側約1.5kmの地区にさらに新たな郊外型ショッピング施設ができており、ここにはスーパーの Lidl をはじめ、ホームセンターなどが進出している。

エタンプは、周辺コンミューンを含めそれなりに人口も増加を続けており、旧市街は一時は寂れた観もあったが、田舎町らしい中心性を保ち、落ち着いた美しさを保ちながら発展している。ケルン・ボン大都市圏でいうなら、エタンプはラインバッハと同規模で、オイスキルヒェンよりは小さめである。市壁をもった塊状の集落ではなかったから、また、母都市パリが大きかったから、市街はもともとの集落をつなげるような形で谷沿いに順調に大きくなってきた。旧市街は、形態上からも核化しにくく、スーパーマーケットがその旧市街中心近くにできたため、伝統的な商店などが残りにくそうであった。それでも、旧市街の核は、地方町の雰囲気を残し大都市圏で住まう環境を提供してくれているようである。

3．ニュータウン・エヴリー

エヴリーは、パリ市の南南東約30kmのニュータウンで、昔の地方町・コルベイユのすぐ北側、すなわちパリよりに隣接するエソンヌ県の県庁所在都市であり、2012年現在人口は52,349のコンミューンである（高橋1998b；pp.140-161）。エヴリーは、パリ大都市圏に建設された5つの

ニュータウンの中では面積は最小であり、1965年に建設計画が策定された。建設は整備調査団を核に整備公社を設立して実施され、セーヌ・エ・オワズ県が分離され、その南部に相当する新たな県・エソンヌ県の県庁が1969年に移転し、住宅への入居も始まった。このニュータウンは、他の4つのニュータウン同様、中規模都市の魅力を発揮するように計画された。ケルンやボンには、こうした住宅に限らない複合機能をもったニュータウンは多くはない。

すなわち、郊外住宅地だけを建設しようとしただけでなく、行政・管理機能も、商業を含むサービス機能も、工業団地など産業用地も計画の中に含んでいた。エブリーの場合は、行政機関としては県庁が移設されたわけであり、その他私企業の管理機能用のオフィス用地・ビルもその中心である「アゴラ」や工場などに設置された。

このニュータウンの関係コンミューン数は4コンミューンであり、計画面積は3,023ha、整備公社が取得した面積は2,038haであった。もちろん住宅用地が大きな部分を占めるが、工場地区面積も277haであり、広々とした工業団地が、工場公園のように緑に包まれた形で建設されていた（高橋1998b、p.147、図2参照）。日本における精密機械、電気機械などを中心とする内陸型工業団地と同じ風景である。オフィス面積は53haと示されている。エブリー地区の住宅ではアゴラを核とする中心部の多くが集合住宅であり、古くから開発されたように思われるセーヌ川沿いの地区には戸建て住宅が多い。一方、ボンドゥーフル、クルクロンヌ、リスでは、いくつかの集合住宅の核の周囲に、緑豊かな戸建て住宅が広がっている。

なお、1993年調査時以降、工業・業務用地も、住宅地も随分拡張されていることがわかる。エヴリー・ニュータウンの4コンミューンの人口は、1968年には8,258で、1990年には73,343と大幅に増加し、2014年現在の人口は82,396となっている。

このニュータウンの開発で考えさせられたことは、先のモリニー村周辺の大規模農家が、100ha前後、大きな場合は400haの経営規模であったことである。すなわち、そうした大規模経営農家が実際にこのニュータウンにも随分あったようで、2038haの用地取得は、幸運なら10件の経営が離農することで開発可能になるということである。大都市圏周辺地域の農業経営の経営規模は都市化の軋轢の様相、摩擦に大きな影響を与えていると考えられよう。

4. パリ市とその空間構造

パリ市がフランスの中心都市として成長してきた背景には、地政学的な意味があり、ここに依拠した封建領主が国王への路を着実に歩み、その場所の地政学的な強みを発揮していったからである。その結果、ヨーロッパ内でもフランスは近代国民国家の領域的基礎形成に歩み出したのも早かったし、パリがフランス内で突出した存在へと成長してきた（ピット1998）。具体的には自然

地域的にも国土における広大な面積を占めるセーヌ流域の河川交通の重要地点として中心性を高め、16世紀には駅逓制度の整備の中でパリを中心とする道路網が整備されたし、19世紀になると鉄道網もパリ中心に整備された。このパリを中心とするようなピラミッド型ネットワークは、中世以降のパリ周辺地域の基本的空間構造であり、地方都市もパリに目を向け続けた（バスチエ1998、高橋1998）。

こうしたパリばかりが中心として凌駕するフランス国土の都市網の特色は、第二次世界大戦後も続き、本社立地も、工場立地も、大きな意味ではパリ大都市圏に引かれ続けてきた（図10-6参照 クラバール1998、阿部2009）。このパリ中心主義は、クラヴィエの『パリとフランス砂漠』のように揶揄されるまでになってきたのであるという（ピット、ブリューイェル1998）。そのため、フランスの国土計画は地方分散をいかに進めるかが常に課題となり、しかもそれが満足できることはほとんどなかった。

こうして成長する巨大都市の同心円的、放射状的なパリ大都市圏内部構造を変える策として、バスチエは副都心・デファンス、5つのニュータウン、9つの大規模ショッピングセンターをあげていた。

1) 中心業務地区

図8-4「パリ市中心部の機能構造」をみると、最も中心性の高い金融や保険、企業本社などのある業務地区・CBDは、セーヌ右岸にあり、凱旋門からシャンゼリゼ通り両側に沿って東へ延びる。ここは、いわばパリの、フランスの、ヨーロッパの顔であり、世界に向けてのショーウィンドウである。シャンゼリゼ通りは、車道が広いだけでなく、歩道幅も広く、道幅は70mになり、長さも3kmに及ぶ。ここは、パリ祭・独立記念日のメイン会場であり、ツールドフランスのゴールにもなり、フランスの中央広場的な色彩を帯びる。

この東西軸は、中央公園にも相当するであろうグラン・パレ、コンコルド広場、チュイルリー公園、ルーブル宮殿を避け、北側のフォーブル・サント・ノレ通り、さらにサント・ノレ通りに沿って東に延びる。

このサントノーレ通り界隈一帯は、シャネル、サンローラン、ロンシャン、モラビトなどの有名ブランド本店が集中する。この通りはオスマン的な大通りではないが、道の相応の狭さと、洒落てはいるが決して大きくはない店舗が続き、親しみやすい落ち着いた雰囲気の通りとなっている。ヴァンドーム広場は豪華な広場であり、付近には大きな建物がそろい、宝飾品店、カルティエ、ブレゲなどが本店を構え、婦人服飾モードの中心となっている。さらにこの業務中心地区はサント・ノレ通りの東に伸び、都市交通の大きな中心となっているシャトレ駅、シャトレ・レアール駅まで広がる。この駅地下はフォーラム・デ・アールと呼ばれる一大ショッピングセンターであり、若者が多く集まる新しい繁華街として注目された。ここはかつての市場跡として再開発された場所であるが、今やその再開発後30年以上を経過し、

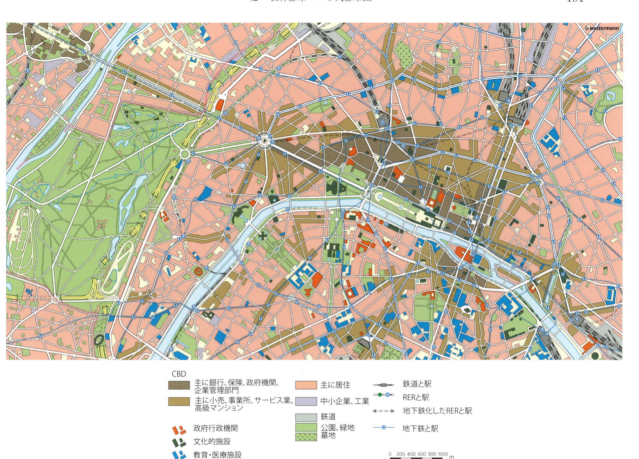

図8-4 パリ市中心部の都市機能構造

出典：ディルケの『世界地図帳』S.127.

さらなる再開発が行われている。この東西軸はマドレーヌ寺院当たりで北へ拡張し、サン・ラザール駅・オペラ座へと北東側へ伸びている。

　オペラ座周辺では、近年に特段の大規模都市再開発はなされてはいないが、建物は次第に建て替えられつつある。景観を保全するため、オスマン時代などに作られた威厳ある美しいファサードは残される。古い建物の内部を取り壊し、そこに新しい鉄筋コンクリートのビルを建てるような事例をかつてフランス地方都市中心部の歴史地区で見たことがあるが、現代ではそうした事例は少なくなり、伝統的な建築そのものを残そうと努力する傾向が強いという。しかし、こうした建て替えでは隣接するいくつかの建物をいくつか含めて建て

替える例もあり、かつてあった中庭部分にも一部に建物が建つ場合もある。

　一方、大通りに面していなかったり、建築物のファサードの価値が認められなければ、必ずしもこうした手の込んだ工事はなされないようで、たとえば、マルシェ・サントノレ広場は、内部にパサージュを入れたガラス張りの近代的建築が建設された。

　オペラ座周辺は都市交通の要衝であり、地下鉄3路線、すぐ近くのオーベル駅にはRER東西線が入っている。この地区のランドマークはオペラ座であり、その広場であり、オペラ座とパレ・ロワイヤル南西隅、ルーブル宮とを結ぶオペラ座通りである。

　周囲には高級皮革製品のランセルの店もあり、オペラ座北側には、プランタン、ギャラリー・ラファイエット、マークス＆スペンサーといったデパートもある。朝夕はサラリーマンで賑わい、昼夜は買い物客や観光客で賑わう活気溢れた地区なのである。オペラ座通りの南端はパレ・ロワイヤル、ルーブル宮であり、観光客とサラリーマンで一日中賑わっている。この二つの核を結ぶオペラ座通りは、オスマン時代の代表的な大通りであり、威厳に満ちたファサードを持ち、間口も広い大きな建物が多い。通りの1階は観光客を引きつける高級買い回り品店、土産店、カフェーが軒を連ね、上階は事務所になっている。各国の旅行代理店や航空会社の事務所も多く、世界のショーウィンドーとなっている。この両端の核の間には銀行などのオフィスも混じっている。この地区の骨格をなすカプシーヌ通り、マドゥレーヌ通り、オスマン通り、エティエンヌ通りは、いずれもオスマン的な威厳に満ちた大通りであるが、脇道、裏道に入ると、他の旧市内の街と同様に階数は5階建て程度となり、間口もさまざまであるが大きくはなく、1階は日用品店やレストランなどが目立つ。カプシーヌ通りにはオランピア劇場が、マルロー広場にはコメディー・フランセーズなどもあるので、オペラ座自身と併せて、娯楽と文化の中心でもある。

　これらのCBDの大通りは、地上階が商店、事務所として利用されているだけでなく、上階もほぼ業務的に利用されていることが多い。しかし、それらの一部は、とくにオスマン的な大通りの建物の上階は高級住宅として利用されていることもある。また、こうした大通りには伝統ある建築様式の建物も多いが、ファサードだけはそれが保持され、内部は近代的な建築で置き換えられていることも少なくない。また、フランス企業本社の多くも1区、8区に集中しているが、日本のフランス進出企業も金融関係などはこの地域の東側1区に多く、その他一般企業のパリ支店は西側の8区、シャンゼリゼ通り周辺に集中している。

　このタイプのCBD地域は、セーヌ左岸側のシテ島近く、サン・ミッシェル駅周辺にも出現し、セーヌ右岸の中心業務地区と一体となってパリ市の中心をなしている。この一体的な中心部とは別に、副都心・デファンス地区にもこのタイプがあり、新凱旋門のモニュメントを核に、複合ビルである高層建築が集中している。

2）小売業を伴う CBD

先のタイプに次ぐ小売業などを主とする CBD は、先の CBD を取り囲む形で分布し、右岸地区では、東西軸北側はオスマン大通り、サン・マルタン通りに沿ってリパブリック駅まで伸び、その軸はパリ北駅へも伸びている。リヴォリ通りを経てシャトレ駅まで伸びるセーヌ沿いの東西軸南側は、リボリ通りからそのまま東に向かい、バスティーユ広場まで伸びていく。さらにリヨン通り、ディドウロ通りへと東に延びる。

同様の小売業を伴うような業務地区は、左岸では、他にもサン・ミッシェル通り、モン・パルナス大通りや、セーヴル通り、ヴォージラール通りなどでモンパルナス駅まで伸び、モンパルナス駅周辺にも広がっている。ボスケ通り・ブルドネ通りやモンジュ通りなどにも分布する。

右岸では、凱旋門周辺の主要道路沿い、モンマルトルの丘の山裾を回るようにクリーシー通り、デドウロ通りなど重要な大通りにも分布する。

また、凱旋門から副都心・デファンスまでの直線路グラン・アルメ通りとシャルルドゴール通りに沿っても同様な CBD タイプが分布するとされている。

これらの二次的な CBD は、地上階に商店が中心に入り、サービス店や中小オフィスも地上階にある。しかし、上階はマンションになっている場合も多く、先のさらに中心性の高い大通りの多くの高級マンションを含め、オスマンが拡張し、その後も整備されてきた大通りに沿って 6、7 階の高さのそろった統一感のある建物は威厳ある美しさを示し、パリの風景の重要な要素になっている。

3）行政、政治などの中心施設など

なお、宗教的中心であるノートルダムは、パリの発祥の核であったセーヌ川の中洲・シテ島南東端に置かれ、広場を挟んで警視庁、となりに市民病院、警視庁のさらに西にはパリ司法宮があり、セーヌを挟んで北側には市庁舎が置かれている。宗教と行政機能の中心部である。また、現代の政治の中心・エリゼー宮殿は、セーヌ右岸、コンコルド広場に近い。また、国会下院はブルボン宮殿に、上院はリュクサンブール宮殿で、さらに行政の中心・首相官邸マニョン宮はいずれもセーヌ右岸にある。また、財務省はパリ 12 区ベルシー通りに、セーヌ川にせり出す近代的な建築として置かれているなど、省庁など国の行政機関は広くパリ市内に分かれて置かれている。

また、高橋（1998a）やバスチエ（1998）によれば、高級住宅が多いのは、7 区（アンバリッド周辺と、その西隣フォーブル・サンジェルマン地区）、8 区、16 区（パッシー周辺が有名）、17 区などであるとされている。こうした高級住宅地でも、大通りには地上階に洒落たブテックなどを中心に一般商店やカフェー・レストランが、それどころか中小のスーパー（Monoprix など）も立地、分布している。

なお、以下に取り上げるムフタール通りは、この地図では商店が主である業務地区に分類されており、ダゲール通りは図 8-4 の図郭外になってしまっているが、すぐ北西に繋がるメーヌ通りが同

じく商業が主である業務地区になっているし、調査観察結果から見ても、同じ分類になっているであろうと考えられる。これらの二つの通りは、商店を伴う CBD というよりは、住宅を伴う商店街とした方が妥当で、オフィスは非常に少なくなってしまう。

4) ダゲール

ダゲール通り（桜井他 1998a、p.102 図 2）は、通りはさほど道幅が広くなく、とくに南側は 3 階から 5 階建ての建物が多く、さほど高級な住宅地とはなっていない。しかし、この通り北側を走るフォワドゥヴォ通り沿いには 7 階建て程度の立派な建物が多いために、連接するダゲール通りの北側の建物は整った住宅が多く、一部は洒落たコンドミニアムであろうと思われるところもある（写真 8-8）。逆に南側は高さも間口幅もそろわない建物が連なる（写真 8-9）。それでも、カルチェの内部はスラム化することはなく、部分的な改修が進められながら建物が近代化されてきて、その意味ではジェントリフィケーションの傾向が見られる。すなわち、この地域の商店・サービス施設の分布図にも示されているように、ダゲール通りにはさまざまな日用品を中心とする小売商店が集まっており、この通りはほぼ全面に商店やさまざまなサービス施設が 1 階部分に張り付いている。

ダゲール通りとルクレルク大通りの交点 A（桜井他 1998a、p.102 図 2 参照）はいわば駅前からの商店街への入り口部に相当するが、ここには大きな通り名を冠したカフェ・「ダゲール」（写真 8-10；ルクレルク大通り反対側からみた風景）があり、地区の社交場のシンボル的な存在であろう。その向かいはスーパー Monoprix になっている。その周辺のルクレルク大通りには図外ではあるが向かい側を含め、衣料品店など高級な買回り品店が多く、映画館などもあり、それらの上階は比較的高級な住宅である。その入り口からダゲール通りに入っていくと、まずは八百屋、フルーツ店、肉屋、酒店、チーズ屋、パン屋、総菜店など食料品を中心とする日常的な小売商店が多い（写真 8-11）。そうした食品関係の商店の中には、ワインの「ニコラ」のようなチェーン店も進出している。また、他のカフェもあるし、レストランもある。この周辺の建物も、2 階以上はそれなりに整った住宅が多いが、この入り口部分（A-B 間）は歩行者天国化しており、テントの張り出し部も設置されて商いが行われている施設も多い。

さらに通りを西奥に向かうと（B-C 間）、食料品などよりも買回り頻度がより低いさまざまな日用品店が多くなり、商店の割合も低くなっていったし、空き店舗も見られた。なお、B-C 間は歩行者天国化していないが、道路両側に歩道を設けて自動車は一方通行になっており、さらに奥に進むにつれ歩道は狭くなり、場末的な街になる。

なお、この分布図からは、きわめてこの地区の特徴的な経済活動である葬儀関係産業が見られ、モンパルナス墓地近くであることの証となっている。また、道路名になった写真家ダゲールの関係もあろうか、写真や画家のアトリエも特徴である。

写真 8-8　ダゲール通り北側からみたコンドミニアム

写真 8-9　ダゲール通り南側の商店

写真 8-10　ダゲール通り入口、カフェ「ダゲール」

写真 8-11　ダゲール通りの食料品店

5) ムフタール

　ムフタール街は、その商店・サービスの分布図（桜井他 1998a、p.104、図3参照）に示されるように、南北に細長い狭い通りであり、その通りの狭さや直線的でないこと、建物の老朽化の進展などから、伝統的中世的雰囲気を持った都市の通りとされ、それがいかにもヨーロッパの大都市を思わせ、整った、道幅の広い、開けたシャンゼリゼ大通りなどとは対照とされながらも、パリ観光の目玉の一つにもなっている。

　ムフタールは地下鉄が通るモンジュ通りとほぼ並行するような通りで、分布図中のMマークは地下鉄のモンジュ広場駅とCensier - Daubenton駅で、北には図郭を少々離れるがカルディナル＝ルモワヌ駅もある。モンジュ通りは大通りであり、地階は商店やオフィスも多いが、上階はホテルとして利用されたり、高級住宅も少なくない（写真8-12）。

　モンジュ通りなどの昔懐かしいような伝統的な都

市景観はスノビズムの対象として観光の目玉になったが、居住地としての魅力の一つにもなってきており、富裕層が建物機能を近代化しながらその景観を楽しみつつ暮らしはじめており、景観の保全・改善につながっている。こうした傾向は、ここばかりでなく、マレ地区など、パリ市内の古い中心部のカルチェに見られる新たな傾向でもある。

　もともと日用品店を中心とする、生活の匂いのするムフタール通りは地域分化が始まり、北側おおよそ3分の2、ジャン・カルバン通りまでは観光客を引きつける通りとして進化し、レストランや土産物店、衣料品店などが集まっており、夜はレストランやキャバレーなどが目立っている。この観光化した北側3分の2の通り中心、図中Bに、コントルスカルプ広場がある。噴水が置かれたこの広場周辺にはカフェが集まり、広場に向かって椅子とテーブルが置かれたオープンカフェとなっていて、田舎町の中心広場を思わせるような親密さを醸し出している（写真8-13）。周辺は交通規制がなされ、歩行者天国化している。この観光化した通りは、さらに北に、つまり中心部へと延び、デカルト通りを抜けて、サンジェルマン通りまで延びている。すなわち、若者や観光客が集まるカルチェ・ラタンから、彼らを招き入れるかのようにレストランなどがムフタールへと続くのである。これらレストランのほとんどが外国料理店であり、中華料理、ベトナム料理、アラブ料理、イタリア料理、ギリシャ料理、スペイン料理、インド料理、韓国料理などが異国情緒を匂わせながら手頃な値段で提供されている。1974年以降95年までに図中のB-C間では食料品店は3店減少し、レストランは39軒に増加していた（写真8-14）。

　通りの南側、ムフタール通りの入り口、図中のD-C間には、食料品を中心とする中小の日用品店が密集しており、伝統的な「親密社会空間」としてのカルチェの中心商店街の性格が色濃く出ている（写真8-15、8-16）。この入口は、C-D間は歩行者天国化されている。

　また、パリ市を超え、隣接する周辺部を含めても、パリは現在も富裕層の大部分が比較的都心近くに住まう伝統を持ち続けており、先の区部の高級住宅地に加え、西にヌイィ、サン・クルー、ブーローニュ北部、東にはヴァンセンヌ、サン・マンデといった東西軸の交通の便のよいところが高級住宅地になっている。これら高級住宅の成立条件を、バスチエ（1998）は、1. 街区環境の快適さ、2. オスマン男爵に始まった街区整備、つまり18、19世紀に整備された大通りの壮麗さと広々とした雰囲気、3. 建物の質と住宅設備の良さ、4. 高級店街、娯楽施設、オフィス街、政治権力への近接性、5. 交通の利便性、6. スノビズム（高級住宅地に住まうことは社会的成功の証）を挙げている。彼は、また、旧市街の古い建物の取り壊しと再開発が相応に行われ続けてきたこと、共同所有化（コンドミニアム）の普及、生活水準の低い人が郊外の団地へ移転していったこと、都心部居住用賃貸価格の高騰らがパリ都心部のブルジョワ化をもたらしてきたことに注目している。その

意味では、セグレゲーションはある程度進んでいるが、それでも世界の諸都市と比べるとひどくはないとし、その理由として中間層の厚さを考えている。古い住宅のうち質のよいものは手に入れられ、広々とした街区の開放的景観が好まれて高級住宅になることが多い。しかし、同時に、再開発された新築の集合住宅もあり、そうした住宅は均質化傾向を示している。一方、質の高くない住宅地には外国人労働者なども集まりがちである。

5. ケルン・ボン大都市圏との比較

両大都市圏ともに、その核である都市は比較的平坦な平野部に位置し、北西ヨーロッパの中では地力の高い、もっとも自然条件に恵まれた農業地域である。そのため、もともとは糠耕作のような作物栽培にも、麦作にも適し、大規模な資本主義的農業が両国の中では早期に発展し始めていた。同時に、購買力のある市民層が近くにいたので、園芸農業も早期に芽生えた。場所によっては、ワイン生産も可能であった。

パリがフランスの中心都市として順調に成長してきたのに対し、ケルンは後背地のドイツが大小さまざまな封建領土からなっており、統一国家にはほど遠かったから、成長はゆっくりであった。

順調に大きくなったパリは、その大都市圏を含め、ケルンやケルン大都市圏とは随分異なる。首都として整備が進んだパリでは、中心部に整備された大通りがあり、そこに大きな建物があり、ここに商業施設とオフィスなどの業務地区が併存している。とくにオペラ座界隈のような利便性の高い中心部の大通りはオフィスに占められてしまう。同時に、高級住宅地もこれに近い周辺地域にあり、それらの上階を中心に分布している。ケルンは規模が小さいので、第二次世界大戦で徹底的な破壊がなされたにもかかわらず、中心部の大通りの整備は十分には進まなかった。そのため、中心部は再建された建築物自体もそれほど大きくはならず、商店が集中して賑やかなケルンの一番重要な中心、ホーヘ通り・シルダーガッセは道幅も狭く、商業施設はそれなりに展開しているが、オフィス用には不足がちで、特定地区の再開発と環状大通りへのオフィスの進出が目立っている。

旧市街の一般の通りの住居と地上階の商業・業務の併存は両都市ともにヨーロッパの都市らしい特色であり、路上観察だけでは、とくにオフィス機能の存在がわかりにくい。パリは中心商店街の大きさと商業設備の高度化、高級化はケルンと比べ格段に上をいっているし、そうした地域の広さも格段に広い。これに比べケルンは、親しみ深い、密集したヨーロッパ都市らしい。ただ、パリ中心部でも、サントノレ通りなどは、建物の高さはそう高くないし、間口も大きくないので、小面積の小売店が並んでおり、親しみやすさをもった中心商店街であろう。一方、シャンゼリゼ大通りやヴァンドゥム広場周辺のような荘厳さをもった高級商店街はまたひと味違っており、そこにはオフィスも多く、パリには二種類の中心商店街があるようである。

東京と対比してみると、都市中心部の高密度さ

写真8-12 ロラン通りからモンジュ通りを抜け、ナバル通りを望む

写真8-13 コントルスカルプ広場

写真8-14 ムフタール通りのレストラン風景

写真8-15 ムフタール通り南入口付近の風景

写真8-16 ムフタール通り南入口部の風景

とその高さの均質性は両市ともに際立っている。東京の中心業務地区、商業地区では、高さ、間口の広狭に不均一さはあるが、丸の内や銀座などはかなり整備され、そうした中心部が広がりつつあろう。パリは大通りなども整備されているが、他の北西ヨーロッパの都市の多くは、自動車交通に適した大通りの整備確保が東京よりも不十分である。しかし、その弱点を歩行者天国化や一方通行道路の延長・確保、公共交通の活性化などで工夫しているともいえよう。

なお、パリ中心主義、パリへの集中の問題点については、フランスの地理学者達も強く意識し、地方との分離を問題視してきた。ブリュイエール（1998）はとくに国境地域が隣国との大都市圏結合をして統合単元を作り、パリ・リヨン・マルセーユを繋ぐフランスの中軸はここを境に分断されかねないと指摘している。これは危機意識として批判的にとらえるものではなく、フランスがパリ中心主義を超え、ヨーロッパ全体として成長する道だとみているようであった。

参考文献

阿部和俊 2009．ゆっくりと変化するパリのすがた．阿部和俊編『都市の景観地理　大陸ヨーロッパ編』古今書院．14-23．
荒又美陽 2009．歴史的街区マレの景観とフランス．阿部和俊編『都市の景観地理　大陸ヨーロッパ編』古今書院．
髙橋伸夫・ジャン・ロベール＝ピット・手塚　章編著 1998．『パリ大都市圏―その構造と変容―』東洋書林．
髙橋伸夫 1998a．第Ⅰ部　第1章　パリ大都市圏の地域特性．前掲書所収 12-37．
ジャン・ロベール＝ピット，菊地訳 1998．第Ⅰ部　第2章　パリ大都市圏の位置と役割．前掲書所収 39-44．
ポール・クラバール，村山訳 1998．第Ⅰ部　第3章　パリ大都市圏の現代的形態．前掲書所収 45-54．
ピエール・ブリュイエル，桜井訳 1998．第Ⅰ部　第3章　パリ大都市圏と地方圏の関係．前掲書所収 55-67．
ジャン・バスチエ，手塚訳 1998．第二次世界大戦におけるパリ市の変容過程．前掲書所収 68-73．
桜井・髙橋・手塚・村山・菊地・松村 1998a．第Ⅱ部　第3章　カルチェ（街区）の近年の変化．前掲書所収 99-111．
髙橋伸夫 1998b．第Ⅱ部　第7章　パリ大都市圏におけるニュータウンの現状と将来．前掲書所収 140-161．
桜井・髙橋・手塚・村山・菊地 1998b．第Ⅱ部　第8章　パリ大都市圏近郊外縁部における農村の景観とその変容．前掲書所収 162-189．
菊地俊夫・髙橋・桜井・手塚・村山 1998．第Ⅱ部　第9章　パリ大都市圏の後背農村における農場経営の変化．前掲書所収 190-208．
髙橋伸夫 1998c．結論　パリ大都市圏は私たちに何を教えるか．前掲書所収 282-290．
髙橋伸夫 1981．『フランスの都市』二宮書店．
手塚　章 1993．第二次世界大戦後におけるパリ周辺の農業変化．地学雑誌 102（3），314-326．
ジャン・ロベール＝ピット著，髙橋伸夫・手塚章訳 1998．『フランス文化と風景　上　下』東洋書林．
Westermann 2015. Dirke Weltatlas，S.127．

IX
都市からみた北西ヨーロッパの空間構造

1. 北西ヨーロッパ都市の成立と分布

　旧西ドイツ地域からパリ地域までの間の北西ヨーロッパ中核部では、都市の成立や分布に大きな特色があろう。それは、ローマ時代に成立した都市がそこを基礎に発展し、都市として継続した例があることである。その分布域はローマ帝国の版図である地中海沿岸からライン、ドナウの南西側であり、さらにグレート・ブリテン島が加わる（Pounds, 1979：ジョーダン他 2005、p.258, 図 8-1 参照）。このローマ起源の都市と呼ばれるものには、国境に接した軍事施設などを核とした町も含まれているので、都市分布は北西ヨーロッパ全体に均等であるようにも見えない。なによりも北西ヨーロッパの北東側半分にはローマ都市は存在しないし、ドナウ上流部のローマ帝国側にさえも希で、イタリアやスペイン南部、ギリシャに比べ、北西ヨーロッパの都市密度は低かった。

　その後、地域の商業などのサービス中心地としての都市が、ヨーロッパ中世社会に生まれていった（佐々木 1986、p.70ff.）。魚住（1991）と永松（1996、p.27）は、フランス中部から東欧にかけて Mehhon による 12～13 世紀の成立時代別の都市分布を示している。これによれば、より古い時代、1150 年までに成立した都市が多いのは北フランスからドイツ西部にかけての地域であり、一方、後の時代、1220 年から 1250 年に成立した都市が多いのは南ドイツ、東ドイツからポーランドにかけての地域である。これら成立時期を問わないで中世都市の分布図（Pounds 1979：ジョーダン他 2005、p.259, 図 8-4 参照）をみると、英、独、仏を中心にそれらが多く、中世以前に起源する大都市としては、パリ、ロンドンとともに、ケルンもその仲間であったし、ブルージュ、ヘント、イーペル、ブリュッセルなどベルギーの諸都市もヨーロッパの中核的大都市になっていた。

　これに関連し、ドイツについては、Popp（2002）が、全土の 2061 都市の成立時代別、現在の都市規模別に分布図（図 9-1）を示している（『ドイツ ナショナル・アトラス　第 5 巻 村落と都市』、S.80, 81）。同時に、1100 年以降、25 年ごとの成立都市の数の推移（図 9-2）もグラフに示している。これをみると、ドイツ地域では 1200 年頃から急激に都市が発生し、1225 年からの 25 年間に約 200 都市が成立し、次の 25 年間には 140 都市、さらに次の 25 年間に再び約 200 都市が成立してピークを迎えた。その後成立都市は漸減し、1375 年から 1400 年には 60 都市程度

となって、その後1850年までは成立した都市が非常に少なくなってしまった。中世に成立した都市は、封建領主の拠点として成立したものが多い。しかし、司教座、教会、修道院などが置かれたところに成立した都市もあったし、さまざまな理由から都市は発生したであろうが、1800年代以前のヨーロッパ都市の基本機能は商業であった。それら都市は、その都市自身と周辺地域へのサービスセンターであったといってよい。このことはヨーロッパ都市を考える上で非常に重要であろう。

その後ドイツでは産業革命以降、1850年からの25年間には約50都市が成立し、急増したが、さらにその後の1950年から1975年間が最も多く、この間にも240都市程度の発生をみている。この頻度分布から、ドイツ都市は中世と現代に成立したものが多いことがよくわかる。同時に、分布からは中世に成立した都市が国土全体にいかに広く均等にあるかも見て取ることができる。

ジョーダンは、1500年頃における主要都市の分布から、北フランスからベネルクス三国を含めた西ドイツ地域までの範囲に当時の都市化の進んだ地域があったと説明している。彼は1600年頃のこの地域の都市人口は12,3%と推定しており、それ以外のヨーロッパ地域は2%程度であったろうとしている（ジョーダン他2005；259）。

図9-1に再び戻って、中世までに成立した都市の密度が高いのは、地力の高いレス土壌のあるケルナー・ブフト（ケルン周辺平野部）、ヘルヴェーク、ライン地溝帯地域、シュットガルト周辺、テュービンゲン、ザクセンなど平野・盆地のレス土壌地帯であり、逆に密度が低かったのはオルデンブルクとバイエルンのミュンヘン周辺地域である。中世都市は、このように地力の高い地域では密に、同じ平野地帯だと全体とすればほぼ等間隔に、しかも河川などの主要交通路沿いに密に分布していることがわかる。一方、北ドイツ平野やバイエルンでは密度が小さくなる。中位山地は、思ったより密度は低くはないが、谷沿いや盆地に多い。中世都市は地域の商業サービスセンターのようなものであり、いかにも地域中心として成立してきたのだろうということをこの分布パターンが裏書きしている。また、こうした経験則がクリスタラーの都市分布の規則性と階層性の論を生むことになった理由であろう。

2. 中世都市がもたらした都市構造

こうした中世に成立した都市の多くは自治、ないしは機能的組織の具体的表出として市壁を有し、領主の館などの行政組織や少なくとも都市自治組織のシンボルとしての市庁舎、ギルドホールなどと、交易の場、市民の市としての広場、宗教的中心としての教会とが都市の基本的構成要素であった。大砲が出現して防御のための市壁が意味を持たなくなるまでの間、市壁は長期間存在し続けたし、大砲の時代が来ると堡塁を設けて市壁を守る施設の補強をしようとしたが、結局市壁は一挙に無用の長物となってしまった。つまり、都市の成長・拡大と近代化を妨げる施設に過ぎなく

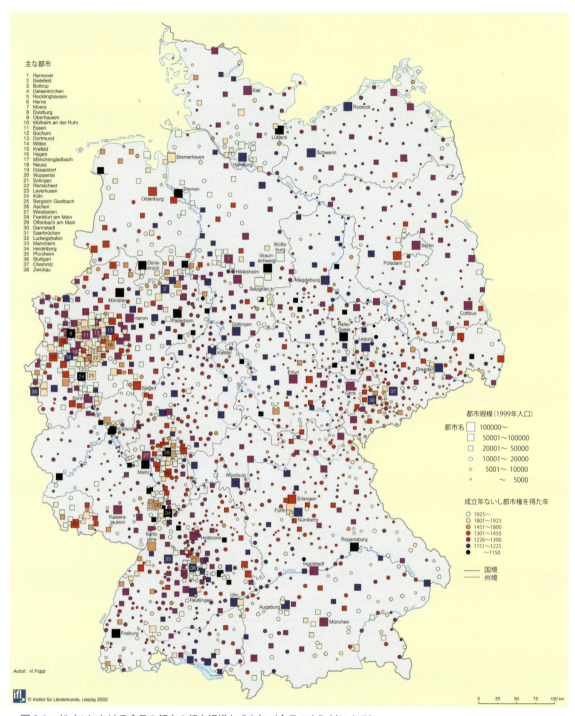

図9-1 ドイツにおける今日の都市の都市規模と成立年（今日の市町村による）
出典：Popp 2002『ドイツ・ナショナルアトラス：村落と都市』S.81.

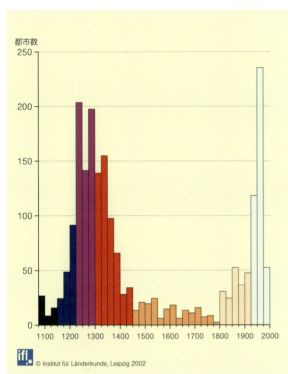

図9-2　ドイツにおける25年ごとの成立年別都市数の経年変化
出典：Popp 2002『ドイツ・ナショナルアトラス：村落と都市』S.80.

なったのである。

　それでも、現在もなお旧市内のシンボルとして、都市存立と歴史の証として、市壁や市壁に付帯する市門や塔を残し続けている都市も多いし、その市壁跡に公園や散歩道が設置されることもある。また、一方ではそこを環状道路とし、旧市街の交通混雑を避ける迂回路の役が担わされていたりもする。

　市壁は都市域を限定し、その長期にわたって限定された市域の密度を高めさせた。同時に、その高密度の旧市街は計画的ではない、狭隘で不規則な道路網を生み、都市を固定化してきた。第二次世界大戦後、戦災にあった都市では、復興の際に、計画的な道路パターンを導入するチャンスもあったが、とくにドイツの都市計画家の多くもそれを主張したとされるが、結局、ドイツを含め、多くのヨーロッパ都市では計画的な自動車向けの道路網の導入には失敗している。ロッテルダムやコベントリーは、その成功の希な例であるという（ジョーダン他 2005；279）。ブレーメンの都市内道路の総延長のうち84％が幅員7m以下の通りであり、オルデンブルクでは同様の通りが91％を占めるという。

　この建物の高密な旧市街地は、人口規模に比べて市域が狭いというヨーロッパ都市の特色をもたらしている。同時に、その高密な都市内に住まうという伝統は人々のそうした嗜好性を育み、今も色濃く伝統として根付いており、パリのような大都会でも、高級住宅地が旧市街地中心部、ないしはそのすぐ近くにある。パリのような巨大都市にはパレードを見せるためのなどの大通りがあるが、そうした広場機能を果たす大通りを除き、狭く高密な中小都市の中心部は、狭隘で不規則な街路を残したままであった。しかし、第二次世界大戦後には、その自動車交通には適さない環境を逆手にとるように歩行者天国化を試み、公共交通を再整備した。一方通行道路や行き止まり道路の設置を工夫し、歩行者中心の中心市街地を守るとともに、その市街地を避けて通り抜ける迂回道路

網などを工夫して新しい時代に適応した。この迂回路作りと同時に、自動車交通との共存を目指して、隘路の拡張や障害になる建築物の除去なども一歩一歩並行して行っており、伝統的都市景観の保全と近代化・快適化の試みとがバランスをとりつつ続いているように思われる。また、古い旧市街の歴史的建造物とともに、歩行者天国化された狭隘な道路網は都市の親密さを醸し出すよい手段になっていることも多いのである。また、中心部近くに高密度に住まうという伝統は、歴史的建造物の保全、古い都市景観の維持管理上もよい成果を生んでおり、古い建造物への再投資、旧市街地の再開発もある程度行われており、スラム化の危険性を下げ、ジェントリフィケーションを生む可能性もある。この点に関わる利害得失はバランスの問題でもあろう。また、高密度に住まう伝統や旧市街地の再開発への投資などは、戸建て住宅の好みへの変化、急増もある程度押さえ、市街地の絶えることのない拡大をある程度抑える役を担っていることも重要であろう。

なお、イギリスばかりでなく、ドイツなどでも「カウンター・アーバナイゼーション」と呼んでもよいような現象が起き、大都市部は、とくにその中心部は相対的に人口が減少する傾向が生じ、周辺農村部に急速に住宅地が広がっており、農村に住まうことは新たな流れになっていることは、先の章で示した通りである。

旧市街に住まいながらも、郊外で楽しめそうな庭仕事ができる空間をシュレーバーガルテン、クラインガルテンなどで保証することも長い伝統の中で成立してきた。シュレーバーガルテンやクラインガルテンは、最初の設置のきっかけは労働者層への食糧自給保証の一環であったとされており、第二次世界大戦後の社会の安定と平和が、現在のような形のシュレーバーガルテン、クラインガルテンをもたらした。

戸建て住宅への好みは、ヨーロッパでも第二次世界大戦後大きくはなったが、旧市街ばかりでなく、両大戦間にも、第二次世界大戦後も、新興住宅地にはさまざまな共同住宅も併設されてきた。

貧富の差や職業上の差異を超えて狭い範囲に暮らした中世以来の都市住民の職住近接の伝統は最近までも続いてきたが、産業革命と都市の爆発の時代を迎えて急激に変化し、都市内部の分化が起きてきている。それは交通の発達を背景に起きたことでもあり、都市内部の空間的な分化が起き、しかも近年になるほど深くにまで及ぶようになってきたといえよう。

町のコンパクトさは、路面電車などの公共交通の利便性の背景を作り、自転車が利用しやすい環境を提供している。また、コンパクトな都市の周囲に成長したニュータウンや古い農村集落を核に成長した住宅地も塊になって主要幹線路沿いにあることが多いから、鉄道路線網も利用しやすい構造になる。

また、市壁を伴う旧市街の存在という伝統は、近代化の際の鉄道駅立地場所にも影響を与え、多くの中小都市では市壁外に主要駅が置かれ、都市を回避した形で鉄道も敷設されることが多かった。古い都市核周辺に置かれた大都市の主要駅は、

終着駅（ターミナル）であり、パリでも北駅、東駅、リヨン駅、オステルリッツ駅（オルレアン駅）モンパルナス駅、サン・ラザール駅と周辺地域へ向かう鉄道路線ごとにターミナルが設けられていた。

3. 工業の発展と都市構造

中世起源の都市の多くが商業機能を基礎に持ち、地域中心であったのに対し、産業革命以降の都市の成立と発展には、その工業の発展の歴史が重要な影響を与えている。

もう一度、先のドイツの都市成立時期別分布とその頻度分布に戻ってみよう。中世以降に都市成立が多くなるのは、産業革命期であり、ドイツでは 1850 年からの 25 年間には約 50 都市が成立し、急増した（図 9-1、9-2 参照）。しかし、産業革命期以降の都市成立では日本より先行したであろうと考えられるドイツでも、実際には 1950 年から 1975 年間の都市成立が最も多く、240 都市程度の発生をみている。ドイツの都市は非常に中世に成立したものが多く、同時に、その中世にできた都市の種が生き続け、それらが核となって第二次世界大戦後の都市化の時代に、再び周辺に活力を与えたようにも考えられよう。

ドイツでは、産業革命以降に成立した都市は、大都市圏に成立したものがほとんどであり、それらの密度が高いのはまずはルール大都市圏、ケルン・ボン大都市圏、ライン・マイン（フランクフルト）大都市圏などであり、1801 年から 1925 年までの前半は工業都市として発生したものが多く、その後、1925 年以降に発生した都市は母都市である大都市の近郊住宅都市として成立したものが多いように思われる。都市は自動車交通時代になって急速に拡大し、それが新たな都市成立をもたらしたと言えそうである。

また、都市規模と分布の関係をみてみると、大都市圏には大きな都市が多く、大都市圏以外は中世都市の密度は均等であるが、相対的には大きくはなっておらず、成長していないことがはっきりしている。都市の成立は中世であるけれども、成長は工業化と郊外化に因っていることが想像できよう。つまり、工業を付け加えることができた都市が産業革命期に大きくなり、その拡張部として新しい都市が成立してきたといえるのではなかろうか。

工業は、フランドル地方では 16〜18 世紀に盛んになった毛織物業に始まるが、これらは都市内で職住が混じり合う中で営まれた。イギリスでは当初ペニン山脈東側のヨークシャーで毛織物業が盛んになった。その後、西側のランカシャーで綿工業が盛んになり、水力に依存した工業地帯が発生し、小都市を生んだ。1850 年頃の都市分布（Pounds 1985, p.162）によれば、英独の都市密度の差がよく出ているし、イギリスの産業革命の進行の様子をよく表している。

その後、動力の進化とともに、炭田地域や鉄鉱石産地などに大きな施設を伴う重化学工業が起き、大きな都市を成立させ、その工業に従事する労働者のための住宅地が生まれた。加えて、も

ともと労働力の集まっていた大都市や、原料や石炭の運搬に適した河川沿いに、その後は都市自らがてこ入れし、整備した交通環境である運河や鉄道路線に沿って、工業を核とした都市が成長した。そうした状況を1910年の都市分布（Pounds1985、p.504、Fig10.4 参照）はよく示している。その後、ついには、とくに第二次世界大戦後には臨海部などに工業が集積し、巨大都市も出現していったわけである（小田 2011）。

　都市は工業という面積には比例しない、しかも農業に比べ非常に大きな生産力を持った産業を持てることになった。つまり、面積に比例し、それゆえ等間隔になる傾向を持つ農業時代における農業地域の市場町としての基本機能以上のものを、都市自身で持てることになったのである。そのため、工業が都市を生み、都市はその労働力を住まわせる住宅地を作ることになり、その住民に供給するための農産物生産を都市近郊で行わせることになった。都市は、周辺農地の面積ではなく、工業で産み出す財で自身が大きくなり、商業機能も充実できるようになったのである。

　工業の発展は次には第三次産業の発展を促し、サービスや情報、管理機能が都市の重要な機能になってきた。その結果、都市には必ずしも工業地区が必要ではなくなることもあったし、付加価値の高い工業は広い面積を必要としなくなっていく。

　都市は交通の発達とともにより広範な範囲に影響を及ぼし、都市機能も分化し、空間的に分散し、機能的には密に統合化されても行く。

4. 都市内部の構造とその変化

　先には、中世都市起源の北西ヨーロッパ都市の多くが、市壁を持ち、その市域が農村地域とは明快に区切られていることを強調してきた。ここでは、都市内の空間構造と、都市化で拡張してそれがどう変化したのかという話題に集中しよう。

　中世都市には、市庁舎、教会、市の立つような広場の存在があるが、こうした都市の中心施設についてはどのような一般性があるであろうか。中世起源の都市の伝統として現代の北西ヨーロッパに引き継がれる内部の地域差や構造についてはあまり気づけなかった。それは、高密度で地域分化が進んではいなかったから、ほとんど触れられてはいなかったのであろう。都市内部の地域差をもたらす地域分化は、産業革命以降に都市が拡張してもたらされたものなのであろう。

　Kerstin（2002）は、ドイツの中小都市の現在の構造をモデル的に示している（図9-3）。これは、リンブルクやオイスキルヒェン、ラインバッハのような、現在数万前後の人口の都市から、せいぜいボン程度の大きさののドイツ都市を想定しているように思われる。これによれば、古い都市核、多くは城壁に囲われた旧市街があり、ここには中心の広場（H/M：マルクト広場、フランスなどの一部の地域では屋根付きのマーケットなどもあろう）と古い行政施設などの中心機能が置かれ、ここが重要なCBDで、中心商店街、オフィス街である。このCBDは、新しい鉄道時代の中心点

IX　都市からみた北西ヨーロッパの空間構造　　197

であった駅に向かって伸び、この両者の間に展開していた。この旧市街の周囲には、副次的なCBDが主要通りに沿って分布し、より上位のオフィス集中地区、戦前から開発されていた古い住宅地もある。この古い住宅地には都心部とは別の副中心がいくつかおかれている。その商業施設は都市規模によってはそれほどの集積にはなっていないことが多い。この外側に、現代の公共施設用地、密度の高い多世帯型住宅を中心とする住宅地や高級住宅地区などもある。さらにその外側に、第二次世界大戦後都市の爆発的拡大で生まれた戸建て住宅を中心とする住宅地があり、それら新しい都市域には、工業団地や大型商業施設などもブロック状に開発されている。これらの工業団地は、産業革命期にできた重化学工業の工場ではなく、むしろ大都市にできた工場が分散化して成立したものである。さらに外側には、市町村合併で同一の都市として合併されたかつての農業集落が分布する。このモデルは、リンブルク

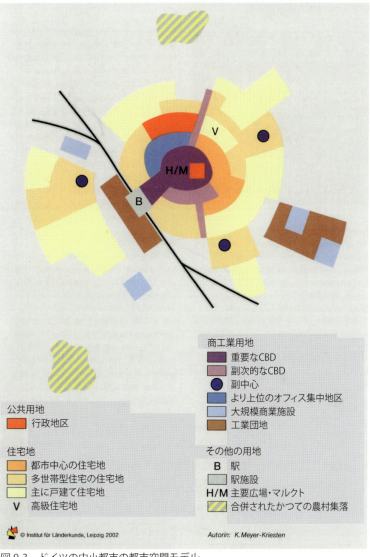

図9-3　ドイツの中小都市の都市空間モデル
出典：Kerstin 2002『ドイツ・ナショナルアトラス：村落と都市』S.61.

の例にそっくりであり、オイスキルヒェンでも、ラインバッハでも当てはまるようである。また、

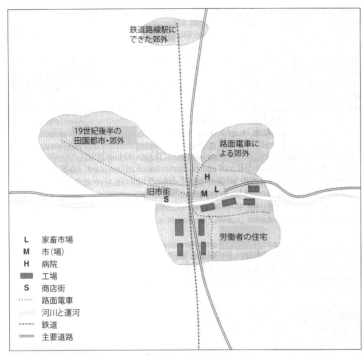

図9-4　1900年頃のヨーロッパ大都市の都市空間モデル
出典：Blouet 2008, p.120

まさにこのレベルの都市であろう。

これによれば、まず旧市街が中心にあり、この旧市街には複数の商店街と一つの市場が中心にあり、その市場に隣接して家畜市場がおかれている。その中心に隣接して病院があり、その周辺には路面電車で拡大した郊外が伸び、また、その後同じく路面電車に沿って19世紀後半に成立した庭付き郊外住宅地がある。それとは別に河川に沿って、また幹線道路ないしは鉄道に沿って工場が立地し、その工場へ徒歩通勤ができる労働者住宅が棟割り型などの建て方で近接して配置してある。さらに遠方には鉄道路線を利用する郊外都市が島状にある。そして、郊外は決して主要幹線道路に沿っては伸びてはいない。このモデルは、ケルンの都市化の様相にそっくりである。

Blouetはさらに、都市の第二次世界大戦後の変化結果のモデル、図9-5を示している。それによると、先のモデル図は、旧市街には、商店街が発展して中心商店街ができ、市場は存続するが、家畜市場はなくなって郊外に大規模なものに作り替えられてしまっている。かつての工場地区の一部は公園やレクレーション用地に変わり、また一部は空き地になってしまい、工業利用は廃れ、替わって軽工業の広大な工業団地がさらに郊外に成

フランス、パリ大都市圏のエタンプなどもある意味でよく似ている。ボンもどちらかと言えば次のモデルよりもこのモデルに近いであろう。

Blouet（2008）は、1900年頃のヨーロッパ都市内部構造モデルを示している（図9-4）。これは、先のドイツの中小都市のモデルのように人口数万程度の都市とは異なり、より大きな都市を考えているモデルである。すなわち、路面電車で市域が拡大し、産業革命期に工場や工場労働者の住宅地ができたような都会のモデルである。ボンは、工業発展で成長しなかったので、この例には馴染まないが、人口50万以上の都市、ケルンやパリは

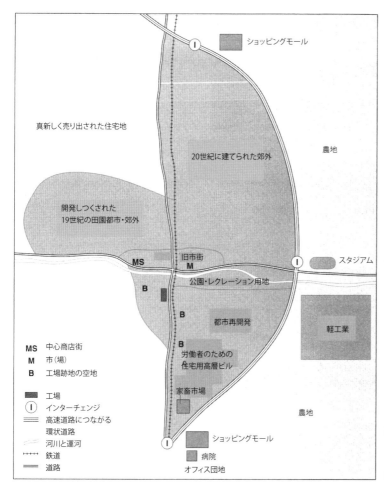

図9-5　今日のヨーロッパ大都市の都市空間モデル
　　　　　　出典：Blouet 2008, p.123

立している。かつての労働者住宅は再開発され、棟割り型の建築が高層化された。19世紀の田園都市は空きを埋められるように開発され、さらに広大な新たな郊外が生まれた。その郊外の外側に、ショッピングモール、病院、事業所団地、大規模スポーツ施設などが作られ、そこを環状道路が結んでいるというモデルである。これもケルンやパリを思い起こすとまさに頷ける。

5. 都市の諸類型

　ジョーダン他（2005）はヨーロッパの都市の地域類型分布を示している。それによると、北西ヨーロッパのほとんどをゲルマン型都市（中央ヨーロッパ型都市）が占め、ここを中世都市建設期に由来する伝統を引き継ぐものとし、自治意識の高さ（今もハンブルク、ブレーメン、ルクセンブルクは国扱い）と農村への冷たい視線をもつとしている。今なお旧市内は格式の高さを誇示し、ファサード重視の伝統を持つとしている。この地域では反都市化への動きは鈍く、都心部の歩行者天国化を試み、公共交通の保護・再活性化に熱心であったとしている。さらに、都心部再開発への意欲が強いとしている。また、ルール工業地域や北フランスからベルギー、オランダの旧時代的工業都市の衰退に見舞われ、それらに抗して新しい道を模索しており、同様に、東欧圏の工業都市の衰退にも復活努力を注いでいるといったことがこの地域の都市の特色である。

北西ヨーロッパには、他にイギリス型都市があり、イギリス都市はアメリカの都市に近いものを持ち、持ち家の割合が高く、一家族が一戸建てや準独立家屋型住宅に住まうことなどはアメリカ都市に近い。旧市街の古い建物の劣化、老朽化、貧困層の流入、犯罪の増加などが起きがちであり、インナーシティの保全指向はゲルマン型都市地域に比べ弱いことが特色である。ただ、アメリカよりはジェントリフィケーションの影響は大きく、政府は中心部の再開発に積極的であった。こうした意味では政府はアメリカより旧市街保護に熱心であったが、農村地域への住宅環境の好みは強く、反都市化現象は大陸ヨーロッパよりもより強く表れた。

次いで、北ヨーロッパ型都市は新しいスウェーデン、フィンランドの都市で、中心部の格子状道路パターンが特色で、郊外ではその格子パターンが乱れるが、広い並木のある道路と密度の低い戸建て住宅中心であること、広々とした公園緑地がたっぷりとられているとしている。

東ヨーロッパ型都市は、計画的郊外高密度高層社会住宅による都市化に特色があり、そうしたコロニーへの公共交通が確保され、広大な公共広場、記念碑的な大型の公共施設建築物、個人崇拝の残滓が特色であるとしている。

東ドイツやポーランドなどでは、もともとのゲルマン的な都市の上にこの東欧型都市が第二次世界大戦後上乗せさせられた形になっていた。

一方、地中海型都市は、ヨーロッパ都市の起源モデルでもあるが、自然発生的傾向が特色である。広場、教会、市庁舎といった基本構成要素も地中海起源であろう。都市計画の影響や土地利用区分の曖昧さが都市と農村の差異を小さくしている。農業労働者の町 Agrotown もあるし、農村は都市の原型である。スラムと低所得層は外縁部に居住することが多いのも特色であろう。住居密度は非常に高い。高級住宅地は古い都市核のすぐ外側に位置する。古い旧市街の外に産業革命期の都市化地域に当たるような外帯はない。中心部への交通配慮などは余りないし、ゲルマン型都市と比べると無秩序の傾向が見える。

こうして北西ヨーロッパの都市、ゲルマン型都市が中世起源であるという特色と、それゆえに都市域が限定的で高密であるように説明してみて、あらためて正井泰夫先生の都市断面の対比モデルを思い出した。交通の発達と都市の発展の時期的なバランスが、また近代まで続いた都市の固い鋳型がこれをもたらしたのであるといえよう。

6. 都市内のサービスセンターモデル

都市は大きくなり、面積を広げ、一つの都市を一つの中心点とだけ見なすことはできなくなってきた。また、都市には拡大する中でさまざまな部分地域が生じたし、いくつものかつての農業集落や田舎町が大都市に呑み込まれていった。こうした見方からクリスタラー・モデルを考えてみよう。

大都市の中には、いや大都市どころではない、ボン程度の都市でも一つの中心と同時に、いくつかの地区中心があり、いくつもの近隣中心があ

IX 都市からみた北西ヨーロッパの空間構造　　201

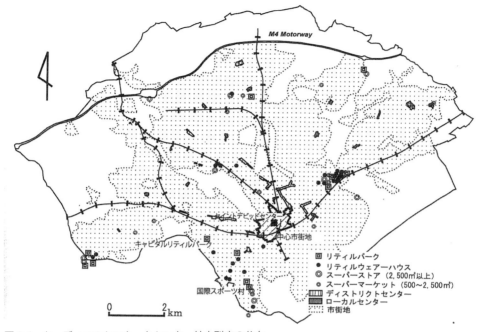

図9-6　カーディフのセンターとセンター外大型店の分布

出典：根田 2016, p.31

る。商業地理の専門家である根田（2016）、伊東（2011）はイギリスの例でそれらを示し、伊東はニューカッスル（人口約30万）の、根田はカーディフ（人口約30万）の調査結果を示し（図9-6）、根田はそれに基づいて分かりやすいモデル図（図9-7）を提出している。いわば、都市内部にクリスタラーモデルの一部が再現されているようなものであろう。同時に、このクリスタラーがモデルを作った時代にはなかった郊外型のショッピグモールは、中心の密度の低い地域進出し、そこを満たしているともいえるように思われる。クリスタラーの当初の発想、医者の定着・診療報酬と住民の移動コストの話などを踏まえれば、住民人口

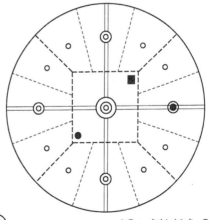

図9-7　イギリスの都市におけるセンターの階層構造
出典：根田 2016, p.27

とサービスの種類や価格などは、それなりの規則性があってしかるべきだろうと思える。多分、クリスタラーモデルは、大都市内の地区中心、近隣中心、中規模都市の地区中心や近隣中心を考える上でも役立つのではなかろうか。

7. 農村地域と都市システムとの関連

先に、Ⅱ6. において北西ヨーロッパの農業地域の景観構造モデルを提出してみたが、ここでは都市を含めた北西ヨーロッパの空間構造モデルを考えてみたい。

農業から考えた農村地域の空間構造モデルでは、小麦作を基礎において自然条件に恵まれた地域と自然条件に恵まれず、牧草栽培に重きを置く地域の対照を考えた。もともとは、混合農業地域であり、かつてのナウハイムのように、小麦作などを行う畑作と、少なくとも畜力として必要な、また自給牛乳を確保するための役畜兼用乳牛を含む牛・役馬を飼養するための牧草地・放牧地の利用が組み合わされてきたと考えられる（図3-11、12参照）。

畑作には恵まれず、牛・羊を飼養して農業を行ってきたのは、太陽光に恵まれない気温も低めな北部、降水量の多い山地や大西洋沿岸であった。こうした地域は、最小自立経営規模は大きく、そのため、農家は広い面積を必要とした。すると、農業人口密度はより小さく、同じ人口規模の村なら村域は大きくなったであろう。いわば、村という細胞は大きい必要があった。もしくは大型の集塊村は形成できず、いわば細胞が小さめで核も小さいともいうべき地域、つまり小型の集村、小村が中心であり、さらに牧畜に早くから依存した地域は散村、孤立荘宅地域、農場地域であった。

これに対し、畑作条件のよい、恵まれた耨耕作・麦作中心地域は、人口支持力が大きく、いわば農村の細胞は小さくて済んだであろう。あるいは大型の集塊村を形成し、都市的産業に近い機能をあわせて持ち合わせ、兼業農家を生み、職人が住んだりした。大型集村からは田舎町も成長し、田舎町の密度も高くなったろう。事実、中世に成立した都市密度は、高地力地帯で高いのである。

工業では、立地条件の良さで都市の人口支持力に差がもたらされるから、その都市がもてるサービス機能も異なってくる。その結果、同程度の機能を有する同階層の都市が均等に分布するなどというクリスタラーのモデルは妥当しないことになる。こうした関連から、近年になると、都市のサービス機能の分布を考えることがあまり地理学の中心的な研究課題にならなくなってしまったのであろう。確かに、工業は農業と比べ比較にならないほどの大きさの人口集積を生むことができ、巨大な都市が成立する。すると、その巨大都市は次位の階層の中都市を引き連れる必要もない。その巨大都市がそれ自身で存在し、拡張し、周囲の低位の町々を呑み込んでしまうことになる。

しかし、クリスタラーのこうした都市の階層的分布の規則性はすでに考える必要がないのであろうか。ドイツで暮らしてみて、クリスタラーの都市分布の規則性は、確かに存在する、もしくはし

ていたであろうと感じることが多い。それは、ヨーロッパの中核部から離れたり、また北に離れると、広大な農地が広がり、田舎町も少なくなることなどからも感じれる。地図帳をみても、北欧、東欧、フランス西南部などには、旧西ドイツ地域などよりも都市の規模の点では小さくなり、密度も低くなる。その理由を考えると、工業が、農業の集積の上に成立し、密度の高かった犂耕作・麦作農業適地にはもともと人口集積が高く、その人口を労働力として当てにして工業が育ち、それが都市を規模でも、密度の点でも育てることになったであろうと推論しても、そう大きな誤りはなさそうなのである。ただ、このヨーロッパの中核地帯には、100万規模の都市までしかなくて、多くがそれより規模の小さい中都市や地方町であるように感じる。

そして、何よりも、都市内に、こうした階層的な中心サービスセンターの配置があることにも気づかされる。クリスタラーは、これを考えた時代には広大な面積の都市、巨大都市をあまり気にしなかったであろう。都市を点として扱いながら都市の立地・配置・分布を考えて理論を展開したであろう。

しかし、その後都市は大きくなり、面的に広がり、その都市内に階層をなすサービスセンター構造ができているということができるのではないだろうか。リンブルク町、バード・ミュンスターアイフェル、ライン・バッハ、オイスキルヘンには、地区センターと呼べるものがあるかどうか微妙、むしろないというのが妥当かもしれない。そこに地区センターの代替役として、ショッピングセンターが入り込み、少なくとも地区、近隣センター（中心）を兼ねて小さなスーパーマーケットが立地した。人口30万クラスのボンになると都心・Cityより以外に、いくつかの地区中心があり（それらはかつての田舎町であることもあるし、大きな農村集落であることもあった）、多くの近隣中心（かつての農業集落などであることが多かった）があることは確実であり、それら中心はサービスの種類や規模で階層構造をなしているのは間違いないように思われる。それらの古くからあった中心構造で補えない部分に、ニュータウンのような形で、新たな郊外型のショッピング施設、ショッピングモールも進出していると考えてよいのではなかろうか。根田はイギリスの例を元に、こうした地方都市の商業構造と地域活性化策を探っていた。

なお、この都市・中心地システムの問題については、森川がドイツを中心に、しかも日本との対比の視点をもちながら、膨大な研究成果を得ているので、今後それに照らして考え直したい。

農村地域は、少なくとも旧西ドイツの農村地域では、先の図4-8に見るように、全体としては人口は減少してはおらず、むしろ住宅地としてそれなりの発展をしている。表9-1は市町村の規模別の人口（1970年前後に大規模な合併が進んだ）を示している。旧西ドイツ地域では、人口2000人以下の市町村の人口はコンスタントに減少し、田舎町にも相当しよう人口2000〜5000の町村の人口も70年代以降減少傾向にあるが、地方町、

表9-1　ドイツにおける市町村規模別の人口構成％の経年変化

人口規模	ドイツ帝国		旧西ドイツ				旧東ドイツ			ドイツ
	1871年	1925年	1967年	1974年	1989年	2000年	1971年	1989年	2000年	2000年
2,000人以下の農村	63.9	35.6	20.7	9.7	5.9	5.3	26.3	23.4	17.1	7.5
2,000～5,000の地方町	12.4	10.8	12.2	9.7	8.9	8.6	11.8	10.8	14.6	9.7
5,000～20,000の小都市	11.2	13.1	18.2	24	25.7	26.4	17.9	15.6	20.7	25.4
20,000～100,000の中都市	7.7	13.7	16.4	23.6	26	28.1	22.1	22.4	21.7	26.8
100,000以上の大都市	4.8	26.8	32.5	32.9	33.5	31.6	21.9	27.8	26.1	30.7
人口総数（百万）	41	63.2	59.9	62	62	67.1	17.1	16.4	15.1	82.3

出典：Henkel 2004, s 62

小都市である人口5000〜2万の市町村は近年増加しており、中小都市ともいえる人口2万〜10万の市町も近年増加している。一方で、大都市、人口10万以上の市の人口は1989年以降減少している。これは市町村という単位の問題でもあるが、集落としては、人口規模200以下は減少し、200から500の集落も停滞か減少し、1000人以上の集落では増加傾向にあることをBeyerが指摘したとHenkel（2004, S.63, 64）が説明し、こうした傾向は一般的ではあるかどうかについては、規則的というほどのことはなく、さまざまな場合があるとし、パダボーンに近い3集落の人口変化を引いて3集落が異なる人口変化を示している様子を示している。それでも、Ⅲ章で示したように、農村地域の多くは、都市の住宅地としての役を果たし、農業は農村地域の集落ではなく、分散立地する農場や集落外移転農家に任されつつあるといえよう。

また、こうした自然環境から発想する農業を介しての中心周辺論に加えて、ジョーダンが示した新思想の、もしくは新技術の伝播・ディフュージョンによる中心周辺論を付加することを想定すれば、ヨーロッパの中心周辺論は結構重要な地域性と考えてよいであろう。

参考文献
阿部和俊編著 2009.『都市の景観地理　大陸ヨーロッパ編』古今書院.
伊藤徹哉 2011. 都市の形成と再生. 加賀美雅弘編『世界地誌シリーズ3　EU』朝倉書店.
伊東　理 2011.『イギリスの小売り商業』関西大学出版部.
魚住昌良 1991.『ドイツの古都と古城』山川出版社.
小田宏信 2011. 工業地域の形成と発展. 加賀美雅弘編『世界地誌シリーズ3　EU』朝倉書店.
小林　博 1996.『ヨーロッパ都市の近代的変容』大明堂.
クリスタラー, W. 著, 江沢譲爾訳 1969, 1982.『都市の立地と発展』大明堂.
佐々木　博 1986.『ヨーロッパの文化景観』二宮書店.
ジョーダン, T.G. 著, 山本・石井訳 1989.『ヨーロッパ文化』大明堂.
ジョーダン, T.G. 他著, 山本他訳 2005.『ヨーロッパ』二宮書店.
高野史男他編 1979.『世界の大都市　上』大明堂.［ロンドン（高野史男）パリ（高橋伸夫）ルール都市域（朝野洋一）ストックホルム（水津一郎・山田　誠）ローマ（竹内啓一）］
高橋伸夫 1981.『フランスの都市』二宮書店.
高橋伸夫・ジャン・ロベール＝ピット・手塚　章編著 1998.『パリ大都市圏——その構造と変容』東洋書林.
高橋伸夫・手塚・村山・ピット編 2003.『EU統合下におけるフランス地方中心都市』古今書院.

高野史男・田邊・山鹿・小林 1957. 都市の構造. 木内・藤岡・矢嶋編『集落地理学講座Ⅱ』朝倉書店.
手塚 章・呉羽正昭編 2008.『ヨーロッパ統合下のアルザスとロレーヌ』二宮書店.
デーゲ著, 佐々木・朝野・田村訳（1981）『ルール工業地域』二宮書店.
永松 栄 1996.『ドイツ中世の都市造形』彰国社.
根田克彦編著 2016.『まちづくりのための中心市街地活性化』古今書院.
パウンズ著, 桜井健吾訳 1991.『近代ヨーロッパの人口と都市』晃陽書房.
森川 洋 1980/88.『中心地論 1-3』大明堂.（1, 2）1980、(3) 1988
森川 洋 1990.『都市化と都市システム』大明堂.
森川 洋 1995.『ドイツ：転機に立つ多極分散型国家』大明堂.
Blouet, B.W. 2008. *The EU & Neighbors - A Geography of Europe in the Modern World -*. John Wiley & Sons.
Denecke, D. and Shaw, G. 2011. *Urban Historical Geography*, Cambridge Univ. Press.
Henkel, G. 2004. *Der Ländliche Raum*. 4. erganzte u. neue bearbeitete Auflage Gebrüder Borntraeger.
Kerstin, M.-K. 2002. "Klein- und Mittelstädte : Ihere Funktion und Struktur"『ドイツ・ナショナルアトラス：村落と都市』(Mitherausgegeben von Klaus, F., Hahn, B. und Popp,H. 2002. *Nationalatlas Bundesrepublik Deutschland; Dörfer und Städte*. Spektrum Akademisher Verlag(Institut für Ländeskunde, Leipzig), Heidelberg・Berlin.) 所載 S.59. 61.
Popp, H. 2002. Stadtgründgsphasen und Stadtgrösse. 前掲『ドイツ・ナショナルアトラス：村落と都市』pp.80/81.
Minshull, G.N. 1996. *The New Europ*. Hodder & Stoughton
Pounds, N.J.G. 1979. *An Historical Geography of Europe, 1500-1840*. Cambridge Univ. Press.
Pounds, N.J.G. 1985. *An Historical Geography of Europe, 1800-1914*. Cambridge Univ. Press.
Smith, C.T. 1978. *An Historical Geography of Western Europe before 1800*. Longman.
White, P. 1984. *The West European City*. Longman.

X
ヨーロッパと北西ヨーロッパ―残された課題―

1. ミクロな空間から大陸まで

　筆者は、観察のしやすい集落という小さな範囲の土地利用図作成から始め、その観察を広げ、ドイツを、北西ヨーロッパを、また可能ならヨーロッパを地理的に理解しようというかなり大胆な方法を試みてきた。それは、観察という方法を具体化する戦略だと思ったからである。

1) 農業地域

　その結果、Ⅱ6 で述べたように、北西ヨーロッパの普通の集落では、その集落の村域のなかに牧草地、放牧地、普通畑、園地、宅地、山林、原野などがあり、農家はそれらを主に村域内で、時にはそれを超えて、所有地であれ、借地であれ、それぞれの土地の自然条件を踏まえながら利用を割り振ってきた。しかも、旧西ドイツ南西部の零細な農業地域では、ごく近年までは、どの農家も同じような経営形態を採用してきたため、すなわち牛と豚を飼養し、それらへの飼料として牧草を作り、放牧をし、飼料作物を作り、飼料にもできる穀物を作るので、農家は周囲の土地を同じような価値基準で評価し、その結果、同じような条件の土地は、多くの農家が同じような土地利用種に割り振ることが多かった（図 3-11 参照）。そのため、自然環境を上手に使い分けるように見えたし、集落からの距離によって利用の圏構造が出現したりもしていた（図 3-12 参照）。

　自然環境の使い分けでいうなら、草地を少々湿り気のある谷底部や沖積低地に置いた。その結果その草地地区に接近可能なように農家を置いたし、集落はこうした形で立地した。その農家の立地意識は、比較的最近、1960 年前後ですら、農業の近代化・合理化を目指した集落外移転農家が、見事に谷に沿って移転した例に認められる（図 2-19 参照）。また、園地、とくに自給用の家庭菜園や果樹のある放牧地・草地は可能であれば農家の裏に接して、もしくは集落周囲にあり、耕地整理がなされた後には、集落近くの何箇所かにまとめられることもあった。

　このような風景の細胞ともいうべき村の土地利用のパターンが、集落周囲に展開される地域の空間構造なのではないだろうか。それは日本でいうとどんなものなのか。麦と草地の代わりに、水稲と水稲が作りにくい土地で作れるもの、水田と畑や果樹園や茶園などの土地利用が日本の風景の基本なのではなかろうか。1970 年前後まで、水田ができる土地にはなるべく水田を作ろうとしてきた。このように、ごく最近まで、北西ヨーロッパ

も日本も同じような原理で農村の風景ができていた。

こうした農家、集落を中心とし、農家と農地、集落と耕地や草地とが織りなす空間構造や集落の立地位置の問題は、風景を作る基本であり、北西ヨーロッパでは麦作適地か否かを基本に置いているのではなかったろうか。一つの単位として空間が取り上げられると、農家の中にも真ん中と端があり、農場にも真ん中と端が、集落にも真ん中と端があり、都市が一つの商圏をなすなら、地域が商圏で区切られれば、その中心としてのサービス機関と周辺があるというふうにいくつもの層として空間構造を考えたい。

麦作適地については、継続的な麦作が可能なように、休閑を組み入れ、二圃や三圃の利用が工夫され、耕圃・ツェルゲに従う共同体的な土地利用像さえ産んでいた。不適地は、いや不適地でなくても、相対的に草地に適した土地があれば、そこを草地として利用した。モータリゼーション以前は畜力は不可欠であったのであるから。

こうした伝統的な農村景観を生む原理が、北西ヨーロッパでは、もっとも遅く1960年になってやっと、はじめて失われたのがナウハイム村のような例であろう。その崩壊の原因は、農家レベルでは、経営形態の専門化、分化に伴う農業の多面性原理の著しい弱化であった。農家は各々の経営目標に従って土地資源を再評価した。集落レベルでは、集落外移転農家の出現や経営規模の拡大を支える交錯圃制の克服の努力があり、土地資源に対してはいずれの農地も多様な評価基準で評価さ れることになった（桜井1989、第6章図6-6、7参照）。この結果、集落内で一定の規則に沿って利用するように見える土地利用原理などはなくなってしまった。

このように、ある経営条件に恵まれた環境下では経営方針は農家によって異なり、専門化、分化していったが、草地に依存しなければいけないような冷涼湿潤な地帯、とりわけ山地地域では、存立しうる経営形態は限られ、一般的には酪農で、もしくは乳牛などの繁殖・育成、牧羊などのタイプに限られることになったようである。

その結果、全体とすると、自然環境のよい大規模畑作地域と冷涼湿潤な酪農地域とに地域分化が進んだようであるというのが、観察結果である（図3-13）。そのため、山地と平地の差が拡大しただけでなく、沿岸地域対内陸地域も、大陸の南北差もますます差が大きくなったのだろう。

2） 都市を含むさまざまな地域

こうして農業では地域条件が大きく影響するような時代を迎えているように思えるが、大都市圏と非大都市圏の差異はそう大きくはなさそうであり、むしろ交通・通信状況がよくなるなかで、差は小さくなっているように思われる。

北西ヨーロッパの空間構造は、農村地域ではこのような差異が表れていったが、都市を含めると、都市影響圏は自動車交通の発達などによって大きく拡大した。かつては、生産消費の上でも、通勤に関しても、大都市の周辺が強い影響を受けるだけであったが、都市的な産業は分散立地傾向を示

したし、個々人の移動能力も高まり通勤圏も広げることができた。このため、いわば旧西ドイツ地域の農村地域のほとんどが大都市圏内の農村地域か、都市化環境下の農村になってしまった。農村地域は住宅地なのである。

ただ、観察結果を基に小さな構造から大きな構造へと一般化するのは難しく、少々無理があるのかもしれない。

こうした空間構造について説明してきたつもりであるが、筆者は、もっと小さなレベルの空間構造、つまり家・屋敷取りの、家屋内・間取りの、さらに個人レベルである人とその人の机の上、人とその人の室内利用の空間構造にも、日本とは異なるものが随分あるように思われる。そこにも少なくとも中心と周辺が見えるはずだ。ドイツ人の整理整頓が完璧なほどの室内利用は、筆者の対極であり、恥ずかしすぎるほどの乱雑な部屋にしてしまう筆者には、ドイツ人の家庭の、部屋の整い方はそら恐ろしいほどである。ただ、こうした問題の何をどう読み解いていったらよいかも、そのよい具体例もまだわからないままである。

芦原（1990）は、イタリアの街路構成に関わる地図における白黒反転（地と図の逆転）を示したが、これは筆者にはとても魅力的な指摘であった。それは、ドイツに行くまではとくに教えてはもらえていなかったこと、つまりヨーロッパでは伝統的に家屋は街路に向かって、道路に直接面して建てられ、裏庭、ないしは中庭を設ける形で都市ができていることである。これは、現地を歩きながらうすうす感じてはいたが、そう頻繁に通りの裏側を見ることもできなかったし、ドイツ人にも、日本人にもとくに説明してもらったことはなかった。言い換えれば、屋敷取りにおける裏庭型建築の伝統があるということである。街路には、ほとんど塀をみることががなかった。この裏庭型、中庭型都市は重要な空間構造であり、ボンやケルンを考えると、「田園都市」時代以前には、ほとんどの街が、古い郊外住宅地を含めてこのタイプの街区なのであった。農村地域でも、集塊村では、敷地の真ん中に家屋があるのは希で、それら集落では三側タイプの家屋や四側タイプの家屋であり中庭を囲い込んでいる。そうした集落にできた非農家の住宅でも、昔は敷地の真ん中に家屋を置くのは希であったようである。

当然、散村や一棟建てや多棟立ての疎らな集村、小村の農村はそうではない。

それが、「田園都市」以降、労働者への食糧自給保証のための菜園を設ける形で（図7-3 c、d参照）、郊外住宅でも家屋が敷地の真ん中に置かれるような住宅タイプになったようである。この辺については、もう少し事例と文献を探し、考えてみたい。逆に、日本では、伝統ある町屋を除けば、住宅の多くが塀で囲い込んで家屋を中心に置いた屋敷取り・レイアウトが多かったように思える。しかし、この30年に、駐車スペースを家屋前に置き、塀をかなり低く設けて、セットバックした形の住宅が数多く見られるようになってきた。その結果、住宅地はかなり道が広々と感じられるようにもなっている。

なお、空間構造は、時代によって、地域・場所によって、社会経済的条件によっても異なることも多いであろう。そうした、視点を持ちながら観察を深めてみたいものである。

都市を含めて地域を考える上では、クリスタラーの都市の階層構造モデルに似て、まずは生活必需品を日常的に提供する近隣中心があり、より少数の地区中心があり、City・地方中心都市レベルの中心地があるという形をなしていると考える。

この近隣中心は、地方都市や大都市では、都市内の部分地域中心である。それらにはかつての農村集落を核にあった施設が、都市域に呑み込まれながら成長してきて充実したものもある。また、農村地域では、農村集落がもともと大きかったり、近年郊外住宅部を引きつけてそれなりの人口を抱えることができた場合には、農村集落に近隣中心があることもある。それほどの成長ができなかった場合には、田舎町周辺のそれなりの規模のスーパーマーケットがあったりする。田舎町は複数の地区・近隣中心が持てないことが多く、田舎町の中心がその役を果たしたり、周辺に新しく成立したスーパーマーケットやショッピングセンターがその役を引き受けることが多い。都市規模が大きくなると、地区中心が複数生まれ、一時はそれなりに充実していたが、近年、大きな近代的なショッピングセンターが大都市周辺部にできたり、かつての田舎町の中心商店街が整備される中で、苦戦を強いられているかもしれない。こうした、階層構造をなすサービスセンターを考えることができよう。

この近隣中心は、今や日本では忘れられつつあるが、昔は農村でも万屋があり、地方都市にも小さな商店街（米屋、酒屋、八百屋、タバコ屋など少数店舗からなる商店街を含めた）が市内の何箇所かにあった。それは中心商店街とは全く別の存在で、役割分担していた気がするが、あっという間に消え去った。日本でも高度成長期には郊外住宅団地を建設する際に、都市計画家がこうした近隣中心を計画的に作ってきたはずである。しかし、周辺の大型スーパーの出現、中小スーパーやコンビニの代替でこれも衰えてしまった。シャッター街というと中心商店街が挙げられるが、それ以前に近隣中心が消えていたはずであろう。ただ、大都市圏では、駅前商店街が出現し、これは息長く続いている近隣中心であろう。

なぜ、日本では近隣中心が急激に失われたのだろうか。クリスタラーの論のはじめに、医者の受け取る収入の話があったような気がするが、それを受益者が保証しようとするのかどうかという問題や都市のでき方なのかもしれない。日本は変化のスピードが速く、建物の寿命も短く、都市として同じ形を持ち続けるコストが大きすぎるのかもしれない。新しい時代の近隣中心を工夫する必要もあるのではなかろうか。

フードデザート論、老人世帯の買い物問題や、働き方、働く女性の問題など、広がりや規模を含め、ヨーロッパの都市のあり方を日本と対比しながら考えて見たいものである。

2. ヨーロッパと北西ヨーロッパ

　ここまで「北西」ヨーロッパについて考えてきた。それは、経験することができたドイツ農村から類推しながら経験や体験を広げ、一般化をしたかったからであり、推論ができそうなのはその近回りの地域であるろうかと考えたからであった。

　観察できた農業はもともとは混合農業地域のものであり、その混合農業が市場経済の進展の中で経営分化している過程を、第二次世界大戦後のせいぜい約40年間、垣間見てきたに過ぎなかった。

　この混合農業が見られるヨーロッパの核は、北西ヨーロッパといってよいであろう。南の地中海地域には地中海気候という条件の下、地中海式農業が行われており、その山地は幾分湿潤な気候条件にあるので、夏期の放牧と一般農業が行われる。丘陵地域には夏の乾燥に強い樹木作物類（厳しい乾燥地はコルクガシ、一般にはオリーブ、柑橘類、ブドウ）、畑には乾燥する夏には収穫されてしまう麦が隔年で、二圃式に栽培され、灌漑農地には野菜類などが栽培された。

　このように、地中海地域は、風景・景観も北西ヨーロッパとは全く異なる。予想するに、しばしばテレビ番組などで見ることができるイタリアの大半や南仏、スペインなどの風景から考えると、自然環境の差異に基づいたマイクロ・ランドユースの組み立ては、多分、灌漑地と非灌漑地の差異がそれを作るのではなかろうか。ただ、非灌漑地でも農業機械を入れられる畑作適地は平坦部であり、傾斜地には、急なら、しかも集落に近ければ細かい自給用の庭畑や果樹園にし、遠かったら、山林のまま残される。緩傾斜なら、商業的なブドウ畑、果樹園、オリーブ園として利用しているような気がする。この辺りについても、今後、文献で探してみたい。

　一方、北西ヨーロッパの大西洋沿岸地域は、穀物栽培には不適な湿潤環境にはあったとしても、もともとは可能ならば麦栽培を指向する地域であり、類型でいうなら混合農業であった。夏冷涼で湿潤ならば、パン用小麦、ライ麦作の不作の危険を回避し、それを補完するようにジャガイモ、パン用には向かないカラスムギ、ソバを栽培してきたが、商業的農業が浸透して以降は、混合農業から分化した酪農が、牧草栽培ないしは放牧地を基礎にし、もっとも重要な農業部門になっているといえよう。また、より粗放的な放牧地域では、牧羊も重要な農業部門であった。

　より北側に、北欧地域になると、冷涼さが増すわけで、ここも穀物栽培に頼れない部分をジャガイモに、ないしはパン用には不向きではあるが寒さには強いカラスムギなどに依存する形で自給農業が行われ、商業部分としては牧草に依拠した酪農を中心に営まれてきた。そうした自給農業が重要であった時代が去った現在では、景観観察によれば、また統計によっても、技術進歩に支えられ、また優良農地に集中しながら穀物栽培が重要になっている。

　東の内陸性の気候の地域、湿潤大陸性気候地域は、冬の寒さは厳しいが、夏は少々期間は短いと

はいえ、山地を除けば、穀物栽培が可能な地域が多く、基本的には北西ヨーロッパの混合農業と同じ伝統を持っており、夏が十分暑くなる地域では、トウモロコシが重要な作物として入ってくる。

こうした視点でヨーロッパを見ると、地中海地域が全く異なる農業地域で、景観も異なるが、地中海以外のヨーロッパは、沿岸地域、北欧、東欧方面については、混合農業の基本があり、その構成が異なったり、密度が異なったりするように思われる。そこに影響を与えるものは、経済発展の度合い、都市の影響の違いなどであろう。こうしたシステムの違いは、国の違いを超え、自然環境のタイプに関わっていることが多い。

さて、ドイツ留学後、大阪で最初の「ヨーロッパ地誌」の授業を試みた頃、自分が生活したボンでの印象を合理的に説明するための材料を探し、文献を漁ってみたいと考えはじめた。その際、この「自然環境」の違いは地誌を考える上で、空間構造とは別の、とくに関心を引いたもう一つの重要な地誌のテーマであった。たとえば、水戸も、暮らしていたボンも同じ温帯で、冬の日平均気温はそう異ならないが、朝の寒さは水戸が寒く、昼はボンが寒い。また、到着直後の8月末には、会話学校のあったイザローンでも吐く息が白くなり、どれほど寒くなるのかと焦ったこと、12月末には曇天が続いてドイツにはもういられないと思うほど憂鬱になったことなど、それら天気の違いや季節の進み具合で感じたことを上手に資料を附して説明したいと考えはじめた。それを考えようとしたとき、当時ボン大学地理学教室玄関に飾ってあったトロールのthermoisoplethendiagram（中村1991、p.26）を基礎にした世界の気候区分図を思い出した。あれを使って、日本とヨーロッパの気候・天気の差を伝えられることが随分あるのではないかと考えたことがある。

また、寒波が来たときのボンはすごく寒いが、平均すれば東京とも変わらないなどを示したいと考えた。この平均値とのずれの問題については、谷治が極値の差異を明快に説明してくれていることがわかった（谷治1990）。すっきりとした森林、いい換えると単調な森林植生と下草の様子（前川1973）、樹木が日本の樹より垂直に立っている傾向があること、大木が目立ち、少なくないことなども、目を引いた環境の事象であった。これらについても、それなりに説明ができそうに感じた。波打つような緩い傾斜の地形（鈴木1975）も、「コンバット」の戦車が波打つ畑地帯を走り回る光景を思い浮かべながら、これも授業の材料にしたいなどと。いくつかはトライはじめたが、宇都宮大学へ移り、一時、そうした地理学や地誌の授業を担当することがなくなり、その努力を怠ることになった。これらの北西ヨーロッパの自然環境の印象の再検討も、今回は触れることがなかった。地誌では自然環境が重要な項目であるという意見もよく耳にするし、また、ここで示したような事例はすべて日本の、もしくは自身の出身地、北関東などとの対比でもあるので、比較地誌的な視点についても、今後の宿題にさせていただきたい。

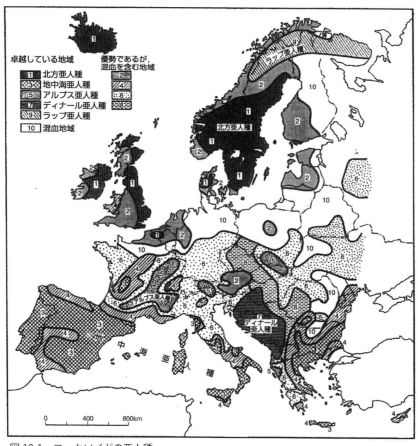

図10-1　コーカソイドの亜人種
出典：Jordan-B.,G. 2002；ジョーダン他著、山本ほか訳 2005, p.162

3．EUの時代の国

　筆者が最初にドイツ留学したのはEU時代以前である。指導教員の一人・アイマンス教授に、買い物がてらよくオランダへ連れて行ってもらったが、その国境を挟んでの農業景観の違いを感じる一方で、彼の父が使ったというライン低地のドイツ語方言がオランダでも十分に通じることを目の当たりにした。国境は、ある分布を切るが、別の分布はそれでは切れないことがあることを強く感じたし、大きな文化は国境など何でもなく超えているように感じる。国によって変わることと変わらないことが随分ある。日本にいるとどうしても国別に考えてしまうが、国別ではないヨーロッパにおける地域的な連続性を考え直してみたいと感じるようになった。一方で当時は東ドイツ国境は厳しい明快な境であった。

　留学時の滞在中、ドイツという国の成立の歴史、各地方の歴史に関わる説明を読むにつけ、高校時代の世界史学習も忘れかけていたため、その領域の不安定さには混乱させられるばかりであった。国は、今たまたま国であるに過ぎないのだと感じられた。

　ジョーダンのヨーロッパ関係分布図のなかで、初版、2版「第3章　人種」において示された、

髪の色、平均身長、頭指数、顔指数の分布はとても興味深かった。これらは、国境線に全く関わりないパターンを示すのである。それらの総合である形態人類学的な分布図、コーカソイドの亜人種分布（図10-1）も、国とは大きく異なる分布パターンになっており、当然といえば当然だとも思えるし、不思議でもある。

　これに対し、言語分布（図10-2）は、国境にきわめて近い分布パターンになる。これは一方では、同じ言語という文化的背景が国を作る、少なくとも近代国家を作った背景であるのだという気分にさせる。しかし、結構大きなずれもある。ドイツ語はオーストリアでも重要な言語であるがドイツ統一時には、結局、今のドイツの元になるプロイセンは、大ドイツ主義ではない方向で近代国家を作らざるを得ない、作らせることになったという歴史を聞く。スイスにも、アルザスにもドイツ語を母語とする人々が随分いる。そうしたことを考えると、言語が国を決めるのでもないことが理解できる。逆に、

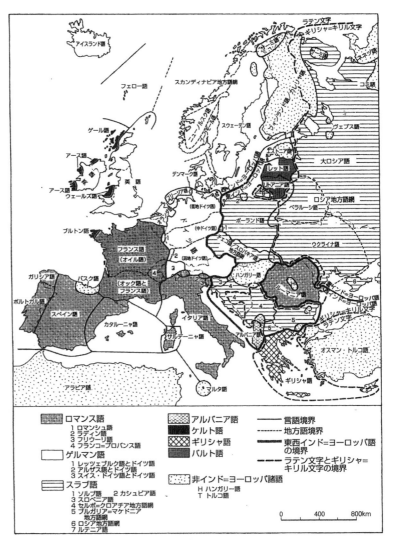

図10-2　現代ヨーロッパの言語および主な地方語
出典：Jordan-B.,G. 2002；ジョーダン他著　山本ほか訳 2005, p.128

国は「国語教育」のなかで、国語を作ったというのも一方の真でもあるという。ドイツの標準語は、ルターが聖書を書く際に作られ、その聖書が国民

教育の基礎にあったという。そうした意味では、現代の国境に沿った言語分布は、国語教育のたまものであるのかもしれない。

身近にも数ヵ国語を操る人がたくさんいるし、英語が苦手だといいながら、延々1時間にわたって英語でしゃべり続ける仲間もいた。言語はお勉強で学ばれるものでもなさそうなのである。それでも、言語を背景とする民族的アイデンティティは当然ながら重要なものであろうことは確実である。しかし、その話者の人口が少なければ、他の言語を使う必要に迫られる。経済でも同じであり、小国は国境のハードルを下げ、商圏を広げないとたちいかない。わずかの移動で輸出入の関税をかけられては敵わない。ECへ、EUへの道は当然だったはずである。今手元にはないのであるが、1990年以前の10年間か20年間の西ドイツの人口変動の分布図は、西ドイツの東側国境地域が問題地域であることを示していた。閉じた国境の問題点を浮き彫りにしていた。

地理学習では、EUへの道は当然であるかのように説明されることもあるが、実際には、イギリスがEUから離脱することを選択していることからもわかるように、統合化が当然の流れであるわけでもない。それどころか、イギリスのスコットランドのように、またスペインのカタルーニャ地方の例のように、今の近代国家ですら、その一部地域はその分離独立の嵐の中で右往左往している。その独立の動きは、より大きな受け皿であるEUの存在で緩和される側面もあったり、対立を大きくすることだってある。

日本人はドイツはドイツという一つの国家だと思っているが、連邦国家 Bundesrepublik Deutschland なのである。しかも、その邦の中には自由ハンザ都市ブレーメン Freie Hansestadt Bremen と自由ハンザ都市ハンブルク Freie und Hansestadt Hamburg とベルリンという都市が含まれているのである。ドイツでは教育は州政府の管轄であるから、大学だって、学生生活だって、他の州ではちょっと違っていたりもした。サン・マリノ、モナコ、リヒテンシュタインは今も都市国家が近代国家として生きているようなものだろう。一方で、EU共通の枠組みが用意され、他方で地方風であることの良さも活かされていることもある。面倒といえば面倒であるが、国は相対的な存在であることがよくわかる。

このことを考えると、学生時代に読んだ水津の「基礎地域論」(1980) と、それを発展させたその地域の進化系列 (1979) の話を思い出す。水津は基礎地域 G_1 を提案し、農耕社会では集落の自立性が高まってそれらが G_2 となり、その上位の地域 C_2 としてクニ、カウンティーを充実させ、その中間にフンデルトシャフト、大教区 M_2 を充実させるという風に、地域が基礎地域を基にし、より広域的な地域を充実させながら成長していく過程、時間の経過をモデルとして説明した（図10-3）。その成長していく広域の地域は、規模の点でも、ある範囲内に収まるとも想定した。

こうした、地域の構造と進化のモデルはとても魅力的であった。筆者には水津のモデルや考え方を十分に理解できているかどうか不安があるが、

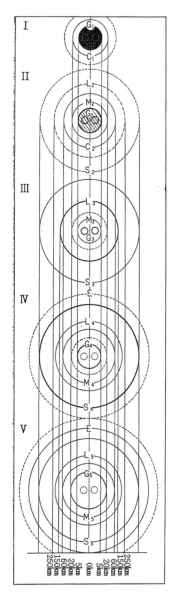

図 10-3 地域進化のシステム
出典：水津 1979, p.426

北西ヨーロッパは、いやヨーロッパ全体が、現代でも、どこかのレベルの地域だけで成立しているのではなく、近代国家ですら、さまざまなレベルの地域なのであり、今という時点をとれば、都市国家である国もあるし、ドイツやフランス程度の人口1億人に少々欠ける程度の国が近代国家という体をなしているところもあり、現代の経済システムではその近代国家では規模のメリットが欠けるので、EUを作ってみたということなのであろう。しかし、それら「地域」を使うのはどんな場合なのかも考えながら、さまざまな「地域」を使って生きるというのが、ヨーロッパ人なのかと思う。ヨーロッパ人は、それらさまざまなレベルの国、地域を使い分けて利用して生きている。近代国家だけが国ではないし、国は相対的な存在なのかなと思える。

4．ヨーロッパの地域性

ジョーダンは、1973年の初版の"The European Cultural Area"以降、さまざまな分布図の重ね合わせを行いながらヨーロッパ論を上手に進めた。

彼が指摘するヨーロッパとは、ヨーロッパ大陸とする一般的な議論ではなく、それが文化地域であることと、その文化地域としてみるなら、核心部ヨーロッパがあると指摘している。ヨーロッパ全体の空間構造、大きな地域性については、このジョーダンの説明を使わせていただくことにしたい。

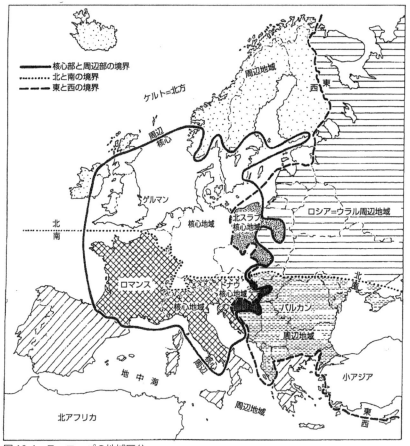

図10-4　ヨーロッパの地域区分
　　　　出典：Jordan-B.,G. 2002；ジョーダン他著　山本ほか訳 2005, p.443

　まず、ジョーダンの議論を簡単に述べると、ヨーロッパは大陸なのではなく、ユーラシア大陸の半島部であり、とくにその東側については区切るのが難しいとし、「ヨーロッパ」は文化地域であるのだとするのである。そのヨーロッパ定義に、大枠ではキリスト教、白人（コーカソイド）、印欧語の三つを取り上げ、それらの分布図重ね合わせ

て、すべての指標を満足する地域をヨーロッパとして示すことができた。
　また、ヨーロッパというとイメージされるさまざまな特性を12の具体的指標として示し、先の3指標、キリスト教徒が多いこと、印欧語を使用する人が多いこと、コーカソイドが多いことに加えて、衛生状態の良さ（乳児死亡率で示す）、経

済的豊かさ、国民の教育程度、交通網の発達の良さ、農業の地位の低さ、都市への人口集中、人口爆発期を終えていること、居住地域の広がり方を合計12の指標とし、国別統計やそれ以下の地域統計などを踏まえて「ヨーロッパ度」「非ヨーロッパ度」を示し、「非ヨーロッパ度」が0の地域を示して、多くの人たちがイメージできる「ヨーロッパ」を確認させたのである（2005年に山本・石井・三木によって訳出された第4版による。図10-4）。

彼はさらにヨーロッパにおける東西性、南北性も示してくれた。この東西性や南北性は伝統的にもよく指摘されているものでもあり、それらもまた重要なヨーロッパの地域性の柱である。

1）南北性

先の節で、地中海式農業が、多分、同じヨーロッパとはいえ、風景を大きく異ならせるものであろうことを説明した。ジョーダンは、このヨーロッパにおける南北の対立を以下のように示している（ジョーダン 2005、p.435 ff）。

南北性、南北の地域差を示す指標は
1. ロマンス語か、ゲルマン語か
2. カトリック対プロテスタント
3. ローマ帝国領になった歴史
4. ワイン造り
5. 夏の乾燥の存否
6. 新規造山帯の存否
7. 社会における女性進出の程度

を指標としていた。その結果は、フランスからアルプス山脈を経てウクライナに抜ける線が南北の境界として示されていた（図10-4参照）。

文化要素を多数含めての南北差は、たしかにこの辺りが大きな切れ目にはなるのであろうが、自身の感覚で南北を区別するとすると、風景の成り立ちの基礎である農業は、自然環境の差異に依存しており、フランスの多くの地域は、北に入れた方が良さそうである。その意味では、南は地中海農業で区別し（北イタリアは境界）、北は北海・バルト海沿岸とアイルランド・スコットランドで区別して、その間を北西ヨーロッパとしたいような気がする。とくに北側は遷移的に移行するような気がする。この地図でいうなら、南ヨーロッパの特性7つすべての地域が核心地域で、6つの地域は移行地域であり、北ヨーロッパ性を示す7つの特性すべての地域も移行地域を含んでいるような気がする。これらの中間地帯が北西ヨーロッパであろう。

2）東西性

東西性、東西の差異については、ジョーダンの2版の本では政治体制などを重要な指標としたが、4版の翻訳書では、
1. 西方キリスト教か東方キリスト教か
2. ラテン文字を使うかギリシャ・キリル文字を使うか
3. 西方印欧語か、東方印欧語（スラブ語グループ）か
4. 衛生状態の良さ
5. 気候は海洋性か大陸性か

6. 自動車の普及
7. 地形単元の大きさ
8. 経済的豊かさ
9. インターネット普及の程度

であった。この結果、東欧圏と西ヨーロッパが区別される形になっている。なお、先の2版本での東西性を示す指標としての政治体制は、今なおその歴史を通じて表れているものと感じる。

この東西性についても（ジョーダン他2005、p.431 ff.）、確かに、機能的にはドイツとポーランドの境辺りで区切るというのが妥当なのかもしれない。しかし、自身の感覚でいうなら、東西ドイツの差異は、農業では経営規模の違いや経営体の違い（集団農場を経たという歴史の差異）に始まり、社会主義時代の都市内の広場やモニュメント建設なども、また、郊外における大規模高層団地（希には都心部や主要駅近くの高層団地）などは、今も風景の中に色濃く残る都市景観の違いであろう。この東西の地域性は、南北性で取り上げられたゲルマン・ラテンの境界（具体的にはカトリックかプロテスタントか、ローマ都市、ワインの別）が旧西ドイツ西部ではともに走っているためか、遷移・移行的であるように感じる。

3) 中心周辺性

ジョーダンは、先のヨーロッパ性・非ヨーロッパ性の議論で使用した指標を今度はヨーロッパの中心性、ヨーロッパらしさの程度を示す指標として利用した。それら中心性の指標は、

1. 失業率の低さ
2. 生産性の高い農業
3. 都市人口率の高さ
4. 環境意識の高さ
5. 道路網の整備
6. 鉄道の発達
7. 経済水準の高さ

であり、これらの指標で中心性と周辺性の基準を満たす指標数で、中心・周辺の核心と周辺を示した。この結果、旧西ドイツ地域、スイス、アルザス、パリ地域、ウィーン地域などを核とした独、仏、英、伊の各国を含む地域を中心部として示している（図10-5）。この中心地域がヨーロッパの中心として発展する理由を2版では、技術革新地の密度とそれら技術普及の重なり合いの結果として説明していた。こうしたヨーロッパ中心地域がEU、ヨーロッパの牽引役のブルーバナナであるという発想に繋がっているのであろうか。

このジョーダンの著作でみたヨーロッパ中心周辺論とは別に、地図類でこの中核地域をよく示している資料だと思ったのは、図10-6である。

これは、Brücherによる『中央集権主義と空間 フランスの事例』（1992）と題する本で、独（旧西ドイツではあるが）仏の各主要200社の本社分布が示してある地図であった。

ボンという地方都市で暮らした後、パリを訪ねると、パリはすごい、パリの大きな書店には、今売っていそうな地理学の本がすべてそろっているし、これはロンドンでも同じだと、当地をはじめて旅行してつくづくとそれら両都市の大きさと中心性の高さが身にしみた。同時に、ボンではもっ

X　ヨーロッパと北西ヨーロッパ―残された課題―　　219

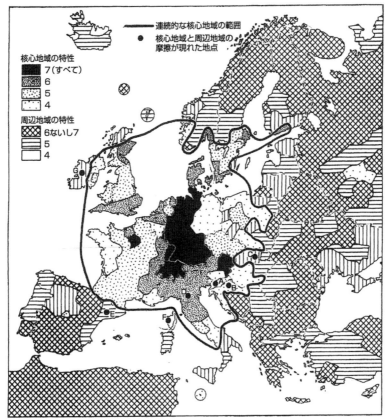

図 10-5　統計的に見たヨーロッパの核心地域と周辺地域
出典：Jordan-B., G. 2002；ジョーダン他著　山本ほか訳 2005、p.440

とも大きな書店でも、必ずしも地理学の新本を手にとって買うことはできない可能性もあるが、図書館に行けば容易に手に取ることができ、よいものは本屋で注文できるのだからと一安心はする。

それにしてもこの地図、図 10-6 は、ものの見事にフランスの中心は、パリ、イル・ドゥ・フランスであることがわかるし、それとは対照的にドイツが、しかも旧西ドイツが、いかに地方分散的な国土であったかが理解できる。そして、このフランスの中でも、北フランスとアルザス・ロレーヌには本社がそれなりにある。つまり、フランスのドイツ・ルクセンブルク・ベルギー国境地帯にはドイツ、旧西ドイツと同じような地域システムがありそうだということである。実際、アルザスでは、小さな田舎町を訪ねると、ここはドイツかなぁと感じることができる。また山地農民と話す

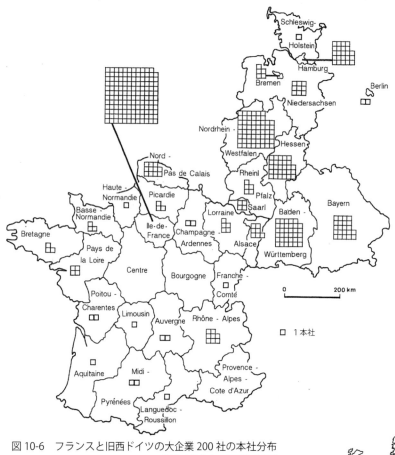

は、図 10-7 である。これは、1970 年から 85 年間の都市人口の増減を示した分布であるが、ヨーロッパ中核部の諸都市は人口減少に転じており、周辺ヨーロッパで都市人口が増えているのである。逆都市化を示しているともいえよう。これらを元に、ブルーバナナ論がいかにも理解できると感じたのである。

ヨーロッパの地域性を考える上で自分が感じた中心周辺性は、こうした地図を見たことで確信が持てるようになった。

図 10-6　フランスと旧西ドイツの大企業 200 社の本社分布
出典：Brücher1992 S.115

とドイツ語で応じてもらえる。ボンやコブレンツ出身者は、ブランデンブルク人を、プロイセン出身者を茶化して、彼らをドイツ風というなら僕らはフランス人と同じ嗜好だねという。ヨーロッパの国境というのは柔らかいものだと感じることもできた。

もう一つの中心周辺を感じることができた資料

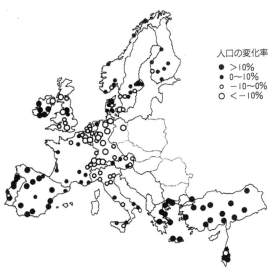

図 10-7　1970 年から 1985 年の都市の人口変化
出典：Masser 他 1992　p.113

これらの東西、南北、中心周辺性の地域差の結果を重ね合わせ、ジョーダンはモデル図としても示しており、ヨーロッパの空間構造を知る上で、貴重な提案であるといえる。

ブルーバナナ論は、1989年にブリュンネを中心とするフランス地理学者たちが提出した考え方だそうで、広く使われるヨーロッパの中心論、ヨーロッパのメガロポリス地帯、都市の回廊とされたものであった（Masser 他 1992、p.98）。確かにこの地域把握はとても有用だろうなと感じていた。その後、このブルーバナナとキノコ（シャンピニオン）を組み合わせたモデル図に巡り会った。シャンピニオンの傘の部分は、パリからベルリンに抜けており、重ねるとちょうどヨーロッパ中核に相応しい気がする。

このブルーバナナとキノコの重ね合わせでヨーロッパの中心を考えると（図10-8）、パリ、ロンドンという名実ともにヨーロッパの中心的な世界都市をとらえながら、また、有力国のドイツの首都・ベルリンをも中心に加えて、国境を越えたヨーロッパ像が持てるような気がする。ベルリンはも

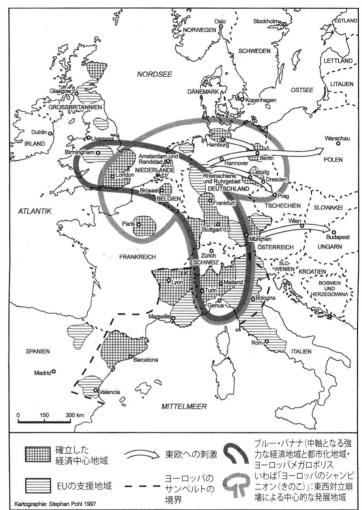

図10-8　ヨーロッパにおける成長地域

出典：Glässer 他 1997、S.352

とより、パリも、ロンドンすらも、周辺は密度が低く、巨大な中核都市をもつ大都市圏になっている。それに比べ、北フランスから旧西ドイツにかけて、国境地帯を南に延びるブルーバナナは、巨

大都市がない代わりに、それなりの大都市と密度の高い中小都市網の組み合わせでできており、農村地域と都市地域の差異が小さい地域なような気がする。

このモデルを発見したのは Glässer らの『ノルドライン・ウェストファーレン地誌』(1997) の本であったから、この地域に根ざしたアイデアの表れなのかもしれないし、そこに暮らした自身が惹かれたのはこれが理由なのかもしれない。

いずれにせよ、ジョーダンが示したようなヨーロッパ中核部は、国境を越えてはじめて意味を持つ中心であろう。こうした広い意味での独仏の国境地帯・ベネルクス諸国そして北イタリアがヨーロッパの核であることについては、EU も重大な関心を示し、都市開発の重点として注目してきたはずである（岡部 2003、p.217 ff.）。そうしたヨーロッパ全体への見方をもってフランスの国境地帯、ヨーロッパの中心軸をみようとしたものに、ジュイヤール (1977) の研究や高橋・手塚らの研究があるのであろう（ジュイヤール著・大嶽訳 1977、高橋・手塚 2003、手塚・呉羽 2008）。

5. ヨーロッパを一つとしてみる

筆者が「ヨーロッパ地誌」をはじめて講義するチャンスを得た 40 年近く昔、ヨーロッパを全体として説明しようとした際、参考になる感じた著作の一冊は増田四郎の『ヨーロッパとなにか』(1967) であった。歴史学者として、キリスト教とギリシャ・ローマの伝統、ゲルマン人の精神といった背景と、中世ヨーロッパの形成がヨーロッパ成立の基だとした。この説明は筆者の読みが甘く、単純化しすぎかもしれないが、とても印象的であった。

同時に、それ以前、学生時代に読んだ会田雄次 (1962)『アーロン収容所』、鯖田豊之 (1966)『肉食の思想』、栗原籐七郎 (1964)『東洋の米・西洋の小麦』、筑波常治 (1969)『米食・肉食の文明』など農業文化比較などを基礎にした東西文化論を思い出しながら、また、梅棹忠夫 (1998)『文明の生態史観』の東洋、中洋、西洋の対比と、さらには極西と極東の対比思い出し、自分にとって、地理学、地誌の上ではヨーロッパとは何か、ヨーロッパを地理的に、地誌的に知るとはどういうことか考えはじめた。

ヨーロッパを地理的に全体として理解したいと考え始めたときに、当時翻訳作業を始めようとしておられた山本先生・石井先生からジョーダンの『The European Cultural Area』(1973 年初版) の紹介を受け、自分が感じたヨーロッパの地理的理解にとてもぴったりした説明で非常に感銘を受けた。それは、ヨーロッパを国別に理解するだけでなく、また、東西南北に分けて理解するだけでなく、全体をさまざまな特性の分布図を使って説明するいかにも地理的な理解のさせ方であった。まずは、キリスト教、白人（コーカソイド）、印欧語の三つの分布図重ね合わせによって大きな意味でのヨーロッパを抽出し、ヨーロッパらしさをさまざまな指標を使って考察し、その中から中心周辺の見方を提案してくれていたからである。彼

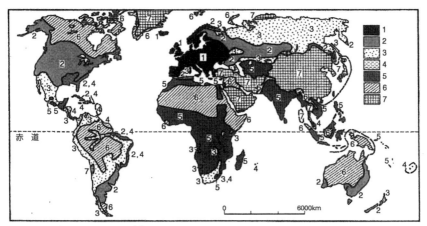

図 10-9　世界のヨーロッパ化
出典：Jordan-B.,G. 2002；ジョーダン他著　山本ほか訳 2005、p.31

の中心周辺論は、先の節で説明した通りである。こうしてヨーロッパの核を見つけ出す方法を知ることができた。

では、地理的な内容としてのヨーロッパ全体とは何なのであろうか。それが、自分にとっては、風景、景観の要素すなわち集落内の空間的な構造であり、北西ヨーロッパは草地と畑であったが、日本だと水田と水田にできない土地なのかなと考えている。こうした身近な日本との対比というのは、とても伝統的な考察方法であろう。

さて、筆者は、ヨーロッパ以外、世界の各地を調査したり、旅行したりするチャンスがほとんどなかったが、オーストラリアで、小学校用教科書の教材作成に挑んだことがあった。その際、典型的な牧羊農家で取材する中で（桜井 1999、p.150 ff. 参照）、スコットランドか、イングランド西部から移民してきてこの地に根付いたのは、当代世帯主の数世代前なんだと思うと、ヨーロッパが近いものなんだとつくづくと思った。おじいちゃんの兄弟の孫がその故郷に今もいるんだから。ヨーロッパ旅行の際には、お父さんから聞いたおじいちゃんの兄弟が暮らした町を訪ねてみよう、と考えるのは至極当然で、家の生活習慣は、近所とは違っていたけれど、それはスコットランドの伝統だったんだということを発見したりもできる。少々古くても、新大陸の煮豆スープは、北西ヨーロッパの、ないしは地中海地域の田舎料理の基本と同じなんだと考えられたりもしよう。オーストラリアの田舎を見ながら、そんなことを感じたのであった。そうした感慨を世界地図にしたものも、ジョーダンの中にあった。

図 10-9、この「世界のヨーロッパ化」の地図は、Zelinsky の地図を修正したものだそうであるが、

1. 古いヨーロッパの核

2. 新しいヨーロッパで、住民も文化もヨーロッパ起源である地域：アメリカ合衆国とオーストラリア東海岸部やニュージーランド、ブラジル・アルゼンチン、ウルグアイ＋ロシアから中央アジアにかけての地域
3. ヨーロッパ人と先住民の混在地域で、ヨーロッパの習慣伝統が色濃い地域：シベリア、メキシコ、ブラジル、アルゼンチンの内陸、チリなどという形で、ヨーロッパとの関連の歴史が世界地図上で示される
4. プランテーション地域で、少数のヨーロッパ人が非ヨーロッパ人労働者を使っていたため文化的には強くヨーロッパの影響が及んだ地域
5. 植民地時代を通じ、搾取や保護の名の下で非ヨーロッパ人に強い影響を与えた地域
6. ヨーロッパ人の支配と影響が緩やかで短かった地域
7. ヨーロッパ人には直接的に占領・支配されなかった地域である。

ここでは、ヨーロッパの影響が相対的に少なかったのは、6. と 7. の地域だけであり、その範囲はごく狭い。逆にいえば、世界のかなりの面積を占める地域が、ヨーロッパの直接、間接影響圏なのであり、日本などはかなり影響が小さかったであろう希な地域なのだと感じる。つまり、ヨーロッパ人が移民した直接影響地域が新大陸には多いわけだし、植民地化する形で文化的にも強い影響を与えた地域も随分ある。また、近代化自体もヨーロッパ化と近い関係にあるわけだ。

すると、伝統的非ヨーロッパ文化地域では、さまざまな程度と形でヨーロッパ化しているわけであり、それが近代化の一側面であったりもするということになる。

筆者自身を考えてみると、ヨーロッパは、行ってみてはじめてヨーロッパになったのであり、自分が行く前に感じていた多くの「西洋」は、実はアメリカ経由のものが多かったことを感じている。スパゲッティにはタバスコと思っていたが、イタリアにはそのような調味料の組み合わせはないらしい。アメリカンポップスは子供時代から随分小耳にはさんだが、ヨーロッパのポップスはそうは聞くチャンスもなかった。逆に、ヨーロッパ人がアメリカからのジーンズにはまってしまってもいる。アメリカンポップスだって同じようなものだろう。世界各地の生活文化をはじめあらゆるものが急速に入り交じってきているのであろう。

日本絵画より近代のヨーロッパ絵画や音楽の方が日本の江戸時代のそれらより自身は身近に感じてしまう。これは筆者がヨーロッパ風の美意識に染められてしまったためなのだろうか。それは、留学などよりずっと以前からそのように育てられてしまっているような気がする。

筆者は、こんなさまざまなことにも躓きながら、空間構造にかかわらないものまでも含め、現在も、「ヨーロッパ」を考え、そこに地理的な意味があるのかを求めている。

参考文献

会田雄次 1962.『アーロン収容所』中央公論.
芦原義信 1990.『街並みの美学』岩波書店.
梅棹忠夫 1998.『文明の生態史観 -- 改版』中央公論社 (中公文庫).
岡部明子 2003.『サステイナブル シティ』学芸出版.
グリッグ, D.B. 著. 飯沼二郎・山内・宇佐美訳 1977.『世界農業の形成過程』大明堂.
栗原籐七郎 1964.『東洋の米　西洋の小麦』東洋経済新報社.
桜井明久 1989.『西ドイツの農業と農村』古今書院.
桜井明久 1999.『地理教育学入門』古今書院.
鯖田豊之 1966.『肉食の思想』中央公論社.
水津一朗 1980.『新訂　社会地理学の基本問題』大明堂.
水津一朗 1979.『社会集団の生活空間』大明堂.
ジュイヤール著, 大嶽幸彦訳 1977.『ヨーロッパの南北軸』地人書房.
ジョーダン他著, 山本正三・石井英也・三木一彦訳 2005.『ヨーロッパ―文化地域の形成と構造―』二宮書店.
ジョーダン著, 山本正三・石井英也訳 1989.『ヨーロッパ文化―その形成と空間構造―』大明堂.
鈴木秀夫 1975.『氷河時代』講談社新書.
高橋伸夫・手塚　章 2003.『EU統合下におけるフランスの地方中心都市』古今書院.
筑波常治 1969.『米食・肉食の文明』NHKブックス.
手塚　章・呉羽正昭 2008.『ヨーロッパ統合時代のアルザスとロレーヌ』二宮書店.
谷治正孝 1990. 西ヨーロッパの気候の特色. 藤岡謙二郎編『ヨーロッパ（世界地誌ゼミナールIV）』大明堂. 91-104.
中村和郎 1991. 自然現象の中の空間的秩序. 中村和郎・手塚　章・石井英也編『地域と景観　地理学講座4』古今書院.
前川文男 1973.『植物の進化を探る』岩波新書.
増田四郎 1967.『ヨーロッパとは何か』岩波新書.
Brücher, W. 1992. *Zentralismus und Raum Das Beispiel Frankreich*. Teubner Studienbücher der Geographie.
Glässer, E., Schmied, M.W., Woitschützke, C.-P. 1997. Nordrhein-Westfalen. Klett-Perthes
Masser, I., Sviden, O, Wegener, M 1992. The Geography of Europe's Futures. Belhaven Press. マッサー他著. 中村英夫監訳 1994.『21世紀ヨーロッパ国土作りへの選択』技報堂.

あとがき

　2003/04 年に調査したデータを、ようやく3、4年前になって最低限度、論文としてまとめた。しかし、考え、感じてきたことを、あらためて1冊にまとめ、ヨーロッパを考えてみるべきであろうと思ってきた。それを試みたのが本書である。自分のフィールドワークの意味を問い直し、ヨーロッパでの滞在、旅行で見、感じてきたものや、読み、考えてきたヨーロッパ像を地誌としてまとめ直し、地誌の意味をあらためて考え直してみたいと考えた。

　本書の前半部、農業や農村集落に関わる部分は、いかにも筆者がやってきたことである。しかし、2003/04 年にボン滞在時に、「ドイツ農村は住宅地なんだ」という思いを改めて強くした。その農村集落の住宅地は、当然田舎町や地方都市とつながり、あるいは大都市圏の一部となり、地域を作り、ヨーロッパを形成していると感じた。とくに旧西ドイツのライン川流域、北フランス、ベネルクス三国をはじめとするヨーロッパ中核部はそのような地域なのだと感じたことが本書執筆のきっかけである。こうした感触を得たのは、2003/04 年の滞在の後半であった。そのため、こうした研究がしたいと思ったものの、残り半年ではよい資料を集められるわけもなく、高齢の両親などを抱えた家庭の事情を考えると、再度この地域へ調査に出るチャンスも持てそうになかった。そこで、できる範囲で、見てきたことと、入手可能な資料を組み合わせてその地域像を伝えたいと考えるようになった。その意味では、後半は素人として手探りではじめた地方町研究、都市研究であり、そのとっかかりをいきなり本にしてしまった。今後は、ドイツをはじめ、ヨーロッパ諸国のそうした研究を集め、読み直してみたい。

　上手くまとまり、筆者の考えたことがうまく伝わるかどうかにも自信がない。筆者は能力不足なのに手強い相手・教科教育にも関わったから、ドイツの農村研究さえ深められそうもないと思ってきた。そのため、ヨーロッパの都市を扱ってみたいと思ったことは最近までなかった。しかし、地理学は地域が対象であるし、ドイツのような先進工業国を都市なしには地域が説明できないというのも真実であろう。

　ようやく、これをまとめながら、これから勉強すべきことが少し分かってきたというのが、現在の心境である。これを一区切りとして、またヨーロッパ地誌について考えていきたい。また、まえがきに述べたように、今回は自身の直接の体験で得た印象を地域像として描いてみたに過ぎない。筆者は、これまで従来の研究物に十分に目を通し、先学の研究成果を知った上で研究してきたとは言

あとがき

いがたい。今回、ここでも重用した『ドイツのナショナル・アトラス』や『ケルン・アトラス』はじめ、Henkel、Becker の著作などの研究物に出会うことができた。これを機会に、今後はこうしたドイツ人地理学者などによる従来の研究成果を見回し、現地調査を重ねてきた先輩、後輩の日本人地理学者の成果を踏まえながら研究として深めていきたい。いわば、本書は自らの課題探しを示したような結果に終わってしまった。

筆者は、大学院進学時には、地理学研究者を目指したつもりだった。幸運にもドイツ政府からボン大学留学のチャンスを頂戴し、その成果を博士論文としてまとめて、『西ドイツの農業と農村』（1989年）を執筆した。その頃かつての勤務先・宇都宮大学は修士課程設置で大わらわであった。大慌てで、教科教育のことも考え始めた。こうした経歴の持ち主なので、ある系統地理学分野やある地域の地域研究に没頭し、極めた周囲の地理学者の皆様とは異なり、豊富な研究事例を積み重ねたわけではない。一方の教科教育も入門期のままに終わった。今となってはどちらも恥じ入るばかりである。

しかし、大学院時代から指導してくださった山本正三、高橋伸夫、斎藤功、石井英也の諸先生はじめ、尊敬する先輩、同輩の田林明先生たちは、また、後輩達までも含め、筆者が長い間迷い道をしている間も、諦めずにお付き合いくださった。ボン大学では、故 Kuls、故 Aymans 先生、Laux 教授が面倒を見てくれた。故石井素介先生、横山秀司先生にも随分お世話になった。

パリ大都市圏調査では高橋伸夫先生はじめ、手塚章、村山祐司、菊地俊夫らの諸先生からもさまざまなご指導を頂戴した。その後、故小林浩二先生は、可能ならば東欧研究にも参加しないかと気を配ってくださったが、当時の本務・社会科教育への兼ね合いもあって、とうとうお応えできないでしまった。ヨーロッパ研究の先輩方、佐々木博、朝野洋一、大嶽幸彦の諸先生や農業地理学では内山幸久先生にも長いことお世話になりっぱなしであった。地理学界では随分親しくお付き合いくださった方々がいたが、かつての本務、社会科教育にかまけてきちんとお付き合いを続けられないできたことも多い。

また、逆に、地理教育関係では、未経験者の筆者を励まし続けてくれた多くの指導者と仲間がいた。大先輩・故朝倉隆太郎先生であり、山口幸男先生、澁澤文隆、西脇保幸、吉開潔、浅川俊夫、松井秀郎、井田仁康、朝倉啓爾、三橋浩志、濱野清先生等々、また、社会科教育の松本敏先生などである。本当にありがたい皆様でした。

こうした地理学会、地理教育学会、社会科教育学会などでお世話になった皆々様にこれまでのさまざまな失礼をお詫びし、心からお礼を申し上げます。

2003年度には駒澤大学から在外研究のチャンスを頂戴し、古巣ボン大学地理学教室で27年ぶりに丸1年を過ごさせていただいた。こうして頂戴してきたチャンスに収集したデータは、迫ら

れる仕事・地理教育を優先したため、まとめられないまま過ごしてしまった。筆者のドイツ農村研究を援助してくださった関係者の皆様、とくに中村和郎先生はじめ、駒澤大学地理学科の先輩・同僚の皆様には、本当に申し訳ない気持ちでいっぱいである。お詫びし、心からお礼を申し上げます。

また、執筆後の反省として、都市関係の橋詰先生、土谷先生はじめ、さまざまな分野の地理学専門家がそろった駒澤大なのであるから、周囲の皆様にもっともっと事前にご指導を頂戴し、ヨーロッパ研究を充実すべきであった。自身の不足部分を理解していなかったこと、研究以外でご迷惑をかけてばかりいるため、周囲の立派な先輩、同僚の皆様にはつい甘えにくかった。そのことが身にしみて分かったので、今後皆様に素直に甘えて、お教え頂こうと考えている。

なお、本書の出版に当たっては、出版助成という形で駒澤大学から多大な援助をいただいた。この何度かの出版には常に古今書院の関田伸雄氏、社長の橋本寿資氏にもご協力と助言を頂戴した。こうした皆様のご援助・ご支援にも、厚くお礼を申し上げたい。

さらに、本書には内外の様々な出版社のご厚意で地図、図版を利用・転載させて頂いた。

Dümmler 社（Arbeiten zur Rheinischen Landeskunde）の権利を引き継いだ Geographischen Institut der Universtät Bonn に、とりわけ Prof. Schenk や Prof. Laux に、『ドイツ・ナショナルアトラス』の Spektrum Akademisher Verlag・その版権を持っていた Institut für Länderkunde (IfL)、『ケルン・アトラス』の Emons 社、" Der ländliche Raum"（www.schweizerbart.de/9783443071097）の Gebrueder Borntraeger Verlagsbuchhandlung の親会社 E.Schweizerbart'sche Verlagsbuchhandlung、Klett 社には、ご厚意により、とりわけ多数の地図・図版を無償で利用させて頂いた。これらの図版利用許諾権者の皆様にお礼申し上げるとともに、他図版の利用をお許し頂いた多くの皆様、そのためにご援助くださった皆様に厚くお礼を申し上げたい。

なお、有償で図版を転載させていただいたのは下記の10点、3出版社・版権者である。

図版5点（THE EUROPEAN CULTURE AREA 第4版内 Figure1.14.; 4.1.; 5.2.; 12.6.;12.8.）
The European Culture Area, 4th edition by Terry G. Jordan-Bychkov and Bella Bychkova Jordan Copyright© 2002 by Rowman & Littlefield Publishers, Inc. Used by permission of Rowman & Littlefield Publishing Group, Inc., Lanham through Tuttle-Mori Agency Inc., Tokyo.

図版3点 (Bloulet : *The EU and Neighbors* Fig.47 & Fig. 4.9 ; Masser and the others : *A Geography of Europ's Futures* Fig. 8.2) Used by permission of Wiley (Kelly Hof; Permissions Coordinator UK).

図版2点 (*Dierke Weltatlas* ; Zusaetsze Einkommensquellen von Landwirten , Paris Innenstadt) Used by permission of Verlsgsservice Braunschweig.

索引

アルファベット

City 127, 128, 129, 136, 141, 145, 146, 148, 149, 150, 151, 158, 160, 163, 170, 203, 205, 209

あ 行

アルム 41, 58
田舎町 11, 61, 95, 108, 109, 111, 117, 123, 140, 143, 149, 172, 178, 186, 200, 202, 203, 209, 220
移民 15, 223, 224
入り作農家 61, 73
内畑・外畑制 17, 33, 51
永久草地 14, 24, 39
園芸農業 36, 39, 40, 41, 47, 50, 85, 92, 106, 107, 108, 187
園地 15, 27, 39, 78, 206
大型衣料品店 99, 114
オープンカフェー 111, 114, 131, 134, 135, 142, 159
オフィス viii, 119, 129, 130, 131, 136, 137, 138, 143, 146, 152, 157, 158, 159, 164, 179, 182, 183, 184, 185, 186, 187, 196, 197

か 行

街区 136, 142, 186, 187, 189, 208
階層性 12, 105, 106, 191
塊村 15, 30, 60, 72, 91, 174, 202, 208
家屋形態 52, 80
カルチェ 184, 186, 189
観光業 41, 58, 88
機械化 29, 38, 45, 49, 55, 78, 88
貴族経営 108
貴族農場 106
規模拡大 28, 29, 38, 43, 46, 91, 93, 94
ギャラリー 131, 161, 182
休閑代用作物 29, 51
休閑地 25, 26, 50
旧市街 95, 98, 99, 100, 102, 111, 112, 114, 115, 116, 117, 119, 121, 125, 126, 127, 128, 129, 130, 132, 136, 138, 139, 140, 143, 146, 151, 152, 153, 159, 160, 161, 162, 164, 167, 168, 170, 177, 178, 186, 187, 193, 194, 196, 197, 198, 200

旧市街中心部 111, 128, 129, 160
共同放牧地 16, 17, 21
居館 124, 129, 130, 132, 134, 153
切替畑・外畑 17
均分相続制 89, 91, 93
近隣中心 102, 127, 128, 140, 141, 143, 144, 145, 146, 148, 161, 162, 201, 203, 209
空間構造 11, 12, 14, 15, 21, 22, 33, 35, 36, 39, 43, 46, 48, 52, 58, 60, 104, 123, 127, 151, 159, 171, 172, 179, 180, 196, 201, 202, 206, 207, 208, 209, 211, 215, 220, 224, 225
グーツ経営 36, 38
経営タイプ 31, 34, 44
経営地 27, 28, 29, 30, 31, 36, 93, 117, 175
景観 11, 13, 14, 18, 20, 27, 32, 33, 34, 40, 41, 46, 48, 52, 58, 60, 61, 62, 71, 72, 73, 74, 76, 78, 79, 82, 85, 86, 87, 88, 89, 90, 91, 92, 94, 95, 98, 99, 102, 111, 116, 122, 138, 139, 158, 171, 172, 173, 181, 185, 186, 187, 189, 194, 201, 202, 204, 205, 207, 154, 210, 211, 212, 218, 222
景観保全 98, 99
ゲヴァン耕地 29
兼役乳牛 17, 21, 29, 54
限界集落 62, 92
兼業 15, 16, 17, 20, 21, 34, 43, 45, 60, 61, 62, 63, 64, 71, 82, 89, 92, 202
郊外 12, 62, 71, 72, 76, 79, 82, 84, 85, 86, 88, 89, 90, 91, 92, 94, 99, 100, 102, 104, 107, 108, 111, 114, 117, 118, 121, 122, 124, 144, 146, 147, 148, 149, 152, 155, 156, 157, 161, 162, 168, 169, 172, 173, 174, 175, 176, 177, 178, 179, 186, 189, 194, 195, 198, 199, 200, 201, 203, 208, 209, 218
郊外型店舗 111, 122, 178
交換分合 20, 45, 46, 93
高級住宅地 76, 124, 125, 126, 153, 183, 186, 187, 193, 197, 200
公共交通機関 129, 137, 157
工業団地 85, 118, 121, 157, 162, 173, 174, 175, 178, 179, 197, 199
工業地域 15, 154, 157, 172, 199, 204, 205
工業都市 124, 195, 199
耕地形態 52
耕地整理 21, 29, 72, 74, 76, 88, 206
耕圃 21, 22, 23, 28, 29, 30, 207

小売商店　117, 129, 135, 139, 165, 184
穀作化　24, 25
谷底平野　17, 23, 24, 29, 31, 40, 47
戸建て住宅　76, 79, 90, 121, 127, 147, 155, 179, 194, 197, 200
国境　42, 82, 189, 190, 212, 213, 214, 220, 221, 222
孤立荘宅　47, 108, 173, 175, 202
混合経営　31, 33, 45, 91
混合農業　33, 39, 40, 50, 53, 54, 55, 106, 202, 210, 211
混在耕地制　30
コンドミニアム　184, 185, 186
コンミューン　172, 173, 177, 178, 179

さ 行

サービス機能　72, 79, 85, 86, 179, 202
サービスセンター　12, 85, 98, 108, 121, 127, 191, 200, 203, 209
最小自立経営規模　15, 16, 202
再生可能エネルギー　41
散村化　46, 51
自家用菜園　26
自給農業　21, 210
資源保持　30
市壁　78, 98, 99, 110, 111, 112, 114, 115, 116, 118, 119, 124, 125, 129, 132, 133, 138, 143, 151, 152, 153, 154, 159, 167, 168, 172, 177, 178, 191, 193, 194, 196
市門　110, 111, 116, 138, 139, 153, 167, 193
シャトー　172, 173, 174, 175
集塊村　15, 30, 72, 91, 174, 202, 208
修景　67, 98
集村化　51
住宅地　11, 27, 60, 70, 71, 72, 76, 78, 79, 84, 85, 86, 89, 90, 91, 92, 93, 94, 99, 108, 117, 121, 124, 125, 126, 127, 142, 146, 147, 153, 154, 155, 156, 157, 172, 173, 175, 179, 183, 184, 186, 187, 193, 194, 195, 196, 197, 198, 200, 203, 204, 208
集団農場　38, 217
週末型保養地　42
集落縁部　63, 76, 91
集落外移転農家　23, 29, 30, 31, 32, 69, 74, 77, 78, 79, 81, 91, 204, 206, 207
集落核　45, 62, 70, 72, 74, 78, 79, 80, 84, 85, 88, 90, 91, 92, 94, 100, 102, 118, 121, 144, 147, 148, 172, 174
集落景観　32, 60, 61, 62, 72, 73, 79, 86, 88, 89, 94, 95
集落形態　30, 52, 60, 80, 94, 108
シュレーバーガルテン　27, 78, 194
上位中心都市　61, 95, 123
城館　98, 108, 110, 118, 124
条件不利地域　42
小村　51, 52, 60, 88, 108, 110, 173, 174, 175, 202, 208

乗馬クラブ　175
常畑　33, 51
植林　16, 17, 20, 21, 36, 45, 79, 107
ショッピングセンター　86, 149, 162, 167, 168, 169, 180, 203, 209
ショッピングモール　168, 169, 199, 203
飼料作物　20, 25, 26, 29, 38, 39, 206
森林　14, 15, 20, 28, 47, 50, 60, 80, 107, 111, 157, 211
スーパー　vi, 57, 70, 71, 75, 78, 85, 99, 100, 102, 111, 114, 117, 119, 120, 121, 122, 131, 142, 143, 145, 148, 149, 157, 168, 169, 173, 174, 175, 177, 178, 183, 184, 203, 209
スノビズム　185, 186
スラム化　184, 194
粗放的放牧地　16, 47

た 行

大規模畑作経営　26, 38, 175
大都市　11, 12, 15, 36, 40, 42, 45, 60, 62, 71, 72, 79, 80, 81, 82, 83, 84, 85, 86, 90, 91, 92, 94, 102, 104, 105, 106, 108, 109, 110, 111, 124, 125, 129, 151, 152, 153, 170, 171, 172, 173, 174, 175, 176, 178, 179, 180, 185, 187, 189, 190, 193, 194, 195, 196, 197, 198, 200, 201, 202, 204, 205, 207, 208, 209, 221, 230
大都市圏　11, 12, 15, 36, 42, 45, 60, 62, 72, 79, 80, 81, 82, 83, 84, 86, 91, 92, 93, 104, 105, 106, 108, 109, 110, 111, 129, 151, 152, 153, 171, 172, 173, 174, 176, 178, 179, 180, 187, 189, 195, 198, 204, 207, 208, 209, 221
高山牧場　41
多極分散型国土　104
多世帯住宅　121
地域像　11, 13
地誌　11, 13, 58, 204, 211, 221, 222, 225
地方中心地　123
地方町　11, 12, 71, 78, 95, 108, 109, 110, 115, 172, 176, 178, 203, 204
中位中心都市　61, 95
中規模家族経営　36
駐車場　96, 111, 114, 116, 119, 121, 129, 142, 144, 147, 148, 149, 164, 168, 169, 178
駐車スペース　119, 138, 148, 149, 161, 178, 208
中心施設　145, 149, 174, 183, 196
中心商店街　113, 114, 116, 117, 119, 120, 138, 149, 158, 160, 162, 164, 165, 167, 170, 186, 187, 196, 198, 209
中心地機能　72, 95, 115
中心部　12, 52, 66, 69, 71, 72, 75, 76, 79, 81, 85, 86, 95, 96, 98, 100, 108, 111, 112, 116, 117, 119, 120, 121, 123, 124, 127, 128, 129, 130, 131, 133, 134, 136, 137, 141, 145, 146, 148, 149, 158, 160, 161, 164, 165, 170, 174, 176,

　　　　　179, 180, 181, 182, 183, 186, 187, 188, 193, 194, 200, 219
沖積低地　29, 30, 46, 47, 173, 206
直売　42, 118, 119
地力指数　21, 34
通勤兼業　15, 63
ツエルゲ　28, 29
摘み取り農園　40, 42, 157
出作農家　73
耨耕（どうこう）作物　20, 25, 28, 29, 38, 50, 106
都市再開発　116, 131, 181
都市システム　104, 201
土地資源　30, 46, 58, 207

な　行

中庭　60, 61, 73, 76, 85, 108, 142, 147, 181, 208
夏穀物　24, 29
納屋　61, 62, 63, 68, 70, 73, 74, 75, 76, 77, 85, 118, 146, 147
日用品店　142, 143, 146, 182, 184, 186
庭畑　26, 27, 31, 57, 60, 63, 69, 74, 155, 210
農家家屋　60, 61, 62, 63, 71, 74, 75, 78, 94, 144, 175
農家民宿　42, 58
農場　29, 30, 38, 42, 45, 51, 106, 108, 151, 173, 175, 189, 202, 204, 207, 217
農場制　29, 30, 51, 175
農村集落　11, 12, 30, 32, 60, 61, 73, 79, 84, 85, 86, 87, 88, 90, 94, 95, 99, 100, 102, 108, 114, 117, 121, 125, 127, 128, 140, 143, 144, 146, 148, 172, 174, 177, 194, 203, 209
農村地域　11, 12, 40, 41, 42, 43, 60, 63, 80, 81, 82, 84, 85, 86, 88, 89, 90, 91, 92, 93, 94, 95, 108, 172, 196, 200, 201, 203, 204, 207, 208, 209, 221

は　行

パサージュ　137, 164, 182
場末　142, 143, 184
繁華街　132, 142, 180
比較地誌　211
百貨店　99, 114, 129, 131, 164, 165, 168, 170
ファサード　70, 76, 88, 159, 181, 182, 199

副中心　102, 127, 128, 139, 140, 143, 148, 149, 161, 167, 197
副都心　180, 182, 183
ブドウ栽培　36, 40, 47, 58, 94, 106, 143
ブドウ畑　15, 40, 47, 210
冬穀物　24
分散交錯圃制　30
放牧地　14, 16, 17, 18, 21, 23, 24, 27, 29, 31, 32, 33, 42, 45, 46, 47, 50, 71, 78, 202, 206, 210
牧草採草地　16, 17, 18, 20, 21, 45, 71
牧草地　14, 18, 19, 20, 21, 23, 29, 31, 32, 44, 45, 46, 47, 94, 175, 202, 206
牧童　16, 55
歩行者天国化　99, 130, 131, 132, 137, 138, 142, 162, 164, 184, 186, 188, 193, 194, 199
補助金　20, 43
保養都市　123

ま　行

マルクト広場　101, 112, 114, 119, 121, 123, 130, 132, 133, 134, 135, 136, 137, 141, 196
無家畜　43, 55, 77
無耕起栽培　43
問題地域　11, 42, 62, 79, 82, 91, 214

や　行

有機農業　43
有名ブランド化　164

ら　行

利用放棄農地　19, 20, 35
利用放棄　19, 20, 28, 35, 36
林業収入　42
レス土壌　106, 173, 191
連担市街地　100, 171, 172
労働者住宅　198, 199
労働生産性　37, 45, 49
露店市　178
路面電車　86, 129, 136, 137, 138, 139, 141, 142, 149, 153, 168, 194, 198

著者紹介

櫻井 明久　さくらい あきひさ

駒澤大学文学部教授、理学博士
1948年茨城県生まれ。東京教育大学理学部地学科地理学専攻卒。同大学院博士課程在学中に、ドイツ政府留学生としてボン大学地理学教室に留学。1978年大阪教育大学講師、1981年宇都宮大学教育学部助教授、教授を経て現職。農業・農村地理学、地理教育が専門。主著に『西ドイツの農業と農村』(古今書院、1989)『地理教育学入門』(古今書院、1999)『社会科教師のための地理教材の作り方』(古今書院、2011)

書　名	北西ヨーロッパの空間構造 ―ヨーロッパ地誌を目指して―
コード	ISBN978-4-7722-7144-8　C3025
発行日	2018(平成30)年2月20日　初版第1刷発行
著　者	櫻井明久
	Copyright ©2018 SAKURAI Akihisa
発行者	株式会社古今書院　橋本寿資
印刷所	三美印刷株式会社
製本所	三美印刷株式会社
発行所	古今書院
	〒101-0062　東京都千代田区神田駿河台2-10
WEB	http://www.kokon.co.jp
電話	03-3291-2757
FAX	03-3233-0303
振替	00100-8-35340

検印省略・Printed in Japan